THE BLOCKSIZE WAR

비트코인 블록사이즈 전쟁

누가 비트코인 프로토콜을 통제하는가?

THE BLOCKSIZE WAR

THE BATTLE FOR CONTROL OVER BITCOIN'S PROTOCOL RULES

조나단 비어 지음
네딸바 옮김
논스랩 출판사 펴냄

역자 서문

유레카 놀이를 넘어서

지금, 이 시대에 비트코인만큼 많은 관심과 오해를 동시에 받는 산물도 드물 것입니다. 비트코인을 처음 접한 사람들의 공통적인 반응이 있습니다. "국가가 보증하는 화폐가 멀쩡히 있는데, 아무도 보증하지 않는 비트코인이 어떻게 화폐가 될 수 있지?", "변동성이 이렇게 큰데, 도대체 어떻게 화폐가 될 수 있겠어?"라는 등의 의문들이죠. 하지만 어느 순간, 비트코인이 우습게만 볼 만한 것이 아님을 깨닫게 됩니다. 그러면 또 예상할 수 있는 반응들이 이어집니다. "비트코인은 오래된 기술인가 보네.", "여러 가지 개선이 필요하겠어.", "속도가 느리고 기능이 제한적이네.", "왜 혁신이 없지? 다른 암호화폐들과의 경쟁에서 밀릴지도 몰라." 등 다양한 의문과 비판들이 제기됩니다.

하지만 감히 말씀드리건대, 여러분이 들어보거나 상상할 수 있는 모든 회의론은 이미 몇 년 전에 철저히 논의가 끝난 이야기입니다. 그것도 단순한 의견 교환이 아닌, 마치 생존을 건 전쟁과도 같은 논쟁이었죠. 그 치열한 논쟁이 바로 2015년부터 2017년까지 벌어진 일명 "블록사이즈 전쟁"입니다.

블록사이즈 전쟁은 말하자면 비트코인 내전이었습니다. 비트코인의 본질을 다르게 이해한 두 집단이 치열하게 대립하면서 커뮤니티는 극도로 분열되었습니다. 하나부터 열까지 비트코인의 모든 측면이 철저히 파헤쳐지는 가운데, 논쟁에 참여한 사람들은 거의 목숨을 걸고 싸웠습니다. 그 과정에서 수많은 논리와 근거, 그에 따른 다양한 대안들이 심도 있게 논의되었습니다. 다시 말해, 비트코인은 엄청난 검증과 산전수전을 다 겪고 현재의 모습으로 발전하게 된 것이죠. 이런 이유로 비트코인 커뮤니티에서는 오래된 회의론을 주장하는 사람을 가리켜 "유레카 놀이"하고 있다고 유머러스하게 표현하기도 합니다. 그게 대체 언제 적 이야긴데 이제서야 뒷북치냐는 것이죠.

따라서 여러분이 『비트코인 블록사이즈 전쟁』을 살펴보신다면, 그 과정에서 어떤 철학적 논쟁과 기술적 토론이 있었는지 깊이 있게 이해할 수 있을 거라 자신합니다. 무엇보다, 비트코인의 가장 중요한 점은 기술적 우월성 같은 것이 아닌, 사용자들의 신뢰와 합의라는 점을 진정 느끼실 수 있을 것입니다. 많은 비트코이너들이 블록사이즈 전쟁을 단순히 과거에 일어난 비트코인 사건이 아닌, 비트코인의 본질을 이해하고 미래의 방향까지도 가늠해 볼 수 있는 중요한 가이드로 강조하는 이유입니다.

저는 이 책을 매주 방송에서 브리핑하고 해설하는 스터디의 호스트로서 번역 작업에 참여하게 되었습니다. 기술적으로도 다소 복잡하고 심오한 주제임에도 불구하고, 이 중요한 내용을 한국 비트코인 커뮤니티에 소개할 수 있게 된 것을 큰 영광으로 생각합니다. 다만, 이 책이 비트코인 입문서로는 적합하지 않을 수 있습니다. 독자분들께서 '비트코인 스탠다드'와 같은 기본서를 통해 비트코인에 대한 기본적인 이해를 갖춘 상태에서 읽으시는 것을 추천합니다. 그런 다음에 이 책을 접한다면, 블록사이즈 전쟁의 중요성과 논쟁의 깊이를 더욱 잘 이해할 수 있을 것이라 생각합니다.

이 책을 통해 많은 분이 비트코인을 단순한 기술로만 바라보는 시선을 넘어서, 비트코인이 어떻게 전 세계적인 합의 시스템으로 자리 잡았는지 이해할 수 있기를 바랍니다. 과거로 돌아가 블록사이즈 전쟁의 여정을 함께 하면서, 비트코인은 단순한 컴퓨터 코드 이상의 존재이며, 그것이 잘 유지되고 끝없이 발전하는 것은 기술이 아닌 사용자의 의지라는 점을 이 책을 통해 느끼실 수 있기를 바랍니다.

네딸바

목차

역자 서문 / 유레카 놀이를 넘어서	007
제1장. 개전 First Strike	015
제2장. 진군 March To War	041
제3장. 몬트리올 Scaling I	077
제4장. 홍콩 Scaling II	093
제5장. 세그윗 SegWit	107

제6장. 라이트닝 네트워크 Lightning Network	121
제7장. 비트코인 클래식 Bitcoin Classic	131
제8장. 홍콩 협약 Hong Kong Roundtable	163
제9장. 가짜 사토시 나카모토 Faketoshi	177
제10장. 이더리움 더 다오 사태 The DAO	187
제11장. 밀라노 Scaling III	207

제12장. 비트코인 언리미티드 Bitcoin Unlimited   215

제13장. 거래소 Exchanges   233

제14장. 에이식부스트 스캔들 ASICBoost   241

제15장. 용의 동굴 Dragon's Den   255

제16장. 라이트코인 Litecoin   261

제17장. UASF - 핵무기 작전 User-Activated Softfork	271
제18장. 뉴욕 협약 New York Agreement	291
제19장. 비트코인 캐시 Bitcoin Cash	313
제20장. 세그윗2x SegWit2x	329
제21장. 승리 Victory	351

제1장

개전
First Strike

2015년 8월 15일 토요일, 비트코인 커뮤니티의 모두를 깜짝 놀라게 하는 소식이 전해졌다. 당시 가장 저명하고 존경받던 비트코인 개발자인 마이크 헌Mike Hearn과 개빈 안드레센Gavin Andresen이 새로운 버전의 비트코인을 출시하고 이를 전폭적으로 지원하겠다고 발표한 것이었다. 이 새로운 비트코인을 **비트코인 XT**라 명명했는데, 이전 비트코인과는 호환이 되지 않는 아예 다른 버전이었기 때문에, 당시 비트코인 커뮤니티를 송두리째 뒤흔들었다. 청천벽력과도 같은 소식에 비트코인 커뮤니티는 둘로 쪼개졌다. 새로운 버전의 비트코인을 찬성하는 진영은 흥분의 도가니 상태였고, 반면 이것이 비트코인 시스템을 혼란에 빠뜨리는 잠재적 위험이자 재앙이라고 여기는 진영은 극렬히 반대했다.

그다음 주 월요일, 가디언지에는 다음과 같은 헤드라인의 기사가 실렸다.

"비트코인 전쟁이 시작되었다."[1]

왜 이런 전쟁이 일어났을까? 표면적으로는 **블록사이즈**라는 작은 이슈 하나로 시작된 전쟁이다. (비트코인 네트워크를 구성하는 요소인 블록사이즈는, 비트코인 거래 내역이 기록되는 장부의

---

1. https://www.theguardian.com/technology/2015/aug/17/bitcoin-xt-alternative-cryptocurrency-chief-scientist

페이지 한 장 크기로 비유할 수 있다. 블록사이즈는 한 번에 저장할 수 있는 거래량을 결정하며, 그 크기가 클수록 더 많은 거래 내역을 저장할 수 있다.)

비트코인 XT의 핵심은, 1MB 제한이 걸려있는 블록사이즈를 더 크게 늘려서 네트워크 내 거래 처리량을 늘리자는 것이었다. 구체적으로 들여다보면, 1MB의 제한을 즉시 8MB로 늘리고, 앞으로 2년마다 지속적으로 두 배씩 늘려 최종적으로 2036년에는 8,000MB가 되게 하자는 제안이었다. 그 근거는 다음과 같았다.

- 비트코인의 채택이 점점 늘어나면, 블록 용량 최대치인 1MB에 금세 도달할 것으로 예상된다.
- 최대 용량이 1MB로 제한되어 있다면, 비트코인 사용자들 입장에서 네트워크에 접근하는 것이 점점 어려워진다.
- 즉, 블록사이즈를 1MB로 제한하는 것은, 비트코인이 빠르게 확장하고 성장하는 데에 방해된다.
- 따라서, 글로벌 결제 시스템을 목표로 하는 비트코인은 블록사이즈가 더 커져야 한다.

이처럼 개빈과 마이크는 **블록사이즈 제한**을 비트코인의 문제이자 다가올 위기라 인식하고 있었기 때문에, 선제적으로 블록사이즈를 늘려야 한다고 생각했다. 그러나 반대 진영의 생각은 달랐다. 기존 버전과 호환되지 않는 비트코인 클라이언트(프로그램)가 출시되면 네트워크가 둘로 쪼개지는 체인 분리가 일어날 것이고 그에 따른 대혼란이 초래될 것을 우려했다.

블록사이즈 전쟁은 근 2년에 걸쳐 진행되었다. 비트코인 생태계 내 분쟁이 극에 달했고 커뮤니티는 산산조각 났다. 시간이 흐르면서 중요한 사실 하나가 드러났는데, 전쟁의 원인이 블록사이즈를 늘려야 하느냐 마느냐 하는 단순한 문제가 아니었다는 것이었다. 비트코인을 무엇으로 바라볼 것인가, 비트코인의 진정한 DNA는 무엇인가와 같은 훨씬 더 복잡 미묘하고 철학적인 것이었다. 물론 전쟁 당시에는 '블록사이즈 제한'이라는 작은 문제에 초점이 맞춰져 있는 듯했지만 말이다. 전쟁 동안 있었던 논쟁의 본질은 다음 네 가지 정도로 압축된다.

1. **비트코인의 블록을 어떻게 사용해야 하는가** 블록에 남는 공간이 조금 있어도 되는지, 아니면 항상 가득차 있어야 하는지에 대한 문제[2]
2. **비트코인의 규약은 어떻게 수정해야 하는가** 네트워크의 작동 규칙을 변경하는 것이 쉬워야 하는지, 아니면 어려워야 하는지, 혹은 비트코인의 모든 이해관계자의 폭넓은 지지를

---

2. 역자 주: 거래 내역을 장부 한 페이지에 듬성듬성 적으면서 넉넉하게 써도 되는지, 아니면 빼곡하게 채워서 한 페이지를 최대한 아껴써야 하는지

받을 때만 예외적으로 변경할 수 있어야 하는지 등에 대한 문제

3. **비트코인 사용자들의 권한은 어느 정도여야 하는가** 비트코인을 보유하고 주고받는 실제 사용자와 비트코인 개발 혹은 거래소, 채굴업, 금융업, 수탁업 등 관련 사업 주체들 중 누가 더 큰 권한을 가져야 하는지에 대한 문제
4. **시간 선호** 비트코인을 최첨단 기술 스타트업으로 간주하여 단기적인 시장 점유율 확보를 우선시해야 하는지, 아니면 아주 장기간에 걸친 프로젝트나 세상에 없던 새로운 글로벌 통화 네트워크로 간주하여 수십 년 뒤를 고려해야 하는지에 대한 문제

당시 비트코인 커뮤니티는 "블록사이즈 1MB는 너무 작다."는 의견에 어느 정도 수긍하는 분위기였다. 하지만 1MB를 얼마로 늘려야 하는지, 그리고 늘린다면 어떤 의사결정 과정을 거쳐야 하는지에 대해서는 합의된 바가 없었다. 또한 비트코인 XT가 제안하는 블록사이즈 증가 폭이나 그 속도가 지나치게 공격적이니, 좀 더 온건한 수준이어야 한다는 의견에도 어느 정도 동의하는 분위기였다.

이 전쟁의 신호탄은 일명 **빅 블로커** 진영의 대표라 할 수 있는 마이크와 개빈이 쏘아올렸다. 실은 비트코인 XT 클라이언트의

공식 출시일 전부터 이미 얘기가 돌고 있었고, 그러다가 출시일에 맞춰 이 둘의 성명이 나온 것이었다. 그래서 나는 2015년 8월을 블록사이즈 전쟁의 공식 개전이라고 표현했다. 물론 마이크와 개빈이 어떤 적개심을 가지고 악한 행동을 했다는 뜻은 아니다. **전쟁**이라는 용어는 단지 블록사이즈를 두고 벌어졌던 여러 사건과 갈등을 표현하는 방식일 뿐이다.

한편, 이전에도 블록사이즈 제한을 늘리기 위한 여러 제안들이 있었다. 그중에서 2015년 6월 22일 개빈의 BIP[3]-101이 비트코인 XT라는 클라이언트로 구현되어 같은 해 8월에 출시된 것이었다. 하지만 네트워크 규칙이 변경된 프로그램을 사용자들에게 배포하는 것은 결코 쉬운 일이 아니었다. 특히 비트코인의 실제 사용자들이 새로운 규칙을 살펴보고, 이를 채택할지 말지 결정하도록 하는 이른바 활성화법activation methodology이 필요했다. BIP-101의 경우 다음과 같은 방법을 선택했다.

- 비트코인 XT에 찬성하는 채굴자들은 자신이 생성한 블록에 찬성 신호를 포함시키는 '채굴자 투표'를 한다.
- 투표 찬성율의 목표는 75%로 설정한다.

---

3. 역자 주: BIP(Bitcoin Improvement Proposal)란 비트코인 소프트웨어의 개선을 제안하는 공식적인 제안서로 버그 수정, 알고리즘 최적화, 코드 단순화, 다른 소프트웨어와의 호환성 유지, 새로운 기능 추가 등을 포함한다.

- 마감일^{flag day}은 5개월 후인 2016년 1월 11일로 정하고, 마감일까지 목표 찬성율을 달성하지 못할 시에는 활성화에 실패한 것으로 간주한다.

한편 반대 진영, 이른바 **스몰 블로커**들은 새로운 클라이언트를 극렬히 반대했다. 그 이유는 비트코인 XT가 기존 버전과는 호환되지 않기 때문이었다. 이것이 구체적으로 무슨 의미일까? 비트코인 클라이언트를 설치해 사용하던 사용자 A와 B가 있다고 가정해 보자. 여기서 A는 비트코인 XT에 찬성하여 비트코인 XT 클라이언트를 사용하고 싶어한다. 하지만 비트코인 XT는 기존의 프로그램과 호환되지 않는다. 따라서 설치되어 있는 프로그램을 지우고 새로 배포된 비트코인 XT를 설치해야 한다. 반면 사용자 B는 비트코인 XT에 반대한다. 따라서 비트코인 XT를 설치하지 않고, 기존 사용하던 프로그램을 사용하기로 한다. 이렇게 되면, A가 사용하는 비트코인 네트워크와 B가 사용하는 네트워크는 둘로 쪼개지면서, 두 종류의 다른 코인이 생성된다. 이러한 프로그램 업데이트 방식을 **하드포크**라 하며, 가장 극단적인 업데이트 형태라고 할 수 있다.

비트코인을 하드포크한다는 것은 비트코인에 근본적인 변화를 가한 뒤 기존 네트워크로부터 완전히 독립된 새로운 체인을 만들어내는 것을 의미한다. 이 과정에서는 블록사이즈 변경은 물론, 총 공급량 2,100만 개, 특정 사용자들의 비트코인 몰수 등 어떤 것이라도 변경을 가할 수 있다. 때문에 실제 (비트코인 클라이언트) 사용자들이 주를 이루는 스몰 블로커 진영에서는 하드포크는 절대 일어나선 안된다고 생각했다. 커뮤니티 전체에 걸친 광범위하고 압도적인 지지 없이는 말이다. 스몰 블로커들은 비트코인의 중요한 특성은 그 누구도 쉽게 변경할 수 없다는 점에 있으며, 이것이 비트코인을 비트코인답게 만드는 것이라 여겼다. 누구도 빼앗을 수 없는 비트코인 소유권, 2,100만 개로 엄격하게 제한된 공급량, 발행 스케줄의 절대적 불변성. 이러한 견고함이야말로 비트코인의 본질이라 여겼다.

따라서 사용자들의 합의 없이 하드포크를 추진하는 것은 비트코인에 대한 공격으로 간주되었다. 물론 빅 블로커 진영의 생각은 달랐다. 비트코인의 성장을 위해 유연해야 한다고 생각했다. 블록사이즈는 사소한 변경에 불과하며 여기에 2,100만 개의 공급 한도까지 들먹이는 것은 문제를 부풀리는 것이라고 주장했다.

사실, 블록사이즈에 대한 이견과 갈등은 이미 수년 전부터 존재했으나, 그동안은 대체로 온건한 수준의 토론에 머물러 있었다. 그러나 비트코인 XT 출시를 기점으로 갈등이 수면 위로 떠올랐다. 비트코인은 완전한 개방형 시스템이기 때문에 모두가 보는 가운데 가치관, 철학, 이념 등 전방위적 충돌이 본격화되었다.

비트코인 XT가 출시된 지 불과 9일 후인 2015년 8월 24일, 비트코인 업계의 주요 기업들에서 비트코인 XT에 대한 지지 입장을 담은 공동 성명문을 냈다.

"우리는 지금 매우 중요한 갈림길에 서 있습니다. 그동안 우리는 블록사이즈 논쟁에 적극적으로 개입하고 참여하기보다는 주로 청취하고 관찰해 왔습니다. 지금까지의 논의는 대체로 건전한 수준에서 이루어졌다고 봅니다.

하지만 우리의 생각을 명확하고 투명한 방식으로 전달해야 할 때가 왔다고 생각합니다. 비트코인의 성공을 위해 반드시 블록사이즈를 늘려야 합니다. 수많은 개발자, 채굴자, 자체 연구팀 및 기타 업계 관계자들과 오랜 시간 동안 얘기해보고 내린 결론입니다.

우리는 개빈의 BIP-101을 지지합니다. 비트코인의 탈중앙성을 유지하면서도, 블록사이즈를 늘리고 이를 기술적으로 구현 가능하다고 말하는 그의 주장은 설득력이 있습니다. 게다가 이 제안은 이미 대부분의 채굴자가 찬성하고 있습니다. 우리 업계가 함께 단결해야 할 때라고 생각합니다.

우리는 2015년 12월까지 블록사이즈 업그레이드를 준비할 것이고, 비트코인 XT 클라이언트를 실행할 것입니다. 커뮤니티가 성장함에 따라 네트워크 안정성을 보장하기 위해, 모두가 단결하는 것이 그 어느 때보다 중요해졌습니다. 우리는 2015년 12월까지 BIP-101을 지원할 것을 약속드리며 여러분들도 우리와 뜻을 함께해 주길 바랍니다."[4]

    이 성명문에는 비트페이BitPay, 블록체인인포Blockchain.info, 써클Circle, 킨마이너Knminer, 잇비트itBit, 비트넷Bitnet, 자포Xapo 및 비트고BitGo의 CEO가 서명했다. 규모나 영향력 면에서 각 분야에서 가장 큰 기업들이었을 뿐만 아니라, 벤처 캐피털의 막대한 펀딩으로 충분한 자금을 보유한 기업들이었다. 예를 들어, 비트페이는 비트코인 상거래 결제업체 중 규모가 가장 컸고, 블록체인인포는 업계 1위 비트코인 지갑 회사였다.

    이로써 상황은 악화되었다. 빅 블로커들은 기업들의 참여를 매우 환영했다. 하지만 스몰 블로커들은 이를 완전히 잘못된 것이라 생각했다. 비트코인은 사용자 중심, 즉 풀뿌리식bottom-up, 상향식으로 운영되어야 했다. 몇몇 거대 기업이 주도하는 탑다운top-down, 하향식 방식은 비트코인의 본질을 훼손하는 것이었다. 스몰 블로커들은 개빈을 맹비난했다. 그가 해야 할 일은 대기업들을 찾아다니며 로비하는 것이 아닌 네트워크의 사용자들을 설득하고, 그들의 이해를 구하는 것이었어야 한다고 주장했다. 그것이 더 옳은

---

4. https://blog.bitmex.com/wp-content/uploads/2017/09/industry-letter.pdf

방법일 뿐만 아니라, 더 효과적인 방법이라고 생각한 것이었다.

혹자는 비트코인 XT를 이렇게나 무리하게 강행한 데에는 개빈의 자존심 문제가 어느 정도 영향을 미쳤을 거라고도 말한다. 블록사이즈를 둘러싼 수년간의 논쟁 끝에 자신의 힘을 보여주고 싶었을 거라는 추측이다. 실제로 그는 업계의 주요 인사 중에서도 입김 세고 뒷배가 든든한 사람들만 골라서 로비에 나섰다. 반면 비트코인 XT를 반대하는 쪽의 의견은 전혀 신경 쓰지 않는 것처럼 보였다. 심지어 자신이 만나고 다니는 업계 인사들은, 반대 세력이 누군지도 모른다는 점을 공공연히 말하기도 했다. 그의 행동이 공분을 산 건 당연한 결과였다.

이쯤에서 비트코인 초기 개발자인 개빈 안드레센이 정확히 어떤 인물이었는지 밝히면 좋을 것 같다. 비트코인을 만든 건 사토시 나카모토이다. 보다 정확히 말하면, 사토시는 전체 시스템을 설계했고, 다소 버그가 있었던 초기 버전을 배포했으며, 그 유명한 비트코인 백서를 작성했다. 그리고 네트워크가 가동된 지 2년이 채 되지 않은 2010년 12월, 아무런 예고나 설명도 없이 종적을 감췄다. 코드 작성은 물론이고, 주 활동 무대였던 비트코인 토크 포럼BitcoinTalk forum에서도 홀연히 사라져 버렸다. 이에 대해 개빈은 자신이 어떻게 비트코인 프로젝트의 리더가 되었는지 다음과 같이 설명했다.

"시간이 지나면서, 사토시는 제가 작성한 코드를 점점 신뢰했습니다. 마침내 그는 내 이메일 주소를 비트코인 홈페이지에 올려도 괜찮겠냐고 물었습니다. 저는 기꺼이 그러라고 했죠. 그가 그렇게 영영 떠날 줄은 몰랐습니다. (어찌 보면 저도 사토시에게 당한 겁니다.) 아무튼 누구든지 비트코인에 대해 알고 싶은 게 있다면, 가장 먼저 찾는 사람은 제가 되었습니다. 이런 연유로 사토시가 프로젝트 리더에서 물러나고, 나를 리더로 세운 것이라 할 수 있습니다."[5]

물론 개빈의 이러한 언급은 논쟁의 여지가 있고, 반대 진영은 사토시가 의도적으로 프로젝트 리더를 개빈에게 넘긴 증거가 없다고 말했다. 특히, **프로젝트 리더**라는 주장은 얼토당토않다고 주장했다. 왜냐하면 비트코인에는 리더가 없기 때문이었다. 당시 비트코인 소프트웨어는 소스포지Sourceforge에 게시되어 있었다. 사토시와 개빈 두 사람이 관리자로 등록된 것은 2011년 1월이며, 몇 년 후인 2014년 4월 개빈은 블라디미르 반 데르 라안Wladimir Van Der Laan에게 관리자 권한을 넘겨주었다. 개빈은 이 기간 동안 소스포지와 깃허브에서 비트코인 소프트웨어 저장소를 관리했다. 물론 소프트웨어 저장소 관리가 비트코인에 대한 관리를 의미하는

---

5. https://www.huffingtonpost.co.uk/entry/gavin-andresen-bitcoin_n_3093316

것은 절대 아니다. 이는 수년간 지속된 오해다.[6] 아무튼 앞서 언급한 개빈의 주장이 다소 과장되었을지라도 사토시가 그를 신뢰했고 어떤 역할을 맡겼다는 것은 어느 정도 사실이라 할 수 있다. 개빈이 갖고 있던 평판과 영향력 역시, 실제 그의 성격과 리더십 유형 덕분이었다. 그는 온라인 포럼이나 로컬 행사에서 인내심 있고 사려 깊으며 차분하고 합리적인 모습을 보였다. 이는 다른 개발자들 가운데 그를 돋보이게 만드는 요소였다. 특히 비트코인에 대해 잘 모르는 사람들이나 기술적인 지식이 낮은 사람들의 말에도 귀를 기울이고, 열심히 설명하는 데에 많은 시간을 들였다. 소위 비트코인 초보자들에게 불친절하게 굴며 얼굴을 공개하지 않던 다른 개발자들과는 매우 대조적이었다. 이처럼 개빈의 영향력은 사토시로부터 권력을 이양받아 만들어졌다기보다는, 그가 커뮤니티 내에서 스스로 쌓아 올린 평판으로부터 비롯된 것이었다.

하지만 양 진영에서는 사토시가 하던 역할이 개빈에게 전수된 것이 맞는지 아닌지, 개빈이 소프트웨어 저장소에 대한 관리자 역할을 하고 있는 것인지 아닌지, 비트코인의 리더다 아니다 등을 가지고 주로 갑론을박했다. 블록사이즈 전쟁의 쟁점과는 무관

---

6. 역자 주: 심지어 2024년 현재에도 "깃허브 저장소를 관리하는 사람이 비트코인을 컨트롤한다."는 오해는 계속되고 있다. 비트코인을 사용하고 싶은 사람이라면, 아무 저장소에나 들어가서 소프트웨어를 다운받으면 된다.

한 것들이었다.

또한 개빈은 비트코인 초기 단계에서 여러 방면으로 크게 기여했다. 2010년, 그는 2만 개의 비트코인을 50달러에 구입한 뒤 "비트코인 수도꼭지"라는 웹사이트를 만들었다. 이 사이트에서는 방문자가 보안 문자CAPTCHA, 캡차를 작성할 때마다 5비트코인씩 받을 수 있었다. 당시에는 비트코인을 받기 위해 실제 돈을 송금하는 일이 거의 없었다. 비트코인이 무엇인지에 대한 이해가 거의 없었고, 검증되지도 않은 시스템이었기 때문이었다. 하지만 그의 웹사이트에서 보안 문자를 입력하는 것은 매우 쉬운 일이었고, 이는 비트코인 초기 배포에 크게 기여했다고 볼 수 있다. 또한 개빈은 2012년에 비트코인 재단을 공동 창립하여 이사회 멤버로 활동했으며, 2017년 중반까지 수석 과학자로 재직했다. 비트코인 재단은 여러 가지 일을 수행했는데, 그중 하나는 비트코인 개발을 위한 자금을 개빈에게 지급하는 것이었다. 즉, 개빈은 최초의 풀타임 비트코인 개발자였던 셈이다.

개빈이 커뮤니티 내에서 얼마나 좋은 평판을 얻고 있었는지 말하자면 끝이 없다. 그는 비트코인 씬에서 거의 주인공 같은 존재였다. 블록사이즈 전쟁 이전, 대부분의 사람들이 비트코인의 기술적인 세부 사항을 깊이 이해하지 못할 때도, 비트코인 논쟁은 끊임없었고 격렬했다. 이때부터 개빈은 비트코인 커뮤니티의 중심 인물로 인식되었다. 이 정도면 비트코인 XT에 대한 개빈의 지지와 장려가 얼마나 충격적이었을지 짐작이 가는가? 만약 다른 사람이었다면, 그렇게까지 큰 반향은 없었을 것이며 블록사이즈 전쟁과 같은 사건은 없었을 것이다.

마이크 헌도 초기 비트코인 개발자였다. 그는 구글에서 근무하면서 자유 프로젝트의 일환으로 근무 시간의 20%를 비트코인 개발에 할애하면서 비트코인 개발을 시작했다. 하지만 그는 개빈만큼 클라이언트 구현에 참여하지는 않았다. 개빈이 온건한 형태의 합의를 끌어내는 다소 보수적인 인물로 여겨졌다면, 마이크는 좀 더 아웃사이더 성향이 강하고 위험을 감수하는 사람으로 인식되었다. 그는 비트코인 지갑 프로그램을 모바일 기기에서 구현하는 자바 라이브러리인 Bitcoinj에 많은 기여를 했고, 이는 분명 매우 중요하고 대단한 공헌이었다.

2015년 8월, 전쟁이 격화되면서 소셜 미디어에서의 전투도 점점 치열하고 적대적으로 변해갔다. 비트코인 토크 포럼과 레딧Reddit이 주요 논쟁이 벌어지던 곳이었는데, 비트코인 XT의 출시로 논쟁은 더욱 뜨거워졌다.

당시 여론은 대체로 블록사이즈 증가를 지지하고 있었다. "비트코인에는 더 많은 용량이 필요하다."라는 빅 블로커 진영의 메시지가 단순하고 명확했기 때문이었다. 기술적인 세부사항을 잘 모르는 일반 사용자들도 이 논리를 쉽게 이해한 반면 스몰 블로커 진영의 논리는 매우 복잡하고 혼란스럽게 들렸다. 무엇보다 반도체와 컴퓨터 기술이 기하급수적으로 발전하는 상황에서, 1MB라는 블록 용량은 너무 작게 여겨졌던 것이다.

그해 여름, 비트코인 토크 포럼은 큰 블록과 기존 버전과 호환되지 않는 비트코인 XT를 지지하는 게시물로 가득 차 있었다. 중복된 게시물이 너무 많아 다른 소식을 찾아보기 어려울 정도였다. 이에 따라 포럼 게시물에 대한 **조정**이 이루어졌으나, 이는 오히려 빅 블로커들을 자극했다. 커뮤니티 내의 조정이 검열이자 표현의 자유를 억압하는 것으로 간주되었으며, 이것이 비트코인의 확장성을 방해한다고 여겨졌다.

당시 비트코인 토크 포럼과 비트코인 레딧 모두 데이모스Theymos라는 사용자가 관리하고 있었다. 마이클 마쿼트Michael Marquardt가 실명인 데이모스는 비트코인의 가장 큰 온라인 포럼 두 곳의 관리자였을 뿐만 아니라, 비트코인 위키라고 할 수 있는 비트코인잇bitcoin.it도 관리하며 비트코인 초기부터 활동해 온 인물이다. 그가 만든 블록익스플로러닷컴blockexplorer.com은 누구나 비트코인 거래 정보를 쉽게 확인할 수 있도록 했으며, 이는 비트코인 초기 개발자들과 비트코인 작동 방식에 대한 교육에 매우 유용하게 사용되었다. (그러나 2011년에 더 혁신적이고 우수한 그래픽을 가진 블록체인인포가 나온 뒤에는 거의 사용되지 않았다.)

일단 데이모스는 스몰 블로커 진영을 지지하는 것으로 보였다. 적어도 빅 블로커 진영의 방식에 대해 강하게 반대하는 의견을 개진했으니 말이다. 그는 비트코인 XT같은 기존 버전과 호환되지 않는 새로운 클라이언트를 도입하려면, 우선 비트코인 커뮤니티 전체의 광범위한 동의가 필요하다고 주장했다.

비트코인 XT가 공식 출시된 지 이틀 후인 2015년 8월 17일, 데이모스는 새로운 레딧 커뮤니티에 새로운 정책을 발표했다. 비트코인 XT 이슈로 게시물이 급증하고 커뮤니티에 공격적인 분위기가 조성되자, 관리자로서 극단적인 조치를 취한 것이었다. 이 정책은 큰 논란을 일으켰으며 커뮤니티를 극도로 분열시켰다.

"비트코인 레딧 r/Bitcoin은 비트코인 커뮤니티입니다. 하지만 비트코인 XT라는 하드포크 버전은 비트코인에서 분리된 별도의 네트워크와 코인을 의미합니다. 따라서 이곳에서 비트코인 XT에 대해 논의할 수 없습니다. 만약 비트코인 네트워크의 대다수가 비트코인 XT를 수용하여, '비트코인 XT가 진정한 비트코인'이라는 합의가 이루어진다면, 상황은 달라질 수 있습니다. 그 경우에만 '비트코인'의 정의가 변경되며, 이후에는 비트코인 XT 관련 논의만 허용될 것입니다. 서로 호환되지 않는 두 네트워크를 이곳에서 논의할 수 없습니다. 비트코인은 하나뿐이며, 이곳은 비트코인만을 논의하는 공간입니다.

많은 전문가, 사용자들, 그리고 기업들이 하드포크 버전을 지지하면, 그 버전이 비트코인 생태계를 장악하여 새로운 비트코인으로 자리잡을 가능성도 있다고 생각합니다. 참고로 여기서 중요한 것은 채굴자들이 아니라, 비트코인 XT가 '비트코인 정신'에 어긋나지 않는지입니다. 만약 비트코인 XT가 새로운 비트코인으로 인정받는다면, 이는 레딧 커뮤니티에서도 '비트코인'으로 환영받을 것입니다. 블록사이즈를 둘러싼 논쟁은 앞으로도 계속될 것이며, 현재의 1MB 블록 용량이 부족해지는 상황에서는 논쟁의 양상 또한 변할 것입니다.[7] 이런 가운데, 다수의 합의를 이끌어내는 데에 주어진 시간이 고작 6개월이라면, 너무 큰 변경 사항이어서는 안 됩니다. 하지만 비트코인 XT가 목표로 하는 블록사이즈 증가 계획은 규모와 속도 면에서 지나치게 공격적입니다.

하드포크에 대한 논의는 언제나 허용되어 왔습니다. 하지만 단순히 논의를 하는 것과 기존 네트워크에서 완전히 분리되는 소프트웨어를 홍보하는 것은 분명히 다른 문제입니다. 후자는 비트코인 레딧 커뮤니티 규칙에 위배됩니다. 비트코인을 분할하려는 시도는 생태계에 해를 끼치는 행위입니다. (물론, 사람들이 무엇을 하든 비트코인은 계속해서 잘 작동할 것입니다.)

이 정책이 용납되지 않는다면, 지금 즉시 레딧을 떠나 주시길 바랍니다. 90%가 반대한다고 해도 이를 철회할 생각은 없습니다. 반대

---

7. 역자 주: 당시 블록사이즈 1MB는 전혀 부족하지 않았다.

하는 90%가 떠나는 것이 비트코인 레딧과 반대 세력 모두가 행복해질 수 있는 방법입니다. 저는 반대 세력들이 커뮤니티 규칙을 위반하며 비트코인에 대한 변화를 주장하거나, '좋아요'를 요구하거나, 심지어 특정인에 대한 인신공격성 게시물을 작성하는 것을 원하지 않습니다. 제대로 된 주장을 하지 않을 바에는, 차라리 하지 않는 게 낫습니다. 그런 논의는 누구에게도 설득력이 없으며, 결국 우리 모두의 시간을 낭비할 뿐입니다.

이 임시 규칙은 비트코인 레딧을 떠나야 하는 사람들이 이곳을 떠날 수 있도록 장려하고, 이곳을 과거와 같이 평화로운 비트코인 논의의 장으로 되돌리기 위해 만들어졌습니다."[8]

비트코인 레딧의 새로운 규칙은 명확했다.

"비트코인 XT의 홍보를 금지한다. 이는 사용자들의 합의가 충분치 않고, 기존 버전과 호환되지 않는 변경 사항이 새로운 네트워크와 새로운 코인을 생성하기 때문이다."

이 조치는 빅 블로커 진영의 격분을 불러일으킬 수밖에 없었

---

8. https://www.reddit.com/r/Bitcoin/comments/3h9cq4/its_time_for_a_break_about_the_recent_mess

다. 비트코인 레딧은 비트코인 사용자들의 주 커뮤니티였기 때문에, 이곳에서 사용자들을 설득하고 하드포크를 추진하려는 것이 그들의 목표였다. 이런 상황에서 "이 조치는 검열이다."라는 주장이 확산되기 시작했고, 사람들 사이에서 상당히 설득력 있게 받아들여졌다. "합의가 부족하다니? 합의를 이끌어내기 위해 캠페인을 벌이는 중인데, 캠페인을 막으면 어떻게 합의에 도달할 수 있겠는가?", "이건 그야말로 모순적인 상황이다!", "데이모스가 도대체 누구길래 이런 결정을 내리는 건가? 비트코인은 나의 것도 아니지만, 그의 것도 아니다!", "토론을 통해 설득할 수 있을 텐데, 왜 검열에 의존하려 하는가?", "비트코인을 지키기 위해 이런 검열이 필요하단 말인가? 내가 알던 비트코인이 그렇게 허약한가? 비트코인 XT를 금지하는 걸 보면, 오히려 비트코인 XT가 엄청난 가능성을 지닌 것이 아닐까?" 등 다양한 비난과 비아냥이 쏟아졌다.

데이모스에 대한 분노를 이해하기 위해서는 **비트코이너**라 불리는 사람들의 성향을 이해할 필요가 있다. 이들은 표현의 자유, 자유시장, 사유재산권을 매우 중시하는 자유주의적 성향을 가진 사람들이다. 이들은 검열에 강하게 반대하며, 비트코인에 대한 관심 또한 중앙은행과 정부의 권력 남용에 대한 반발에서 비롯되었다. 그렇기에 이들에게 비트코인은 '우리'의 돈이며, 이들에게는 '우리'의 목소리가 가장 중요하다. 따라서 비트코인에 침묵하라는 요구를 받아들이는 비트코이너는 없다.

이 새로운 레딧 정책은 비트코인 커뮤니티를 분열시켰다. 빅 블로커 진영은 다른 레딧 게시판인 /r/btc로 이동했고, 비트코인 토크 포럼 대신 Bitco.in과 같은 포럼으로 이주했다. 이렇게 되면서 논쟁은 줄어들었지만, 동질감을 가진 사람들끼리만 의견을 나누는 환경이 되고 말았다. 이로 인해 확증 편향이 심화되었고, 건설적인 토론과 멀어지게 되었다.

이 사태를 단순히 데이모스의 잘못으로만 돌리기는 어렵다. SNS를 통해 발전하는 커뮤니티에서는 이러한 분열이 다소 불가피하다. 대부분의 사람들은 자신이 동의하는 내용만을 읽고, 자신과 의견을 같이하는 사람들을 따르는 경향이 있다. 정치에서도 우파든 좌파든 자신만의 플랫폼에서 활동하며, 자신의 견해와 일치하는 이야기에만 귀기울인다. 이러한 확증 편향은 SNS 플랫폼의 특징이며, 동시에 양극화를 유발하는 요소이기도 하다. 비트코인 커뮤니티도 예외일 수 없다. 커뮤니티 분열을 데이모스 한 사람의 책임으로 돌리는 것은 다소 단순한 시각일 수 있다. 데이모스가 분열에 큰 역할을 한 것은 맞지만, 이 현상은 SNS 전반에서 발생하는 문제이다.

하지만 데이모스의 게시글을 지금 다시 읽어보면, 당시에는 널리 인식되지 않았던 여러 중요한 포인트들이 보인다. 그는 당시 상황의 본질을 매우 정확히 이해하고 있었다. 비트코인 XT가 사용자들의 합의를 얻지 못하면, 기존 비트코인과 경쟁하는 새로운 코인이 탄생할 가능성이 있었고, 이를 방지하기 위해 변경 절차는 다음 두 단계로 나누어졌어야 했다.

1. 변경 사항에 대해 광범위한 사용자 합의와 지지를 얻는다.
2. 기존 버전과 호환되지 않는 새로운 클라이언트 사용을 홍보한다.

블록사이즈 전쟁의 교훈 덕에 오늘날 비트코인 변경 절차는 아주 명확해졌다. 기존 비트코인 규칙과 호환되지 않는 버전을 만들고 싶다면, 두 가지 선택지가 있다.

1. 커뮤니티의 합의 없이 새로운 코인을 만든다. (알트코인 창시)
2. 사용자들을 적극적으로 설득하여 커뮤니티의 합의를 이끌어내고, 합의된 사용자들이 새로운 클라이언트를 사용하게 하여 새 코인이 '비트코인'으로 인정받도록 한다.

이 두 가지 방법 중 하나를 선택하지 않으면 네트워크는 쪼개지고, 체인 분리로 인해 혼란이 발생할 수밖에 없다. 그러나 당시 많은 사람들은 이 절차에 대해 잘 알지 못했다. 빅 블로커 진영

역시 사용자 합의를 이끌어내야 하는지, 아니면 다른 방식을 취해야 하는지에 대한 확신 없는 길을 걷고 있었다.

전쟁 초기에는 빅 블로커 진영이 우세한 것처럼 보였다.

"비트코인의 확장과 대중화를 위해 더 큰 거래 용량이 필요하다."

그들의 메시지는 간단하고 명확했다. 대다수는 이에 동의했고, 동시에 레딧 사태로 인해 검열에 반대하는 주장은 상당한 공감을 얻었다.

하지만 실질적인 논의가 진행되면서, '20년 동안 8,000MB로 블록사이즈 늘리기'라는 비트코인 XT의 제안이 지나치게 공격적이라고 생각하는 사람들이 늘어갔다. 일개 개발자인 마이크 헌이 이렇게 중요한 결정을 내려도 되는지, 이 갑작스러운 변경이 적절한지, 그리고 그가 제시한 예측을 얼마나 신뢰할 수 있는지에 대한 의문이 제기되었다. 많은 사람들은 보다 단순하고 온건한 블록사이즈 증가가 더 합리적이라고 여겼다. 블록사이즈 증가가 필요하다는 데에는 동의하지만, 과도한 수준의 비트코인 XT는 실패할 것이며, 더 온건한 제안이어야 성공할 수 있을 것이라는 의견이 지배적이었다.

그렇다면 빅 블로커들은 이렇게나 공격적인 업그레이드를 진짜로 원했던 걸까? 아니라고 본다. 이들에게 비트코인 XT는 단지 논쟁을 일으키는 패, 일종의 버리는 카드에 불과했을 수도 있다. 즉, 강하게 밀어붙였다가 한 발 물러나면서 더 온건한 제안을 내면, 그 제안이 더 설득력 있어 보일 거라 기대한 듯했다. 나는 이것이 빅 블로커 진영이 저지른 중대한 첫 번째 실수라고 생각한다. 첫 전투에 임하면서 패배가 확정된 카드를 내는 것. 과연 승리를 위한 올바른 전략이었는지 의문이다.

제2장

진군
March To War

비트코인 초창기, 즉 2009년부터 2011년까지 비트코인 사용을 위한 유일한 클라이언트는 **비트코인 코어**였다. 이 클라이언트는 윈도우 버전으로 최초 배포되었으며, 지갑, 풀 노드, 채굴 기능을 모두 갖춘 형태였다. 당시에는 모바일 앱, 결제 상점, 도박 웹사이트, 다크넷 시장, 거래소, 현물 거래, 파생상품 거래, 기관 투자자 등 현재 우리가 알고 있는 그 어떤 요소도 존재하지 않았다. 그저 코인을 채굴하고 주고받는 아주 기본적인 프로그램만 있을 뿐이었다. 겉보기에 비트코인은 아무런 쓸모가 없어 보였고, 별다른 가치나 잠재력도 없어 보였다. 그럼에도 불구하고 이 시기부터 비트코인에 관심을 가진 이들은 풍부한 상상력을 가지고 있었다. 이들은 비트코인 시스템이 앞으로 거쳐갈 단계들과 그에 따른 발전 과정들을 상상하며, 비트코인의 미래에 대한 수많은 가정과 예측, 논리를 쌓아 나갔다. 이 초창기 비트코이너들은 주로 사고 실험을 통해 가설을 세웠고, 이것들이 현실에서 검증된 바는 없었다. 이런 온갖 가정과 논리들은 그저 나름 타당하거나 그럴 듯한 것 정도로 받아들여졌다. 그러던 중, 비트코인 탄생 후 5년이 지난 시점에 블록사이즈 전쟁이 발발했다. 이 5년이라는 시간 동안 비트코이너들은 방대한 양의 사고 실험을 통해 비트코인의 작동 방식과 철학에 대해 수많은 가정과 논리를 쌓아왔고, 각자만의 견해를 발전시켜 왔다. 이러한 서로 다른 생각들이 오랜 시간 동안 조용히 수면 아래에 쌓여갔지만, 좀처럼 좁혀

지지 않던 간극은 결국 수면 위로 떠올랐다. 모두가 비트코인에 진심이었기에 갈등은 격렬할 수밖에 없었다. 그 결과는 파괴적이었고, 전쟁의 향방을 예측하기란 어려웠다.

비트코인 가격의 급등 역시 주목할 만한 요소였다. 2010년 단 몇 센트에 불과하던 비트코인은 2015년 여름에 이르러 220달러까지 상승했고, 전쟁의 당사자들은 엄청난 돈방석에 앉는 경험을 하게 되었다. 그러나 이 경제적 성공은 과도한 자기 확신과 오만을 불러일으켰다. 2011년 초, 비트코인 가격이 1달러도 되지 않았을 때 투자한 사람이 있다고 가정해 보자. 그는 자신의 비전과 신념을 바탕으로 비트코인에 투자했고, 2015년까지 그 확신을 고수했다. 그 결과 투자액은 200배 이상 증가했다. 이 놀라운 투자 성과는 그의 심리에 큰 영향을 미쳤을 것이다. "거 봐, 2011년에 내가 생각한 게 맞았어. 덕분에 이렇게 큰 돈을 벌게 되었잖아." 이 성공으로 인해 그는 자신이 비트코인에 대해 누구보다 깊이 이해하고 있다고 확신했을 것이다. 2011년부터 이미 비트코인의 본질을 꿰뚫고 있었으며, 앞으로도 자신이 비트코인을 가장 잘 이해하는 사람이라고 믿게 되었을 것이다. 하지만 이건 상대 진영도 마찬가지였다. 양 진영 모두 2011년 초부터 비트코인에 대한 깊은 이해와 신념을 가지고 투자해 왔기에, 현재 같은 자리에 서 있다는 사실을 간과했다. 각자가 비트코인을 진정으로 이해했다고 자신하며, 때로 상대를 이제 막 비트코인에 입문한 사람으로 취급하기도 했다. 이러한 태도는 블록사이즈 전쟁이 왜 그렇게 격렬하게 진행되었으며, 때로는 서로를 악랄하게 헐뜯는 상황으로까지 치달았는지를 설명해준다.

잠시 비트코인 초창기로 돌아가 보자. 사토시가 비트코인을 처음 출시했을 당시에는 블록사이즈를 제한하는 규칙이 존재하지 않았다. 그러다가 2010년 여름, 사토시는 **블록사이즈 제한**을 처음 도입했다. 다음은 2010년 7월 15일 사토시가 비트코인 소프트웨어 저장소에 추가한 코드이다.

```
static const unsigned int MAX_BLOCK_SIZE = 1000000;
```
[1]

이 코드는 2010년 7월 19일에 배포됐지만, 즉시 시행된 것은 아니었다. 79,400번째 블록부터 적용되도록 설정되었기 때문에, 실제로는 2010년 9월 7일부터 유효한 규칙이 되었다. 이 시점부터 1MB보다 큰 블록은 네트워크에서 거부되었고, 그러한 블록을 채굴한 채굴자는 보상을 받지 못했다. 이처럼 기존의 규칙을 강화하거나 새로운 규칙을 추가해서 비트코인을 더 엄격하게 작동하도록 만드는 업그레이드를 **소프트포크**라 한다. 사토시가 시

---

1. https://github.com/bitcoin/bitcoin/blob/a30b56ebe76ffff9f9cc8a6667186179413c6349/main.h#L18 / 역자 주: 블록사이즈를 1MB로 제한하는 새로운 규칙

행한 업그레이드는 블록의 유효성을 판단하는 기준을 강화한 것으로, 이런 형태의 업그레이드는 기존 버전과 잘 호환된다. 이를 비유로 설명하기 위해 품질 검사가 이루어지는 공장을 떠올려보자. 이 공장의 제품 검출기는 특정 규칙에 따라 정상 제품과 불량품을 골라낸다. 만약 기존 검출기보다 더 엄격한 기준을 가진 새로운 검출기를 도입하면 어떨까? 새로운 검출기를 통과한 제품은 당연히 기존의 검출기도 잘 통과할 것이다. 반면, 기존의 규칙을 완화하거나 삭제하는 업그레이드를 **하드포크**라 한다. 비유를 이어가자면, 하드포크는 설정값이 느슨한 검출기를 도입하는 것이기 때문에 이를 통과한다고 해서 기존 검출기를 통과하는 것은 아니다. 즉, 하드포크 업그레이드는 기존 네트워크와 호환되지 않는다. 따라서 전 세계 모든 사용자가 기존 클라이언트를 지우고 새로 배포된 클라이언트로 교체해야 한다. 단 한 명이라도 기존 클라이언트를 유지하면 네트워크가 둘로 쪼개지고[체인 분리], 서로 다른 코인이 양쪽 네트워크에 각각 존재하게 된다. 사토시가 활동하던 이 시기에는 소프트포크와 하드포크라는 용어가 없었고, 이 용어는 2012년 4월부터 사용되기 시작했다.[2] 아무튼 사토시가 도입한 1MB 블록사이즈 제한은 비트코인 최초의 소프트포크 사례였고, 그는 이를 활성화하는 방법도 마련해 두었다. 특정 블록에 도달하면 새로운 규칙이 적용되는 일명 **플래그 데이**[flag day]

---

2. https://gist.github.com/gavinandresen/2355445

방식이었다. 그는 79,400번째 블록을 새로운 규칙이 적용되는 시점으로 설정했다.

하지만 사토시는 블록사이즈 제한을 도입한 이유에 대해 명확한 설명을 남기지는 않았다. 빅 블로커 진영에서는 사토시의 조치가 임시적인 것에 불과하다고 주장했지만, 내가 찾아본 바로 그런 언급은 없었다.

블록사이즈와 관련된 사토시의 또 다른 에피소드는 2010년 10월 4일에 일어났다. 이는 주로 빅 블로커들이 많이 언급하는 에피소드이기도 하다. 블록사이즈 1MB 제한이 활성화된 지 한 달 후, 비트코인 개발자 중 한 명인 제프 가직Jeff Gazik은 이 제한을 없애고 블록사이즈를 늘리자고 제안했다.[3] 그는 1MB 제한 규칙을 삭제한 패치를 내놓으며, 비트코인이 페이팔과 같은 속도로 거래를 처리할 수 있어야 한다고 주장했다. 당시 비트코인은 매우 초기 단계였기 때문에 실제로 거래가 거의 없었고, 대부분의 블록은 비어 있었다. 따라서 블록사이즈의 최대 크기를 1MB로 제한하는 것이 당장 거래 속도에 영향을 미치는 문제는 아니었다. 제프 또한 이를 알고 있었다. 그럼에도 그는 비트코인의 마케팅과 내러티브 관점에서 블록사이즈는 중요한 문제라 생각했다. 제프의 제안이 올라온 지 15분 만에 데이모스는 이렇게 답했다.

---

3. https://bitcointalk.org/index.php?topic=1347.msg15139#msg15139

"이 패치를 적용하면 기존의 비트코인 클라이언트와 호환되지 않습니다."

사토시도 대화에 끼어들었다.

"데이모스 말이 맞습니다. 이 패치를 사용하지 마십시오. 기존 네트워크와 호환되지 않을 겁니다. 변경해야 할 시점이 온다면, 그때 가서 단계적으로 변경하면 됩니다."

다음 날 사토시가 추가 댓글을 달았다. 이 댓글이 바로 빅 블로커들이 가장 많이 인용했던 사토시의 코멘트이다.

"예를 들어, 다음과 같이 단계적 변경이 가능합니다.

if (blocknumber 〉 115000)
    maxblocksize = largerlimit;[4]

이 방법을 이용하면, 블록사이즈가 실제로 변경되기 전부터 클라이언트를 사용할 수 있습니다. 그러다가 목표 블록에 가까워지면, 이전

---

4. 역자 주: 115,000번째 블록이 지나면, 블록 크기 제한을 더 큰 값으로 늘리는 코드

버전을 사용하는 이들에게 더 이상 호환되지 않는다는 경고를 보내고, 업그레이드를 해야 한다는 사실을 알리면 됩니다."

 사토시가 이 말을 할 당시 블록 높이는 83,500이었고, 예시로 든 블록 높이는 115,000이었으니 이는 31,500블록^{약 7개월} 후에 블록사이즈를 변경할 수 있다는 의미였다. 빅 블로커들 관점에서 사토시의 의도는 명확했다. 1MB 제한은 임시 조치일뿐, 향후 필요에 따라 블록사이즈를 늘리는 방법까지 분명하게 제시한 것이라고 여겼다. 하지만 빅 블로커들은 전체적인 맥락을 놓치는 경향이 있다. 사토시의 발언은 해석하기 나름이었다. 블록사이즈 제한을 없애면 기존 네트워크와 호환되지 않기 때문에 제프의 의견에 반박하며 단순히 근거를 든 것이었을 수도 있었다. 또한, 프로토콜 변경에 대해 신중한 입장을 보이면서, 변경이 정말로 필요한 경우에만 블록사이즈를 늘릴 수 있는 안전한 방법을 설명한 것이라고 볼 수도 있었다. 이것이 스몰 블로커들이 생각하는 바였다.

 빅 블로커들이 많이 인용하는 사토시의 코멘트가 하나 더 있었는데, 비트코인 네트워크가 가동되기도 전인 2008년 11월에 했던 말이다. 사토시는 비트코인의 궁극적인 목표는 '비자 카드 수준의 거래를 처리하는 것'이라고 한 적이 있는데, 이는 빅 블로커의 비전과도 일치했다.

"비트코인이 충분히 성장하기 전까지는 간편 결제 확인Simplified Payment Verification, SPV을 사용하는 것이 더 안전할 것입니다. SPV를 사용하면 이중 지불 검증을 위해 블록 헤더만 확인하면 되기 때문입니다. 하루로 치면 약 12KB의 작은 데이터입니다. 풀 노드 실행은 신규 발행된 코인을 얻고자 하는 사람들(채굴자들)로도 충분할 것입니다. 초창기에는 대부분의 사용자가 풀 노드를 운영하지만, 네트워크가 성장하면서 전용 하드웨어(ASIC 채굴기)를 가진 서버 팜Server Farm 전문가들(채굴장 운영 기업)만 운영하는 형태로 바뀔 것입니다. 그렇게 되면 그들 하나하나가 비트코인 네트워크의 노드로 기능하고, 서버 팜 내의 모든 하드웨어(ASIC 채굴기)가 그 노드에 연결될 것입니다.

또한, 통신 대역폭의 한계가 지금의 우려만큼 큰 문제가 아닐 가능성도 있습니다. 트랜잭션 하나의 크기는 약 400B이고, 이는 네트워크를 통해 두 번 전파되어야 하므로 트랜잭션당 약 1KB의 데이터 전송이 필요하다고 볼 수 있습니다. 비자는 2008년 기준으로 370억 건의 거래를 처리했으며, 일평균 1억 건입니다. 이를 용량으로 환산하면 약 100GB의 대역폭을 의미하는데, 이는 DVD나 HD 화질 영화 12편 정도의 용량이며, 비용으로 따지면 약 18달러에 불과합니다.

비트코인 네트워크가 그 정도로 커지려면 수년은 더 남았습니다. 그때쯤이면 인터넷으로 HD 영화 두 편을 주고받는 것쯤은 별거 아닌 일이 될 것입니다."[5]

 빅 블로커들이 이 코멘트를 자주 인용하는 것에 대해, 스몰 블로커들은 사토시의 주장은 SPV 기술이 실현된다는 전제하에서만 의미가 있다고 반박했다. 즉, "SPV가 가능해지면 이중 지불이 발생하지 않았는지 검증하기 위해 과거의 모든 거래 내역이 아닌 블록 헤더만으로도 충분하다. 하지만 SPV는 아직까지 개발되지 않았으며, 향후에도 구현될지 불확실하다. 따라서 사토시가 말하는 '비자와 경쟁할 만큼의 거래 처리량'은 논의 시점에 유효하지 않다."는 주장이었다. 이는 SPV의 의미에 대한 다소 제한적이고 좁은 해석으로 볼 수 있다.

 거래 처리량에 대한 우려는 비트코인 네트워크가 가동된 2009년 1월 전부터 존재했다. 아래는 제임스 도널드[James Donald]가 사토시에게 보낸 이메일로, 사토시가 2008년 10월 비트코인 백서를 발표한 후 받은 첫 번째 답장이다.

 "네트워크가 이중 지불을 적시에 포착하고 거부하려면, 해당 거래 A뿐만 아니라 A의 이전 거래인 B, B의 이전 거래인 C… 그 이전의 모든 거래 내역이 필요합니다. 수억 명의 사람들이 네트워크 상에서 트

---

5. https://www.mail-archive.com/cryptography@metzdowd.com/msg09964.html

랜잭션을 주고받는다고 상상해 보세요. 이들 모두 서로의 모든 과거 거래 내역을 알고 있어야 할 텐데, 그러려면 엄청나게 큰 통신 대역폭이 필요할 것입니다."[6]

한편 스몰 블로커들이 가장 많이 인용하는 사토시의 코멘트가 두 가지 있는데 첫 번째는 2010년 6월 개빈과의 토론에서 경쟁 클라이언트를 "네트워크에 대한 위협"이라고 표현한 것이고, 두 번째는 "비트코인의 핵심 설계는 돌에 새겨진 것"이라는 비유이다. 다음은 두 번째 코멘트와 관련해 사토시가 남긴 말이다.

"세상에 처음 나왔을 때부터 비트코인의 핵심 설계는 마치 바위에 새겨진 것과 같다는 게 본질입니다. 그래서 저는 가능한 모든 거래 유형을 지원할 수 있도록 설계하려고 했습니다. 이를 위해서는 모든 거래에 대해 해당 코인이 이미 사용되었는지 확인하는 코드와 데이터 필드가 필요했습니다. 그러나 문제는 그러려면 모든 코인을 '특별 케이스'로 처리해야 한다는 것이었습니다. 만약 그렇게 했다면 비트코인의 코드는 '특별 케이스'들로 가득 차게 될 것이었습니다. 이 문제를 해결하기 위해 **스크립트**Script를 도입했습니다. 스크립트란 거래 당사자가 자신의 거래 내역에 대해 기술하면, 그것이 참인지 거짓인지를

---

6. https://www.mail-archive.com/cryptography@metzdowd.com/msg09963.html

네트워크가 평가할 수 있도록 하는 것입니다. 네트워크의 노드들은 그 코인의 사용 조건이 충족되었는지, 이중 지불이 발생하지는 않았는지를 평가합니다. 사실 스크립트 대신 predicate(입력값을 받아 참 또는 거짓을 출력하는 함수)라는 용어를 사용하려 했지만, 다소 생소할 수 있었기에 그냥 스크립트라고 이름 붙였습니다.

비트코인을 받는 사람은 스크립트를 통해 거래 내역 템플릿이 맞는지 확인합니다. 현재는 두 가지 템플릿, 지불과 비트코인 주소만 존재하지만, 향후에는 다양한 트랜잭션 유형을 지원하는 템플릿을 추가할 수 있고, 노드는 추가된 템플릿을 인식할 수 있게 될 겁니다. 네트워크에 존재하는 여러 다른 버전의 노드들이 새롭게 추가된 템플릿을 인식하지 못하더라도, 여전히 검증하고 블록에 포함할 수 있습니다.

이러한 설계는 제가 수년 전부터 구상해 온 다양한 거래 유형, 예를 들어 에스크로 거래, 보증 계약, 제삼자 중재, 다중 서명 등을 지원할 수 있도록 고안된 것입니다. 물론 이 모든 것은 비트코인이 큰 성공을 거둔 후에야 유효한 이야기입니다. 하지만 처음부터 모든 가능성을 염두에 두고 설계했습니다.

저는 제2의 비트코인 구현이 결코 바람직한 아이디어라고 생각하지 않습니다. 왜냐하면 모든 노드가 동일한 결과를 만들어낸다는 전제하에 비트코인을 설계했기 때문입니다. 따라서 다른 버전을 구현하는 것은 기존 네트워크에 해를 입히는 일입니다. 게다가 MIT 라이선스는 다른 모든 라이선스 및 상업적 용도와 호환되므로, 이를 다시 작성할 필요도 없습니다."[7]

사토시는 비트코인의 첫 2년 동안 왕성히 활동하며 다양한 기록을 남겼다. 이 중 어떤 것은 빅 블로커들의 주장과, 또 어떤 것은 스몰 블로커들의 주장과 일치한다고 해석할 수 있다. 예를 들어, 블록사이즈 제한이나 거래 처리량과 같은 특정 이슈에 대해서는 빅 블로커들의 편을 드는 것처럼 보인다. 하지만 비트코인 프로토콜의 엄격한 규칙에 대해서는 스몰 블로커들의 입장을 지지하는 것처럼 보이기도 한다. 이런 이유로 블록사이즈 전쟁은 흡사 종교 전쟁 같은 수준에 이르렀다. 성경을 다르게 해석하는 종파 갈등처럼, 양 진영 모두 자신의 주장을 뒷받침할 사토시의 코멘트를 찾아내 유리한 쪽으로 해석했다.

여기서 생각해 볼 점은 사토시의 생각이 특별히 더 중요한 것이냐는 것이다. 이에 대해 많은 스몰 블로커들은 사토시의 견해나 권위가 더 이상 중요한 것이 아니라고 분명히 밝혔다. 비록 사토시가 비트코인을 만든 사람일지라도, 그가 남긴 기록은 이미 5년 전의 것이며, 그동안 상황은 많이 변했다는 입장이었다. 따라

---

7. https://bitcointalk.org/index.php?topic=195.msg1611#msg1611

서 비트코인 네트워크를 최근까지 가까이서 지켜봐 온 사람들이 사토시보다 더 많은 것을 알고 있을 수도 있었다. 더군다나 비트코인은 종교가 아니다. 그러므로 사토시를 무슨 예언자처럼 대하는 것은 합리적이지 않다. 중요한 결정을 내릴 때 스몰 블로커들은 사토시의 권위가 아닌 과학적이고 논리적인 문제 해결 방식을 취했다. 물론 비트코인은 어느 정도 종교적인 특성을 가지고 있으며, 많은 사람들이 실제로 그렇게 느낀다. 이러한 특성이 비트코인의 성공에 일정 부분 기여했다는 것은 부정하기 어렵지만 말이다.

그러던 어느 날, 사토시가 갑자기 나타나 이 논쟁에 개입하는 것처럼 보이는 사건이 일어났다. 비트코인 XT가 출시된 날, 사토시가 오래전에 썼던 이메일 주소 중 하나인 satoshi@vistomail.com에서 이메일이 발송되었다. 그 내용은 비트코인의 확장성에 대한 자신의 생각이 바뀌었고, 이제는 스몰 블로커들을 지지한다는 것이었다.

"저는 최근의 블록사이즈 논쟁을 지켜보며, 이 갈등이 조속히 해결되고 네트워크 참여자들 간에 합의가 이루어지기를 바랐습니다. 하지만 비트코인 XT가 공식 출시되면서 그런 희망이 사라졌습니다. 이 위험한 하드포크에 대해 깊은 우려를 표명하지 않을 수 없습니다.

이른바 '비트코인 개발자'라는 이들은 제가 설정한 원래 비전을 따르고 있다고 주장합니다. 하지만 그들이 추구하는 방향은 제가 설계한 비트코인의 본질과 너무나 동떨어져 있습니다. 비트코인은 대다수의 합의 없이는 프로토콜 규칙이 변경될 수 없도록 설계되었습니다. 합의는 카리스마 있는 리더나 특정 개인에 의해 강요되어서는 안 됩니다. 다수의 동의가 자발적으로 이루어져야 합니다. 개빈 안드레센이든, 버락 오바마든, 심지어 사토시 나카모토 일지라도 말입니다. 이들은 겉으로는 저의 '원래 비전'을 존중한다고 합니다. 그러나 이들이 추진하는 방식을 보면 그렇지 않습니다.

이들은 제 과거 코멘트를 인용하면서 '비트코인은 이래야 한다.'고 주장합니다. 하지만 이미 많은 것이 변했습니다. 처음 제가 가졌던 생각들과는 다른 일들이 벌어졌고, 우리는 새로운 것들을 계속해서 배우고 있습니다. 예를 들어, 저는 채굴 풀이 네트워크 보안에 미치는 영향을 예상하지 못했습니다. 비트코인의 보안성과 뛰어난 화폐 시스템을 동시에 유지하는 것은 결코 단순한 문제가 아닙니다. 더 많은 시간과 노력을 들여 최선의 해결책을 모색해야 합니다. 사용자들이 노드를 운영하도록 이끄는 더 강력한 인센티브가 필요한 시점입니다.

만약 단 두 명의 개발자가 비트코인을 그들이 원하는 방식으로 변경하고, 비트코인을 새롭게 정의한다면, 그리고 기술적 주요 사항을 무시하고 인기 영합적 전략을 취한다면, 저는 비트코인이 실패한 프로젝트라고 선언할 수밖에 없습니다. 비트코인은 기술적으로도, 사회적으로도 강인하고 견고해야 합니다. 지금 벌어지는 일들은 정말 실망스럽습니다."[8]

대부분의 빅 블로커들은 사토시의 이메일 계정이 해킹된 것이라며 논란을 일축했다. 이메일은 분명히 비스토메일^{Vistomail}에서 발송된 것이었기 때문에, 가능성은 세 가지였다. 첫째, 사토시의 이메일 계정이 해킹되었을 가능성, 둘째, 비스토메일 관리자들이 이메일을 보냈을 가능성, 셋째, 실제로 사토시가 이메일을 보냈을 가능성. 두 번째 가능성은 매우 낮으므로, 진짜 사토시가 보냈거나 그의 계정이 해킹되었을 가능성이 컸다. 이미 또 다른 이메일 계정인 satoshi@gmx.com이 해킹된 적이 있었기 때문에, 해킹의 가능성도 배제할 수 없었다. 하지만 진실이 무엇이든지 간에 사토시의 이메일이 비트코인의 미래 방향을 결정하는 데에는 전혀 중요하지 않다는 것이 이 사건의 핵심이다. 만약 사토시와 같은 한 개인이 시스템에 과도한 영향을 미칠 수 있다면, 비트코인은 여전히 미성숙한 걸음마 단계에 있다는 의미다. 비트코인은 특정 개인에 의존하는 시스템이 아니다. 그리고 앞으로도 외

---

8. https://lists.linuxfoundation.org/pipermail/bitcoin-dev/2015-August/010238.html

부 압력에 강하게 저항할 수 있어야 한다. 비트코인의 본질은 화폐 시스템의 혁명이며, 기존 시스템에 파괴적일 수밖에 없다. 사토시가 사라진 이유도 이와 관련이 있을 것이라 생각한다.

이 사건 이후로 사토시가 다시는 모습을 드러내지 않았다고 말하고 싶지만, 불행히도 블록사이즈 전쟁의 중후반부에 그가 다시 언급될 것이다. 또 다른 인물이 사토시 나카모토라고 자처하며 등장했기 때문이다.

사토시가 도입한 **블록사이즈 제한** 규칙으로 주제를 되돌려 보자. 당시에는 이 문제에 대해 약간의 논의만 있을 뿐 큰 이견은 없었다. 그저 모두가 비트코인을 배워나가는 중이었다. 그러나 2011년 4월부터 상황이 조금씩 변하기 시작하면서 블록사이즈 변경, 트랜잭션 수수료, 채굴자 인센티브 등에 대한 커뮤니티 내의 의견 차이가 점점 뚜렷해졌다. 논의 분위기는 대체로 온건했지만, 의견 차이는 명확했다.

비트코인 토크 포럼의 한 사용자 반드로이Vandroiy는 이렇게 질문했다.

"채굴 보상이 점점 줄어들거나 끝나버리면, 채굴자들은 어떤 인센티브로 채굴을 계속할까요?"

물론 백서에 이미 "채굴 인센티브는 트랜잭션 수수료로 전환된다."⁹라고 쓰여 있었고, 대부분 이를 알고 있었다. 하지만 그는 더 집요하게 질문했다. 2011년 4월 22일, 그가 쓴 글이다.

"채굴자는 이윤을 극대화하는 것이 최우선입니다. 이때 수수료의 영향은 미미합니다. 왜냐하면 어떤 트랜잭션을 블록에 포함할지 결정하는 입장에서 높은 수수료든 낮은 수수료든 가리지 않고 모두 포함시켜 이윤을 극대화할 수 있기 때문입니다. 따라서 트랜잭션 수수료는 점점 저렴해질 것입니다.¹⁰ 그러므로 블록 보상 없이 트랜잭션 수수료만으로 운영된다면 경쟁력 없는 채굴자들은 살아남을 수 없습니다. 이로 인해 채굴은 점차 중단되고 해시레이트는 감소하며 채굴 난이도는 떨어지게 됩니다. 이러한 악순환은 계속되어 채굴 난이도가 결국 0으로 수렴하게 됩니다."¹¹

반드로이의 주장을 요약하면 다음과 같다.

1. 채굴자가 블록에 트랜잭션을 더 추가한다고 비용이 크게 증가하는 것은 아니다.

---

9. https://bitcoin.org/bitcoin.pdf
10. 역자 주: 채굴자가 모든 트랜잭션을 처리해 줄 것을 기대하는 사용자들은 굳이 수수료를 높게 설정하지 않을 것이기 때문이다.
11. http://archive.is/URni1

2. 채굴자는 높은 수수료든 낮은 수수료든 모든 트랜잭션을 처리할 것이다.
3. 사용자들이 수수료를 높게 지불할 이유가 없어진다.
4. 수수료는 계속 낮아진다.

이 악순환을 소위 '수수료 죽음의 소용돌이$^{fee\ death\ spiral\ problem}$'라고 한다. 경제학적 관점에서, 시장에 경쟁이 존재할 경우 가격은 한계 생산 비용에 맞춰지는데, 이 비용이 0에 수렴하게 되면서 가격도 0에 수렴한다는 논리이다.[12] 이에 대한 반박으로, 일부는 채굴자들에게 이윤 극대화라는 내재적 인센티브뿐만 아니라 외부적 요인에 의한 인센티브도 작용할 것이라 주장했다. 비트코인 백서에 명시된 '채굴자들에게 동기를 부여할 수 있는 또 다른 목적'을 거론하며 어떤 대의 명분 같은 것으로 해석하는 사람들도 있었다. 이들은 비트코인 트랜잭션 수수료 시장을 균형 가격을 찾아가는 전통적인 시장과 다르게 바라본 것이다.

아무튼 수수료 문제는 당시 커뮤니티에서 큰 논란을 불러일으켰고 사람들은 혼란스러워했다. 어떤 사람들은 이를 비트코인의 잠재적인 문제로 보았고, 어떤 이들은 그렇지 않다고 봤다. 마이

---

12. 역자 주: 비트코인 트랜잭션 수수료도 시장 원리에 따라 결정된다. 여기서 채굴자는 블록이라는 상품을 만들고 트랜잭션을 처리하는 생산자로, 비트코인 사용자는 트랜잭션을 보내려는 소비자로 볼 수 있다.

크 헌도 처음에는 반드로이의 주장이 설득력 있다고 인정했다. 그러나 바로 다음 날, 의견을 바꿔 그것은 문제가 아니라고 했다.

"수수료 죽음의 소용돌이 주장은 아무리 낮은 수수료를 지불하는 트랜잭션이라도 모두 블록에 포함될 것이라는 가정을 전제로 하고 있습니다. 이는 트랜잭션을 블록에 추가하는 데 드는 추가 비용이 없기 때문에 수수료가 조금이라도 있으면 채굴자가 트랜잭션을 거부하지 않을 것이라는 논리입니다. 하지만 현실의 채굴자들은 그렇게 행동하지 않을 것입니다. 그랬다가는 오히려 채굴 수익성이 악화되기 때문입니다."[13]

결국 수수료에 대한 우려를 불식시킬 해결책이 제시되었다. 바로 블록사이즈를 작게 제한하는 것이었다. 블록사이즈를 제한하는 것은 하나의 블록에 포함될 수 있는 트랜잭션의 수를 제한시키는 것을 의미한다. 따라서 사용자들은 한정된 블록 공간에 자신의 트랜잭션을 포함시키려면 남들보다 더 높은 수수료를 제시해야 한다. 만약 수수료를 적게 지불해서 블록에 포함되지 못한다면, 다음 블록에 포함되길 바라면서 기다려야 한다. 자연스럽

---

13. http://archive.is/URni1

게 블록은 가득 차게 되고[14] 수수료가 무한정 낮아지는 일은 방지된다. 이처럼 블록사이즈를 제한하면 경제학에서 말하는 '생산자 잉여'가 생기고 장기적으로 채굴 보상이 없어지더라도 채굴자들에게 지속적인 채굴 인센티브를 제공하게 된다.

수수료 모델에 대한 의견 차이가 커뮤니티를 잠시 분열시키는 듯했지만, 당시에는 이 문제를 심각하게 여기는 사람은 많지 않았다. 그 후 몇 년 동안 별다른 논쟁도 없었고, 각자 자신이 선호하는 방향으로 비트코인이 나아갈 것이라고 믿는 듯했다. 참고로, 마이크 헌은 몇 년 뒤인 2013년에 수수료 죽음의 소용돌이 문제를 다시 언급하면서 블록사이즈 제한 대신에 '보증 계약'[15]이라는 해결책을 제안하기도 했다.

블록사이즈와 관련하여 공개적으로 활발한 캠페인을 벌인 최초의 사례는, 비트코인 개발자이자 스몰 블로커 진영의 인물인 피터 토드$^{Peter\ Todd}$가 제작한 영상이었다.[16] 2013년 5월 유튜브에 공개된 이 영상에는 블록사이즈를 작게 유지해야만 사용자들이 풀 노드를 운영하며 네트워크에서 일어나는 거래를 직접 검증할 수 있고, 비트코인의 탈중앙성을 유지할 수 있다는 내용이 담겨

---

14. 역자 주: 비유하자면, 거래 내역들이 장부의 한 페이지에 빈 공간 없이 빼곡히 적히는 것이다.
15. https://bitcointalk.org/index.php?topic=157141.0;all
16. https://www.youtube.com/watch?v=cZp7UGgBR0I

있다. 그는 심지어 "블록사이즈 1MB를 더 늘리기 위해 비트코인을 변경하려는 사람이 있다면 무시하라."고까지 말했다. 빅 블로커 진영은 이 영상을 크게 조롱했고, 나아가 피터가 만든 스몰 블로커 웹사이트인 keepbitcoinfree.org를 인수하여, 빅 블록을 지지하는 공간으로 바꿔버렸다.

피터는 RBF$^{\text{Replaced-by-Fee}}$라는 기능의 제안자이기도 한데, 이는 빅 블로커들의 분노를 더욱 부추기는 요인이 되었다. RBF는 아직 확정되지 않은 트랜잭션에 수수료를 추가 지불하여 새로운 트랜잭션으로 교체하는 기능이다. 즉, 사용자가 이미 제출한 트랜잭션이 낮은 수수료로 인해 처리가 지연되는 상황에서 더 높은 수수료를 지불함으로써 트랜잭션의 확정을 촉진할 수 있는 것이다. 채굴자들은 RBF를 채택할 수도, 하지 않을 수도 있었으며, 만약 채택하지 않는다면 최초로 제출된 트랜잭션을 먼저 처리할 뿐이다. 마이크나 개빈 같은 빅 블로커들은 대체로 RBF를 반대했고, 스몰 블로커들은 찬성했다. 한 가지 덧붙이자면, 블록사이즈 제한과 RBF에는 큰 차이가 있다. 블록사이즈는 비트코인 프로토콜 합의 규칙 중 하나인 반면, RBF는 채굴자가 자유롭게 선택할 수 있는 정책에 불과하다는 점이다. RBF 채택 여부는 채굴자가 결정할 문제이지, 네트워크의 합의가 필요한 것은 아니다. 스몰 블로커들은 이런 중요한 점들을 엄밀하게 구분하고 있었다. 하지만 많은 빅 블로커들은 이 둘을 구분하지 못하고 동일 선상에 놓고 있었다. 심지어 스몰 블로커들이 자기 합리화를 위해 만들어낸 임의적인 구분이라고도 주장했다. 이 둘의 구분은 차치하더라도, RBF를 둘러싼 논쟁은 앞서 언급한 수수료 죽음의 소용돌이 문제의 핵심과 거의 일치했다.

빅 블로커들의 반대 논리는 RBF가 사용자 경험을 저해한다는 것이었다. 예를 들면, RBF로 인해 중복 전송이 발생할 가능성이 있다는 점을 지적하며, 채굴자가 궁극적으로 의존하는 것은 사용자라는 점을 강조했다. 트랜잭션을 생성하고 비트코인을 전송하며 수수료를 지불하는 주체, 채굴자를 먹여 살리는 주체는 결국 네트워크의 사용자들이기 때문이라는 것이었다. 따라서 사용자 경험이 최우선 고려 사항이라는 주장했다. 반면 스몰 블로커들은 장기적인 네트워크 보안이 최우선 과제이기 때문에, 채굴자들에게 지속적인 인센티브를 제공하는 것이 더 중요하다고 보았다.

나는 당시 채굴 산업의 수준이 이 딜레마의 주요 변수라고 생각했다. 만약 채굴업이 소수에 의해 고도로 집중화되어 있다면, '수수료 죽음의 소용돌이' 가설은 타당성이 떨어진다. 이는 수수료와 무관하게 모든 트랜잭션을 블록에 담는 행위가 결국 채굴자 자신에게 해가 됨을 미리 인지할 수 있기 때문이다. 이 딜레마를 해결하고자 몇 안 되는 채굴기업들이 회의를 열고 협상에 임한다면, 장기적인 지속성을 위해 당장의 이익을 어느 정도 포기할 수도 있을 것이었다. 하지만 채굴업이 충분히 분산화되어 있다면 얘기가 달라진다. 각 채굴자는 자신의 결정이 전체 생태계에 미치는 영향에 대해 깊이 고민하지 않을 것이며, 비트코인의 장기적인 목표나 대의 명분보다는 눈앞의 이익을 극대화하는 결정을 내릴 가능성이 높다는 의미다. 이를 '공유지의 비극'이라고 한다. 이러한 논리라면, 수수료 죽음의 소용돌이는 타당한 부분이 있으며, 채굴자에게 추가 인센티브로 작용할 수 있는 RBF는 합리적인 기능일 것이었다.

RBF를 둘러싼 논쟁은 앞에서 언급한 블록사이즈 문제와 매우 유사한 양상을 보였다.

- 빅 블로커는 단기적 결과에, 스몰 블로커는 장기적 결과에 중점을 두었다.
- 빅 블로커는 사용자 경험을, 스몰 블로커는 시스템 강건성을 중시했다.
- 빅 블로커는 성장 둔화를 우려했으나, 스몰 블로커는 지속가능성의 훼손을 걱정했다.
- 빅 블로커는 실무적이고 비즈니스 중심적으로 문제에 접근한 반면, 대체로 컴퓨터 과학 및 암호학에 통달한 사람들인 스몰 블로커는 과학적이고 이론적으로 접근했다.

이처럼 두 진영은 기술적인 측면에서만 옳고 그름을 논쟁한 것이 아니었다. 선호도, 가치관, 철학 모든 측면에서 큰 차이를 보였으며, 우선순위 자체가 달랐다. 서로 다른 결론을 향해 달려가는 양 진영의 합의는 불가능해 보였다.

2015년 4월 15일 수요일, 런던에서 비트코인 재단의 공식 행사인 데브코어DevCore가 열렸다. 개빈은 〈왜 더 큰 체인이 필요한가Why we need a bigger chain〉라는 주제로 기조연설을 하기 위해 참석했으며, 나 역시 그 자리에 있었다. 개빈은 격식을 차리지 않고 여러 사람들과 적극적으로 이 문제에 대해 논의했다. 그는 1MB 블록사이즈가 터무니없이 작다고 주장하며, 아무리 작은 웹사이트도 1MB보다는 크다고 강조했다. 정보통신 산업이 기하급수적으로 성장해 온 점을 들어 모든 것이 점점 더 대형화되고 있다고 주장했다. 특히 무어의 법칙을 자주 언급하며 비트코인이 기가바이트 단위의 훨씬 더 큰 블록사이즈를 갖게 되더라도 별다른 기술적 문제는 없을 것이라고 말했다.

그 후 개빈은 조용히 나에게 다가와 속내를 털어놓았다. 사실 20MB로 바로 변경하고 싶었지만, 이견이 워낙 많아 일단은 8MB로 추진할 것이라고 했다. 며칠 후인 2015년 4월 18일 저녁, 마이크와 개빈은 질의응답 시간을 가졌다. 블록사이즈에 대한 논의 중 개빈은 다음과 같은 말을 했다.

"저는 현재 세운 계획을 있는 그대로 진행할 겁니다. 마음에 들지 않는 분들은 다른 프로젝트를 찾아보라고 하고 싶네요. 솔직히 P2SH^{Pay to Script Hash, 스크립트 해시로 지불} 때도 이렇게 진행됐잖아요? 지금까지 모든 사람들의 의견을 수렴했고, 몇 가지 제안도 검토했습니다. 이제는 계획대로 실행할 차례입니다."[17]

여기서 개빈이 언급한 P2SH는 2012년에 시행된 소프트포크다. 당시에도 약간의 논란과 여러 제안들이 있었지만, 개빈은 이를 강행하는 선택을 했다.[18]

나는 주변을 둘러보았다. 대부분은 개빈의 강한 입장을 긍정적으로 받아들이는 듯 보였지만, 일부는 그의 태도에 불편함을 느끼는 것 같았다. 그들에게 개빈은 비트코인의 '리더'나 '책임자'가 아니었다. 단 한 명의 개발자의 영향력 행사로 프로토콜 규칙을 바꿀 수 있다면, 그게 무슨 비트코인이란 말인가?

강연이 끝난 후 분위기를 살펴보던 나는 마이크가 개빈을 더욱 강경한 입장으로 몰아가고 있음을 확신했다. 마이크는 약간 물러서는 듯한 모습을 보이는 개빈에게 다른 개발자들을 모두 쫓아내고 깃허브를 완전히 장악할 수 있는지를 묻기도 했다. 그들의 대화를 들으니 개빈이 마이크처럼 강경한 입장을 취하는 것은 시간

---

17. https://www.youtube.com/watch?v=RIafZXRDH7w
18. https://bitcoinmagazine.com/articles/the-battle-for-p2sh-the-untold-story-of-the-first-bitcoin-war

문제로 보였다. 구체적인 시기와 방법은 불분명했지만, 개빈이 입장을 굳히면 비트코인 XT는 강행될 것이었다.

2015년 5월 4일, 개빈은 '더 큰 블록을 출시할 시간To time to roll out bigger blocks'[19]이라는 제목의 글을 게시했는데, 블록사이즈 증가에 대한 우려를 불식시키기 위한 시리즈의 첫 번째 게시물이었다. 그는 지금이야말로 블록사이즈를 늘려야 할 때라고 확신하고 있었다. 2015년 5월 7일, 비트코인 코어의 깃허브 관리자 블라디미르는 비트코인 메일링 리스트를 통해 다음과 같이 말했다.

"지금 바로 블록사이즈를 늘리는 것에 대해 기본적으로 반대하는 입장입니다. 이는 하드포크에 내재된, 현실적이고 정치적인 문제들을 간과한 것입니다."[20]

비트코인 코어는 비트코인 시스템을 구현한 클라이언트 프로그램의 이름으로, 사토시가 처음 개발한 이후 지속적으로 업데이트되어 왔다. 처음에는 단순히 비트코인 혹은 비트코인 QT라고 불렸으나, 2013년 2월 마이크 헌의 제안에 따라 비트코인 코어

---

19. http://gavinandresen.ninja/time-to-roll-out-bigger-blocks
20. https://www.mail-archive.com/bitcoin-development@lists.sourceforge.net/msg07472.html

라는 이름이 붙여졌다.[21] 사토시가 떠난 뒤 비트코인 코어 저장소의 관리자는 개빈이 맡고 있었으나, 그는 비트코인 개발에 전념하기 위해 관리자 권한을 블라디미르에게 넘겼다.

여기에도 또 하나의 아이러니가 있다. 거래 수수료와 블록 등에 대한 깊은 연구를 위해 관리자 권한을 넘겨준 것뿐인데, 이것이 마치 비트코인의 통제권 이양처럼 인식된 것이었다. 당시에는 코드 저장소의 유지관리가 단순한 관리 그 이상의 중요한 역할로 여겨졌다. 훗날 빅 블로커들은 개빈이 깃허브 권한을 블라디미르에게 넘긴 것을 매우 중대한 실수로 여겼다. 하지만 스몰 블로커들은 깃허브 관리자 권한과 비트코인 통제권 사이에는 아무런 연관성이 없고, 저장소를 소유하는 것은 코드를 유지 보수하는 관리자 역할에 불과하다고 주장했다.

이 주장이 실제로 타당한 것이, 깃허브에서 이루어지는 코드 병합의 최종 결정은 관리자 권한을 가진 사람에 의해 이루어지는 것이 아니다. 개발자와 커뮤니티의 광범위한 합의가 있을 때만 결정이 내려진다. 하지만 실은 이것도 전혀 중요하지 않다. 왜냐하면 깃허브 저장소에 변경된 비트코인 프로그램이 게시된다고 해서, 네트워크가 자동으로 업그레이드되는 것이 아니기 때문이다. 결국은 사용자가 결정한다. 사용자들이 업그레이드된 프로그램을 사용하지 않으면 그만이다. 다시 말해, 다수의 사용자가

---

21. http://archive.is/kWqW0

기존 클라이언트를 삭제하고 새 버전을 다운받아 실행하지 않는 한, 비트코인 프로토콜은 변하지 않는다. 업그레이드는 강제가 아니라 자발적으로 이루어지는 것이다. 스몰 블로커들은 이 점을 아주 중요하게 여겼다. 하지만 빅 블로커들의 생각은 달랐다. 그들은 깃허브 관리자 권한을 가진 비트코인 코어 개발자들을 지나친 권력을 움켜쥔 주적으로 여겼다.

깃허브 관리자 블라디미르의 실제 권력이 어떻든, "블록사이즈를 지금 바로 늘리는 것에 대해서는 기본적으로 반대하는 입장"이라는 발언은 의미심장했다. 개빈의 로비에도 불구하고 하드포크 버전이 비트코인 코어 깃허브에 병합되지 않을 것처럼 보였다. 개빈의 선택지는 점점 줄어들고 있었다. 그러다가 2015년 5월 29일, 개빈은 자신의 계획에 대한 강력한 암시를 던졌다. 현재 버전과 호환되지 않는 비트코인 XT로 전격 전환하겠다는 것이었다. 개빈의 어투는 꽤 강경했지만, 내게는 그의 태도가 진심이라기보다는 일종의 협상 전술로 보였다.

"만약 우리가 합의에 이르지 못한다면, 저는 업데이트 패치의 검토와 제출을 마이크의 비트코인 XT 프로젝트 측에 요청할 것입니다. 시간이 지남에 따라 지속적으로 블록사이즈가 자동으로 증가할 것이기 때문에, 지금의 격렬한 논쟁을 다시 반복할 필요는 없을 것입니다.

그리고 저는 비트코인 결제 상점, 거래소, 지갑 회사 및 비트코인 인프라 회사, 그리고 저와 의견이 일치하는 모든 이들을 찾아가 비트코인 코어 대신 비트코인 XT를 실행해달라고 요청할 것입니다. 뿐만 아니라 그들이 비트코인 XT를 사용하고 있음을 공개적으로 발표해 주기를 부탁할 것입니다. 그렇게 되면 네트워크를 모니터링하면서 실제 운영되는 클라이언트가 어떤 것인지 명확히 파악할 수 있게 될 것입니다.

그때쯤이면 아마도 더 큰 블록의 필요성에 대한 공감대가 형성될 것이고, 그렇게 된다면 정말 좋은 일이겠죠! 일찍 밀어붙일수록 블록사이즈에 대한 테스트가 앞당겨지는 것이고, 우리는 더 큰 블록을 향해 나아갈 수 있을 겁니다.

이 계획이 성공했는데도, 만약 개발자들이 여전히 합의해 주지 않는다면 저는 주요 채굴자들을 찾아가 도움을 요청할 것입니다. 채굴자들의 투표 메커니즘을 통해 과반수를 확보한 뒤, 더 큰 블록을 생성하도록 할 계획입니다. 이것의 목적은 블록사이즈 증가를 지지하는 것이 더 나은 선택임을 보여주기 위함입니다. 주저하면 뒤처질 것입니다. 저는 기회를 미리 제공할 뿐입니다.

비트코인 프로토콜에 대한 합의가 이루어지지 않을 때, 궁극적인 의

사 결정 권한은 비트코인 결제 상점, 거래소, 채굴자들에게 달려 있습니다."[22]

 2015년 7월 21일, 과거 구글에서 마이크 헌과 함께 일했던 또 다른 비트코인 개발자 피터 웰라^{Pieter Wuille, 종종 피터 우일이라 표기하나 스스로 발음한 것을 들어보면 이는 잘못된 표기이다}는 BIP-103이라는 제안을 내놓았다. 이는 블록사이즈 증가를 위한 하드포크와 관련된 것으로, 개빈의 압력 행사에 대한 타협안으로 보였다. 당시 스몰 블로커 진영에 속했던 블라디미르와 그레고리 맥스웰^{Gregory Maxwell}이라는 개발자도 이 제안에 대한 지지를 밝혔다.[23] BIP-103의 내용은 2017년 1월에 활성화되는 하드포크로, 그 시점부터 매년 17.7%씩 2063년까지 블록사이즈를 증가시키는 것이었다. 어떻게 활성화할 것인지에 대한 내용은 없었지만, 만약 양 진영 간에 추가 논의가 이루어지고 합의에 도달한다면 추진할만했다.

 나는 BIP-103가 중요한 전환점이 될 수 있을 것이라 생각했다. 블록사이즈 증가 폭을 다소 점진적으로 제시하면서도 빅 블로커들과 협상하려는 제안처럼 보였다. 개빈이 이를 긍정적으로 검토하고 타협안을 수정해 나가면서 양측이 합의에 이를 수 있을 것이라 예상했다. 그러나 놀랍게도, 개빈과 빅 블로커들은 BIP-

---

22. https://sourceforge.net/p/bitcoin/mailman/message/34155307

23. https://github.com/bitcoin/bips/blob/master/bip-0103.mediawiki

103에 대해 전혀 긍정적인 반응을 보이지 않았다. 그들은 연간 17.7%의 증가를 모욕으로 받아들였다. 그들에게 연 17.7%는 미래에 있을 비트코인 거래 수요를 전혀 반영하지 못하는 너무 작은 수치였다. 반복되는 얘기지만, 스몰 블로커들은 블록사이즈가 앞으로의 수요보다 천천히 늘어나야 한다고 생각했고, 반대로 빅 블로커들은 수요보다 더 빠르게 증가해야 한다고 믿었다. 이로써 타협은 불가능해 보였다.

빅 블로커들의 최우선은 사용자 경험이었다. 그러기 위해서는 블록이 가득 차 있지 않은 것이 중요했다. 네트워크에 트랜잭션이 몰리고 블록이 가득 차 있는 상태라면, 사용자는 거래가 확정될 때까지 기다려야 한다. 어떤 상점이 이런 결제 시스템을 사용하고 싶어 할까? 심지어 사용자가 자신의 트랜잭션이 빨리 처리되길 원한다면 더 높은 수수료를 지불해야 한다. 사용자가 수수료를 아까워한다면 결국 다른 결제 시스템을 찾을 것이다. 이는 사업적으로 매우 어리석은 전략이었다. 대체 어떤 플랫폼 비즈니스가 사용자를 의도적으로 쫓아내면서 성공하기를 기대할까?

하지만 스몰 블로커들의 생각은 달랐다. 블록이 가득 차는 것은 큰 문제가 아니었다. 아니, 문제나 위기가 아니라 오히려 비트코인이 성공하고 있다는 증거였다. 스몰 블로커들은 "수수료가 너무 높아지면 사용자가 떠난다."는 빅 블로커들의 주장을 "그

맛집은 너무 붐벼서 아무도 가지 않는다."는 역설적인 밈으로 조롱했다. 블록이 꽉 차 있어서 거래가 확정될 때까지 대기하는 것은 감수해야 할 불편이 아니라, 오히려 비트코인의 장기적 성공을 위해 반드시 필요한 것이었다. 반감기마다 채굴 보상 block subsidy, 블록 보조금이 줄어들기 때문에 채굴자들이 받아갈 수수료가 항상 있어야 한다. 다시 말해 채굴 보상이 줄어들더라도 (혹은 아예 없어지더라도) 채굴을 이어 나갈 수 있는 인센티브가 있어야 한다. 이미 꽉 찬 블록 밖에서 대기 중인 트랜잭션들이 항상 존재하면 이 문제가 바로 해결된다. 반대로 블록 크기가 너무 크면 어떻게 될까? 블록이 가득 찰 일은 없고 대기 중인 트랜잭션도 없어진다. 이에 더해 블록 보상도 없는 상황이라면 채굴자에게 채굴할 이유가 사라진다. 인센티브를 잃은 채굴자들은 채굴기를 끄고 트랜잭션이 쌓이길 기다릴 것이다. 당연히 네트워크 보안은 크게 저하되고 비트코인의 핵심 가치는 훼손된다. 이에 대해 빅 블로커들은 매우 부적절한 추론이라고 반박했다. 블록 보상은 앞으로 수십 년 동안 존재할 텐데, 왜 100년이나 먼 미래의 문제 때문에 눈앞의 고객을 잃어야 하는가?

스몰 블로커들이 꽉 찬 블록이 필수라고 주장한 이유는 또 있었다. 블록에 항상 여유 공간이 있다면 누군가는 그 공간을 사용할 것이라는 주장이었다. (누구나 자유롭게 가져다 쓸 수 있는 자원은 희소하지 않다.) 예를 들어, 누군가는 자신의 음악 컬렉션이나 암호화된 문서를 블록체인에 저장하고 싶어할 수 있다. 그들은 공짜 클라우드 저장소에 대한 수요는 사실상 무한하다고 주장했다. 따라서 예상되는 수요 증가에 맞춰 블록사이즈를 늘리는 것은 합리적이지 않다. 미래 수요에 맞춰 블록사이즈를 늘린다 해도 현재의 엉뚱한 수요에 쓰일 가능성이 더 높다.

어쨌든 합의는 이루어지지 않았고 개빈은 계획을 강행했다. 2015년 7월, 개빈은 자신의 제안에 대해 중국의 몇몇 채굴자들과 채굴 풀들의 반대에 부딪혔다고 전했다.[1] 당시 베이징에서 열린 회의에서 채굴자들은 중국 내 열악한 통신 인프라를 언급하며 너무 큰 블록은 빠르게 전파되기 어렵기 때문에 20MB는 무리라는 결론에 이르렀다고 한다. 그 결과, 20MB가 아닌 8MB로의 증가에 합의한 것이다. 비트코인 XT가 출시되는 8월까지 몇 주 남지 않은 시점부터는 공개적인 장소가 아닌 막후에서 일이 진행되고 있었다.

당시 비트코인 XT 웹사이트의 Q&A에는 다음과 같은 내용이 있었다.

"기본적인 의사결정은 마이크와 개빈 사이에 동의가 있으면 이루어지며, 둘 사이에 심각한 이견이 있으면 마이크가 최종 결정을 내린

---

1. https://bitco.in/forum/threads/gold-collapsing-bitcoin-up.16/page-712#post-25018

다."[2]

이 문구는 마이크가 모든 권력을 장악했다는 인상을 다시금 심어 주었다. 대체 마이크가 얼마나 대단한 인물이길래 "최종 결정"을 내린다는 말인가? 물론 마이크라는 사람에 문제가 있는 것은 아니다. 오히려 그는 꽤 괜찮은 사람으로 알려져 있었다. 문제는, 비트코인을 마치 자신이 통제하는 것처럼 표현한 이 노골적인 문구가 결코 올바른 접근 방식이 아니었다는 것이다.

비트코이너들은 스스로의 통제권과 주인의식을 중시하는 금융 주권을 지향하는 사람들이다. 비트코인 XT의 메시지는 이런 '비트코인 정신'과는 거리가 멀었고, 모든 권한을 마이크 한 사람에게 맡기는 듯했다. 이것이 내가 생각하는 빅 블로커들의 두 번째 실수였다. 비트코인 XT는 풀뿌리식 접근을 시도하지 않았고, 오직 마이크 한 사람만 전면에 내세웠다. 차라리 개빈을 내세웠다면 상황이 달라졌을지도 모를 일이다.

---

2. https://archive.is/KoknZ#selection-311.0-311.128

제3장

몬트리올
Scaling I

2015년 9월 12일과 13일 주말, 캐나다 몬트리올에서 **스케일링 비트코인**Scaling Bitcoin, 이하 Scaling I, 몬트리올 컨퍼런스, 확장성 컨퍼런스 등으로 표현이라는 컨퍼런스가 열렸다. 이 행사는 비트코인 커뮤니티를 분열시킨 블록사이즈 관련 갈등을 해소하기 위한 시도로 기획되었다. 해결을 도출하는 데까지 이르지는 못하더라도, 양측의 핵심 인물들이 직접 만나 소통의 장을 여는 것이 목적이었다. 지금까지의 논쟁은 주로 온라인에서 이루어졌기 때문에, 얼굴을 맞대고 토론하면 서로의 관점을 더 잘 이해할 수 있을 것이라는 기대가 있었다. 이런 목적에 반대할 사람은 없었다.

특히 양 진영을 대표하는 인물인 빅 블로커 측의 개빈 안드레센과 스몰 블로커 측의 그레고리 맥스웰이 참석할 예정이었기 때문에 사람들의 기대는 한층 높았다. 그레고리 맥스웰은 비트코인 개발자 중에서도 특히 (온라인상에서) 강경하고 타협하지 않는 인물로 유명했다. 그는 매우 똑똑하고 비트코인에 대한 깊은 이해와 통찰력을 지니고 있었는데, 비트코인 토크 포럼에 등장하여 처음으로 작성한 게시물에서도 그의 내공이 잘 드러난다. 그의 게시물에서 그레고리는 비트코인 거래 수수료와 채굴 인센티브가 네트워크 보안에 왜 중요한지에 대해 설명했는데, 이는 컴퓨터 과학과 암호학뿐만 아니라 게임 이론과 인센티브 등 비트코인을 구성하는 여러 학문적 분야에 대한 철저한 이해를 기반으로 한 것이었다. 그에게 비트코인 마법사Bitcoin Wizard라는 별명이 붙은

것은 결코 우연이 아니었다.[1]

또한 그레고리는 2014년에 다른 스몰 블로커들과 함께 블록스트림Blockstream이라는 회사를 설립했다. 그들의 주된 목표는 비트코인 네트워크에서 발생할 트랜잭션 수수료 문제를 연구하고, 이에 대한 해결 방안을 모색하는 것이었다. 다시 말해, 트랜잭션 수수료 상승 문제에 대한 해결책을 제시하는 것이 회사의 비즈니스 모델이었다. 그러나 빅 블로커들의 입장에서 높은 수수료는 **해결**해야 할 문제가 아니라, 블록사이즈를 늘려서 **없애** 버려야 할 문제였다. 이와 관련하여 블록사이즈를 작게 유지해야 한다는 주장이 블록스트림의 이윤과 연결되어 있다는 음모론이 돌기도 했다. 하지만 (블록스트림을 변호하자면) 이는 원인과 결과를 혼동한 오류일 수도 있다. 블록스트림 창립자와 초기 멤버 대부분이 이미 회사 설립 이전부터 작은 블록을 지지해 왔다. 따라서 작은 블록사이즈의 필요성을 인지하고 이를 해결하고자 회사를 설립했다는 논리가 더욱 타당하다. 나중에 설립할 회사의 이익 때문에 미리 작은 블록을 지지했다는 음모론은 설득력이 부족하다. 그럼에도 불구하고, 인간의 확증 편향과 집단 사고로 인해 블록스트림과 관련된 음모론은 큰 인기를 끌었다.

그레고리는 블록사이즈 이슈에 대해 매우 적극적으로 자신의 의견을 피력했으며, 그로 인해 많은 조롱과 반감을 샀다. 그는 비

---

1. https://bitcointalk.org/index.php?topic=7361.msg108052#msg108052

트코인 개발 관련 의사결정은 반드시 과학적인 방법론에 기반해야 한다고 주장했다. 특히 어떤 결정이든 얻는 것이 있으면 잃는 것이 있다는 점trade-off, 트레이드오프을 강조하며, 비전문가들이 의사결정 과정에 개입하는 것에 부정적이었다. 그는 이를 설명하기 위해 '레이싱 대회의 관람객들이 경주용 차 개발에 개입하는 것'을 예로 들기도 했다.

"자동차에 비유해 보겠습니다. 경화 피스톤, 폐쇄 루프 노크 방지 연료-공기 혼합 조절 장치, 아질산, 그리고 최근 발명된 터보 차저를 다루는 레이싱 대회 크루들이 있습니다. 경기장 유지보수와 경주용 차의 페인트 도장도 그들의 일입니다. 이들은 엔진 압축률과 높은 옥탄가 연료에 대해 열띤 토론 중입니다. 안전과 성능을 모두 고려해 어떻게 하면 더 빠른 속도를 낼 수 있을지 다양한 방안들을 연구하고 있습니다. 그런데 갑자기 관중석에 있는 술 취한 남자가 이렇게 말합니다. '그냥 브레이크를 없애면 되는 거 아니야?' 그러자 관중들 모두가 열광합니다. 이들은 속도 말고 아는 게 없습니다."[2]

아무튼 그레고리는 작은 블록사이즈를 유지해야 한다는 입장을 강력히 고수하면서 '원멕그렉1메가 바이트 그렉'이라는 별명까지 얻

---

2. https://www.reddit.com/r/Bitcoin/comments/3hfgpo/an_initiative_to_bring_advanced_privacy_features/cu7mhw8/?context=9

었다. 아마 그는 블록사이즈 전쟁 내내 빅 블로커들에게 가장 많은 조롱과 비난을 받은 인물 중 하나일 것이다.

블록사이즈 논쟁에 깊이 매료되어 있었던 나는, 컨퍼런스 연사 명단을 확인하고 나도 컨퍼런스에 반드시 참석해야겠다고 결심했다. 어쩌면 개빈과 그레고리가 공개적인 자리에서 여러 문제를 논의하면서 갈등을 해결할 수 있을지도 모른다는 기대가 들었고, 그 순간을 직접 목격하고 싶었다. 당시 나는 런던의 투자회사 러퍼Ruffer에서 일하고 있었는데 휴가가 얼마 남지 않던 터라 열심히 머리를 굴렸다. 컨퍼런스는 주말에 열리니, 금요일 오후 6시 45분 비행기를 타고 런던에서 출발하면 몬트리올에 저녁 8시 50분에 도착한다. 그리고 컨퍼런스가 끝나는, 일요일 밤 10시 35분 비행기를 타고 월요일 오전 10시 10분까지 런던으로 돌아와 바로 출근하면 된다. 금요일 오후 근무만 몇 시간 빼고, 그다음 주 월요일에 조금 늦게 업무를 시작하는 완벽한 계획이었다.

물론 회사와 동료들에게 컨퍼런스에 대해 설명하고 추가 휴가를 요청하는 방법도 생각해 보았다. 러퍼는 투자회사이기 때문에 이런 행사에 참여하는 것을 투자 관련 리서치의 일환으로 인정받을 수 있었고, 그렇게 된다면 일정도 훨씬 여유로웠을 것이다. 잠시 러퍼에 대해 소개하자면, 2008년 글로벌 금융위기를 정확히 예측하고 수익을 창출한 매크로 투자회사로 유명하다. 특히, 중앙은행의 통화 팽창과 대규모 재정적자 전망, 이로 인한 고인플레이션 위험에 대해 깊이 고민하고 있었다. 회사의 투자팀 구성원들은 매우 똑똑하고, 호기심이 많았으며, 새로운 아이디어에 열려 있고 화폐의 역사에 대해서도 잘 알고 있었다. 내가 입사한 첫 주에 한 선임은 나를 따로 불러서 돈을 어떻게 정의하느냐고 묻기도 했다. 어쩌면 비트코인은 이미 러퍼에 적합한 투자 대상이었을 수도 있다. 하지만 내가 2012~2013년에 몇몇 동료들에게 비트코인에 대해 이야기했을 때, 그들의 반응은 예의 바르고 정중했지만 전반적으로 부정적이었다. 그래서 나는 비트코인 얘기를 꺼내지 않는 것이 최선이라 생각했고, 여유로운 공식 출장이 아닌 빡빡한 1박 2일 자비 여행을 선택했다.

시간이 한참 지난 후 러퍼의 비트코인 관련 행보도 얘기해 보고 싶다. 2015년의 블록사이즈 전쟁이 이미 잊힌 2020년, 러퍼는 7억 달러 상당[고객 포트폴리오의 약 2.5%에 달하는 규모]의 비트코인을 매수했다. 이는 투자업계, 특히 영국의 투자업 역사에 매우 기념비적인 순간이었다. 러퍼처럼 평판 좋고 보수적인 회사가 비트코인 매수를 결정하면서, 다른 금융기관들의 비트코인에 대한 인식에도 큰 변화가 일어났다.

몬트리올 현지 시각으로 토요일 새벽 2시쯤, 나는 컨퍼런스 장소 근처 호텔에 도착했다. 극도로 피곤한 상태였지만, 개빈과 아담 백Adam Back이 블록사이즈에 대해 논의한 한 시간 분량의 팟캐스트를 들었다.[3] 아담 백은 1997년에 해시캐시Hashcash를 발표하며 작업 증명Proof-of-Work이라는 개념을 최초로 제시한 암호학자이다. 아담 백의 논문은 사토시가 쓴 비트코인 백서에도 인용되었기 때문에, 비트코인 세계에서는 이미 잘 알려진 인물이었다. 자연스럽게 블록사이즈 전쟁의 핵심 인물이 된 그는, 개빈보다는 온건한 입장을 취했다. 블록 크기를 2MB, 4MB, 8MB까지 점진적으로 늘리고 그 주기를 2년으로 하자는 BIP-248을 지지하는 입장이었고, 개빈이 주장하던 8,000MB까지의 지속적인 증가에 반대했다. 팟캐스트에서 개빈은 사토시의 과거 코멘트 중 "더 많은 거래를 처리할 수 있도록 하는 데이터 센터 형태로 운영되는 비트코인의 미래"에 대해 언급했다. 아담 백은 이에 대해, 사토시가 활동하던 시절에 비해 지금은 채굴업이 훨씬 더 중앙 집중화되었기 때문에 채굴자와 풀 노드의 사이 균형점이 상당히 변했다고 반박했다. 따라서 더 많은 사용자가 탈중앙화된 방식으로 풀 노드를 운영하면서 프로토콜 규칙을 검증하는 것이 더욱 중요해졌다고 주장했다. 아담 백의 말대로 사토시가 활동하던 당시만 해도 규칙을 검증하는 것과 채굴은 실질적 구분 없이 하나였다. 그러나 2015년에 이미 전문화된 대형 채굴장들이 등장한 상태였다.

---

3. https://www.bitcoin.kn/2015/09/adam-back-gavin-andresen-block-size-increase/

토요일 오전 8시에 컨퍼런스 장소에 도착했을 때, 이미 수백 명이 모여 있었다. 분위기는 차분하고 조용했으며, 대부분은 서로 잘 모르는 듯했다. 논쟁에 직접 참여하기보다 나처럼 호기심을 가지고 논쟁을 관찰하려는 사람들이 많아 보였다. 양측의 인물들이 골고루 자리한 덕분에, 건설적인 토론이 될 것이라는 기대감도 들었다.

대부분의 논의는 비트코인 확장성과 이를 위한 컴퓨터 과학 이론에 초점이 맞춰져 있었다. 특히 네트워크의 기술적 한계를 해결하는 과학적 방법론, 관련 데이터와 통계에 기반한 분석 등이 오고 갔다. 행사의 주요 주최자는 인터넷 거버넌스 전문가로 전 국제인터넷주소관리기구Internet Corporation for Assigned Names and Numbers, ICANN이사회 멤버이자 세계 최초의 인터넷서비스제공업체Internet Service Provider, ISP 중 하나를 설립한 핀다르 웡Pindar Wong이었다. 그는 과거에 일어났던 인터넷 관련 거버넌스 분쟁으로부터 얻은 교훈이 무엇인지, 그리고 지금의 비트코인 분쟁에 어떤 시사점을 줄 수 있는지에 대해 발표했다.

나는 두 개의 세션을 무척 인상 깊게 들었다. 하나는 피터 라이준Peter Rizun이 진행한 블록사이즈 관련 경제학이었고, 다른 하나는 제프 가직의 다양한 블록사이즈 제안이었다. 피터는 블록사이즈 제한과 관련된 경제적 이론들에 대해 발표했다. 그는 블록사이즈 제한이 없으면 거래 수수료 시장이 제대로 작동하기 때문에, 수수료 죽음의 소용돌이 가설은 걱정하지 않아도 된다고 주장했다. 그러면서 자신의 주장은 인플레이션율이 0이 아니라고 가정하고 있으며, 단기 혹은 중기적 관점에서만 타당하다고 덧붙였다.[4] 물론 비트코인의 장기 지속성을 중시하는 스몰 블로커들에게 달갑지 않은 주장이었다.

피터는 블록사이즈 제한을 자유시장에서의 경쟁을 방해하는 생산 할당제에 비유하며, 이 제한을 없애야만 자유시장이 더 효율적으로 거래 수수료를 결정할 것이라 주장했다. 발표의 마지막 부분에서는 비트코인 레딧의 비트코인 XT 홍보 금지 **검열** 정책과 비트코인 XT 클라이언트 및 이를 지지하는 슬러시풀Slushpool이라는 채굴 풀이 디도스 공격을 받은 사건도 언급했다. 그는 검열과 공격의 대상이 된 자신들을 자유시장주의자로 비유하며, 공산주의적 정책에 반대하는 입장을 강조했다. 여기에 더해, 공산주의적 생산량 할당을 지지하는 노드의 수가 감소하고 있다고 주장하며, 2015년 8월 15일에는 비트코인 네트워크 노드 중 2%에 불과했던 비트코인 XT가 8월 30일에는 15%로 증가한 것으로 나타났다는 데이터를 제시했다. 그는 이러한 생산량 할당제 같은 정책은 궁극적으로 실패할 것이라고 덧붙였다.

---

4. 역자 주: 비트코인의 인플레이션율이 0이 되는 것은 채굴 보상이 사라지는 2140년으로, 먼 미래의 일이다.

"비트코인은 자유로운 트랜잭션 흐름^{Stream}을 차단^{Block}하려는 특수 이익집단의 장벽을 무너뜨릴 것입니다. 거래 수수료 시장에 대해 제가 할 말은 여기까지입니다."[5]

이 말은 분명히 블록스트림을 지칭한 것이었고, 청중들은 폭소했다. 스몰 블로커들은 이러한 노골적인 조롱이 컨퍼런스의 협력 정신을 위반한다고 불만을 표시했다.

두 번째로 인상 깊었던 세션은 제프 가직의 '블록사이즈 제안에 영향을 미치는 문제들'이었다. 그는 2010년, 블록사이즈 제한이 도입된 지 몇 주 후에 이를 없애자는 제안을 했던 인물로, 제2장에서 소개되었다. 그럼에도 불구하고, 블록사이즈 이슈에 대해서는 항상 온건한 태도를 유지하며 양측의 주장을 중립적으로 설명하려고 노력했다. 마치 양 진영의 중재자가 되려는 듯한 태도를 보였고, 노골적으로 비트코인 XT 편을 들지는 않았다. 하지만 스몰 블로커들처럼 인내심을 가지고 장기적인 관점을 갖기보다는, 빠른 결정을 통해 앞으로 나아가길 원하는 듯한 인상을 주었다. 특히 그는 1MB 제한이 기업들의 비트코인 채택을 가로막는 큰 장애물이며, 상업적으로도 심각한 문제라고 강조했다.

그가 언급한 또 다른 문제는 이른바 **피델리티 문제**였다. 피델리티는 비트코인이라는 실험적인 프로젝트에 많은 관심을 갖고

---

5. https://diyhpl.us/wiki/transcripts/scalingbitcoin/peter-r

있는 월스트리트 회사였다. 이런 회사들이 듣고 싶어 하는 얘기는 대개 정해져 있다. "현재 네트워크 용량은 작지만, 어떤 마법의 스위치를 켜는 순간 용량을 늘릴 수 있습니다." 참으로 딜레마다. 스몰 블로커들의 주장대로 "미래의 수요를 예상해 미리 네트워크 용량을 확장하는 것은 잘못이다."라고 말해 버리면, 과연 비트코인을 채택할 회사가 있을까? 향후 거래 용량을 충분히 확장할 수 있을지에 대한 명쾌한 답이 없다면, 어느 회사라도 비트코인 프로젝트에 뛰어들기 어려울 것이다.[6]

오후 세션은 참석자들을 소그룹으로 나누어 토론 시간으로 진행되었다. 나는 개빈을 포함한 대여섯 명 그룹에 배정되었다. 우리 그룹은 암호화 프로토콜 관련 내용, 이를테면 해시 함수를 선택하는 방법 등에 대해 논의했고, 프로토콜 합의나 인내심의 필요성에 관해서도 얘기했다. 또한 국제인터넷표준화기구(Internet Engineering Task Force, IETF)에서 사용하는 방법론인 **전반적인 합의**(rough consensus)라는 개념에 대해서도 논의했는데, 이 방법론에서 말하는 합의가 어느 정도의 느낌인지에 대해서도 토론했다.

전반적인 합의 과정은 다음과 같이 이루어진다. 만장일치가 필수는 아니다. 참여자들 간에 지배적인 견해가 형성되면 된다. 여기서 '지배적'이라는 것은 단순히 참여자 수나 특정 견해에 대한

---

6. https://diyhpl.us/wiki/transcripts/scalingbitcoin/issues-impacting-block-size-proposals

주장이 얼마나 집요한가가 아니라, 대체로 동의한다는 분위기를 말한다. 이는 거수, 추임새, 혹은 참여자들이 정한 다른 방식으로 판단된다. 참으로 애매한 방법론이지만, 한 가지 유의할 점은 51%의 찬성은 '전반적인 합의'가 되기에 부족하고, 99%의 찬성은 '전반적인 합의'보다 낫다고 볼 수 있다. 최종적으로는 의장이 '전반적인 합의'가 이루어졌는지 판단한다.[7]

개빈이 발언할 차례가 되었다. 그는 대화, 인내심, 합의 등 모든 방법론은 그 자체로 훌륭하지만, 결국 때가 되면 결정을 내려야 한다고 말했다. 그리고 최종 결정을 내릴 누군가가 반드시 있어야 하며, 그 결정에 따르는 것도 과정의 일부라고 했다. 그러나 문제는 대체 누가, 무슨 결정을 어떻게 내릴지 불명확하다는 것이었다. 개빈의 인내심도 한계에 다다르고 있는 듯했다. 모든 관심과 압박을 받고 있었으니 당연한 일이었다. 그래도 개빈이 끝까지 협상 테이블에 앉아 토론을 이어가려는 모습은 인상적이었다. 마이크 헌처럼 아예 불참하는 것이 더 쉬웠을 텐데 말이다.

나는 이 컨퍼런스에서 처음으로 그레고리를 직접 만났다. 인터넷에서 그의 글을 접했을 때, 매우 똑똑하고 두뇌 회전이 빠르고, 성격이 강한 사람이라고 생각했다. 특히 컴퓨터 과학이나 비트코인과 관련된 기술적 개념을 잘 모르는 사람들에게는 관용이나 참을성이 부족하다는 인상도 받았다. 그러나 실제로 만나본 그는

---

7. https://tools.ietf.org/html/rfc2418

예상과 달리 차분하고 예의 바르며, 사려 깊고 호기심이 많은 열린 사람이었다.

쉬는 시간에 개빈과 그레고리가 회의장 복도에 앉아 이야기를 나누는 순간이 있었다. 이는 많은 참석자들이 기대했던 양측의 대표 주자들이 직접 토론하는 모습이었다. 시간이 흐를수록 점점 더 많은 사람들이 모여 복도가 붐비기 시작했다. 그러나 대화는 블록사이즈 논점에서 벗어났고. 두 사람 모두 불편해 보였는데, 특히 그레고리가 그랬다. 그는 모든 논의가 공개된 웹 포럼에서 이루어지는 것을 선호했다. 어떤 중요한 결정 앞에서는, 특히 그것이 비트코인 프로토콜 변경만큼 중요한 것이라면 이런 밀실 회의 같은 방식은 안 된다는 입장이었다. 결국 그들의 대화는 짧게 마무리되었고, 특별히 중요한 이야기가 오간 것은 아니었다.

컨퍼런스의 전반적인 분위기는 스몰 블로커들이 선호하는 방향으로 흘러갔다. 이들에게 당장의 결정보다는 과학적 방법론에 기반한 의사결정과 토론이 핵심이었다. 스몰 블로커들은 잘 설계된 과학적 연구 방법론이 비트코인의 발전에도 적용되기를 바랐다. 반면, 빅 블로커들은 비트코인을 과학적이고 이론적인 프로젝트로 보지 않았다. 비트코인은 실제 사용자가 현실에서 이미 사용하고 있는 실시간 시스템이며, 보다 비즈니스적인 접근을 원했다. 대개 이들은 비트코인을 적극적으로 사용하는 사람들이었고 비트코인의 사용성을 개선하고자 했다. 그리고 비트코인을 잘 사용하지도 않는 것처럼 보이는, 컴퓨터 이론에만 치우친 과학자들의 방해를 받고 싶지 않았다. 빅 블로커들은 컨퍼런스 주최 측을 향해 쓸데없이 일을 복잡하게 만들었다며 문제를 제기했다. 또한 스몰 블로커들의 시간을 벌어주기 위한 지연 전술로 컨퍼런스가 이용당한 것이라 비난하면서 Scaling Bitcoin[비트코인 확장]을 Stalling Bitcoin[비트코인 지연]으로 비꼬는 밈을 만들기도 했다.

제4장

홍콩
Scaling II

Scaling I 컨퍼런스가 열린 지 몇 달 후, 후속 컨퍼런스인 Scaling II가 2015년 12월 6일부터 7일까지 홍콩에서 개최되었다. 당시 채굴자들과 개발자들 간의 원활한 소통이 그 어느 때보다 중요해졌고, 비트코인 채굴의 중심이 중국이었기 때문에 홍콩은 이를 위한 최적의 장소였다. 때마침 나는 그 시기에 러퍼를 퇴사하고 홍콩으로 이주했던 터라, 컨퍼런스에 쉽게 참석할 수 있었다. 블록사이즈 논쟁이 치열하게 진행되는 가운데, 그 현장을 직접 체험할 기회를 얻었다.

컨퍼런스는 홍콩의 서쪽 섬 지역에 위치한 사이버포트^{Cyberport}라는 곳에서 열렸다. 이곳은 바다를 조망할 수 있는 업무 지구인데, 한때 논란이 되었던 장소다. 원래는 스타트업 허브로 계획되었지만, 대부분의 사무실이 공실로 남게 되자, 주택 개발을 위한 위장 프로젝트였다는 소문이 돌았다. 또한 홍콩 정부가 퍼시픽센추리그룹$^{\text{Pacific Century Group, 부동산 재벌 리카싱의 아들 리차드 리의 소유}}$에 수의계약으로 프로젝트를 승인했기 때문에, 처음부터 뭔가 부적절한 거래가 있던 것이 아니냐는 음모론도 돌았다.[1]

갑자기 부동산 PF 얘기를 자세히 하는 이유는 이것이 빅 블로커들이 당시 제기한 음모론의 기반이었기 때문이다. 리카싱$^{\text{Li Ka-Shing}}$의 벤처 캐피털인 호라이즌벤처스$^{Horizon\ Ventures}$는 블록스트림에 투자했다. 이 때문에 사이버포트가 컨퍼런스 장소로 선정된

---

1. https://www.wsj.com/articles/BL-HKB-292

것이고, 궁극적으로는 블록사이즈를 작게 유지하고 비트코인을 무력화시키려는 의도가 있었을 것이라는 주장이 나왔다. 블록스트림에 투자한 프랑스 보험사 악사^AXA 역시 음모론에 휘말렸는데, 공교롭게도 악사의 전 CEO는 세계 금융 및 정치 엘리트들의 비공개 모임인 빌더버그^Bilderberg의 회장이기도 했다. 이런 가십과 음모론들은 비트코인 레딧에서 지속적으로 회자되었다.

홍콩 컨퍼런스의 분위기는 몬트리올 때와 비교해서 훨씬 역동적이고 긴장감도 높았다. 생산적이고 유익한 토론보다는 각자 하고 싶은 말만 하는 느낌이 강했다. 몬트리올 컨퍼런스보다 훨씬 더 많은 사람들이 참석했는데, 대부분 블록사이즈 문제가 몇 달 내에 해결될 것이라 믿는 빅 블로커들이었다. 그들은 스몰 블로커들의 주장이 점점 설득력을 잃고 있다고 생각했다.

컨퍼런스는 몬트리올 때와 마찬가지로 대부분 기술적인 내용에 초점이 맞춰져 있었다. 하지만 이번에는 채굴자들도 패널로 참석했다는 점이 달랐다. 토요일 오후의 어떤 세션에서는 비트코인 채굴 산업을 대표하는 일곱 명의 채굴자가 무대에 올랐고, 주로 중국어로 대화가 이루어졌다.[2] 당시 중국은 전 세계 해시레이트의 약 65%를 차지하고 있었다. 패널 대화는 블록사이즈 증가에 대한 지지 여부를 묻는 말로 시작되었다. 대부분의 채굴자는 지지한다고 대답했고, 일부는 신중한 접근이 필요하다고 말했다.

2. https://www.youtube.com/watch?v=FknDfW9em9s

개발자들과의 원활한 소통이 먼저라고 말한 이도 있었다.

이때 BTCC 거래소의 설립자이자 CEO였던 바비 리Bobby Lee가 통역을 맡았다. 그는 중국에서 활동하던 주요 인물로, 열렬한 비트코인 지지자였다. 패널들은 BIP-101비트코인 XT과 BIP-100채굴자들이 블록사이즈에 투표할 수 있도록 하는 제프 가직의 제안에 대해 논의했다. 대부분의 채굴자들은 재량권이 더 많은 BIP-100을 선호했다.

특히 메이저 채굴 풀 중 하나인 에프투풀F2Pool의 운영자 왕충Wang Chung은 비트코인 네트워크에서 투표권은 채굴자들에게만 있어야 한다고 주장했다. 비트코인은 작업 증명 시스템이기 때문에, 작업을 하지 않는 이들에겐 투표권이 없다는 논리였다. 하지만 그는 블록사이즈를 8MB로 늘리는 것에는 찬성하지 않았다. 오히려 네트워크를 동기화하는 데 너무 긴 시간이 걸릴 것이라는 이유라 설명하며, **재앙**이라는 표현까지 사용했다.

이때 블록사이즈에 대한 찬반 의사가 갈리는 것과는 별개로, 채굴자 대다수에게 공통적인 믿음이 있었다. 그것은 비트코인 네트워크의 통제권과 의사 결정권이 자신들에게 있다는 것이었다. 그들이 컨퍼런스에 나와 토론하는 것은 단지 의사 결정에 필요한 정보를 수집하는 것에 불과했다. 하지만 스몰 블로커들은 비트코인 프로토콜에 대한 결정권이 채굴자들에게 있다고 생각하지 않았다. 채굴자는 단지 거래가 일어나는 순서를 결정하고 이중 지불 문제를 해결하는 역할만 한다고 보았다. 하지만 권력은 가질

수록 더 많이 원하게 되는 것이 자연스러운 본능이다. 심지어 채굴자들은 빅 블로커와 스몰 블로커 양 진영으로부터 로비를 받고 있었다. '로비를 받는다는 것은 결국, 우리에게 결정권이 있기 때문 아닌가?' 채굴자들은 자연스럽게 비트코인 통제권은 자신들에게 있다고 믿었다.

아무튼 채굴자들은 자신들이 비트코인을 통제하고 있다고 믿었다. 하지만 실제로 그러한 힘을 가졌는지는 명확하지 않았다. 스몰 블로커들은 비트코인 XT로 인해 네트워크가 둘로 나뉘어 새로운 코인이 생겨도, 채굴자들이 수용하지 않을 것이기 때문에 그런 힘은 없다고 주장했다. 반면 빅 블로커들은, 활성화 임계치인 75%에 도달하면 비트코인 XT가 '가장 많은 작업 증명이 이루어진' 체인이 될 것이므로, 어떤 체인을 비트코인으로 선택할지 결정하는 것은 채굴자들에게 달려있다고 주장했다. 양 진영은 서로에게 유리한 가정을 세우고 각자 주장을 펼쳤다. 하지만 중요한 것은 기존의 비트코인이든 새로운 비트코인 XT든, 사용자들이 선택하는 클라이언트가 **진짜** 비트코인이 될 뿐이었다. 물론 채굴자도 사용자에 속하지만, 어떤 클라이언트를 쓸지 선택하는 것은 이들만이 아니다. 채굴을 하지 않는 수많은 사용자, 즉 압도적인 다수의 풀 노드들도 선택한다. 이처럼 양 진영의 주장은 상반되어 보이지만, 결국 자신이 가정한 대로 사용자들이 움직일 것으로 믿고 있었다.

패널 토론을 끝낸 채굴자들은 장소를 옮겨 공식 일정에는 없던 원탁회의를 이어갔다. 작은 방에 수많은 이들이 모여들었고, 대부분은 선 채로 토론을 지켜봤다. 채굴자들은 개발자들과 협력하고 싶다는 뜻을 내비쳤지만, 시간이 지나면서 협력적인 태도는 점차 사라져갔다. 그리고 비트코인 프로토콜을 통제하려는 그들의 의도가 조금씩 드러나기 시작했다. 통역사는 대립을 최소화하기 위해 애썼지만, 적대적인 뉘앙스를 완전히 감추기는 역부족이었다. 어떤 채굴자는 "실제 사업을 운영하고, 돈을 투자하고, 블록을 만들고 네트워크에 진정 기여하는 주체는 채굴자들이다. 반면 개발자들은 그렇지 않다. 따라서 개발자들이 우리만큼의 영향력을 행사해서는 안 된다."라고도 말했다.

이쯤에서 당시 컨퍼런스에 참석했던 로저 버$^{Roger\ Ver}$를 소개하면 좋을 것 같다. 로저는 스스로를 '최초의 비트코인 스타트업 투자자'라고 칭했다. 실제로 블록체인인포$^{Blockchain.info}$, 비트페이^{Bitpay}, 크라켄^{Kraken} 등에 초기 투자를 했고, 초창기 시절부터 아주 열정적으로 비트코인을 옹호하던 인물이다. 그가 처음 비트코인을 접했을 때 너무 흥분한 나머지, 며칠 동안 병원에 입원했다는 일화도 있다.[3] 그는 특히 비트코인 결제 서비스를 대중에게 확산시키는 데 집중했으며, 덕분에 비트코인 예수$^{Bitcoin\ Jesus}$라는 별명도 얻었다.

---

3. https://www.youtube.com/watch?v=P9oC_goIX8I

비트코인에 뛰어들기 전, 그는 컴퓨터 부품을 판매하는 메모리딜러스닷컴MemoryDealers.com라는 회사를 운영했다. 그 이전에는 온라인에서 불법으로 폭발물을 판매했다는 혐의로 유죄 판결을 받아 징역형을 살았던 이력이 있다. 출소 후 얼마 지나지 않아 미국을 떠났고, 2014년부터 미국 시민권을 포기하고 도쿄에 거주했다. 또한 로저는 비트코인의 기술적인 측면이나 컴퓨터 과학 측면에 대해서는 거의 관심을 두지 않았으며, 오로지 실용적인 측면에만 집중했다. 그와 관련해 마운트곡스 거래소 파산 사건과 관련된 불명예스러운 일화도 있다. 당시 파산이 임박한 마운트곡스의 지급 능력에 대해 "여러 장의 은행 서류를 잘 검토해 본 바, 문제가 없다."라고, 호언장담했던 것이다.[4] 하지만 2014년 2월, 마운트곡스가 공식 파산하면서[5] 로저의 평판은 크게 타격을 입었다. 하지만 사람의 기억은 결코 오래가지 않는다. 2015년이 되자 대중들은 이미 마운트곡스 사건을 잊었고, 로저는 다시 비트코인 판에 복귀할 수 있었다.

그는 데이모스의 정책으로 인해 비트코인 레딧 내 빅 블록 관련 논의가 금지되자, 대체 커뮤니티인 /r/btc를 운영하면서 검열에 반대하는 자유주의적 성향을 드러낸 적도 있었다. 하지만 정작 홍콩 컨퍼런스에서는 빅 블로커 진영을 지지하는 발언은 자제

---

4. https://www.youtube.com/watch?v=UP1YsMlrfF0
5. https://blog.bitmex.com/the-june-2011-flash-crash-to-0-01

하는 편이었다. 대신 오케이코인^{OKCoin}의 CEO, 스타 쉬$^{Star\ Xu}$를 상대로 비트코인닷컴$^{Bitcoin.com}$ 도메인 사기 의심 사건으로 열띤 논쟁을 벌였다.[6] 이 사건은 당시 오케이코인의 CTO였던 창펑 자오 $^{Changpeng\ Zhao,\ 바이낸스\ 창립자이자\ CEO}$와 관련돼 보였다. 요점은, 로저가 비트코인 XT 논쟁에 직접적으로 관여하진 않았지만, 빅 블로커 쪽에 서 있던 것은 확실했다는 것이다.

제프의 발표도 있었다. 그는 블록사이즈 확장과 관련된 여러 선택지를 소개하며 장단점을 소개했다. BIP-101$^{비트코인\ XT}$, BIP-100$^{본인의\ 제안}$, BIP-102$^{2MB로의\ 일회성\ 증가}$, 그리고 현재 상태를 유지하는 것, 이렇게 총 네 가지 선택지가 화면에 띄워졌다. 청중으로부터 어떤 선택을 내려야 하는지, 의사결정은 어떻게 이루어져야 하는지 질문이 나왔고 그는 이렇게 대답했다.

"몬트리올에서 열린 첫 컨퍼런스는 데이터를 수집하는 첫 번째 단계, 그리고 지금의 홍콩 컨퍼런스는 여러 제안과 이슈를 검토하고 검증하는 두 번째 단계입니다. 다음 세 번째 단계에서는 지금까지 나온 내용들을 모두 정리해서 비즈니스, 사용자, 채굴자들이 모여 협상을 진행하고 개략적인 합의를 도출할 것입니다. 이를 위해 여러분 모두가 자기 생각을 공개적으로 밝혀야 합니다. 제프 가직이 무슨 생각을 하는지, 비트페이가 무슨 생각을 하는지, 모두가 알아야 합니다. 저는

---

6. https://www.youtube.com/watch?v=F41670Wx9Vk

투명성과 토론이 합의를 향해 나아가는 방법이라고 생각합니다. 밀실에서 이루어지는 로비나 뒷거래 등은 옳은 방법이 아닙니다. 모든 절차는 투명해야 합니다. 그게 바로 오픈 소스 방식입니다."[7]

 발표가 끝날 무렵, 제프는 네 가지 선택지에 대해 청중의 의견을 물었다. 제프는 선택지를 하나씩 가리켰고, 청중은 찬성하는 옵션에 대해 손뼉을 쳤다. 그 중 BIP-102가 가장 큰 박수를 받았다. 이런 방식에 대해 일부 사람들은 박수를 멈추라고 소리치기도 했다. 이토록 중대한 결정을 어떻게 박수 소리에 근거해서 내린다는 말인가? 블록사이즈를 결정하는 문제는 인기투표가 아니다. 하지만 대다수의 청중은 이를 그다지 심각하게 받아들이지 않았다.

 컨퍼런스의 결론은 2MB 이상의 블록사이즈가 현재로서는 너무 위험하다는 쪽으로 기울어갔다. 빅 블로커 진영의 여러 연사도 지금의 네트워크 조건에서는 2MB가 안전하며, 이를 초과할 경우 문제가 발생할 수 있음을 설명했다. 채굴자들 역시 이 논리에 대체로 동의하는 듯했다. 8MB보다는 2MB가 적절하다는 의견이 모이면서 비트코인 XT는 컨퍼런스가 끝날 때쯤 이미 사장된 아이디어로 전락했다. 하지만 비트코인 XT를 철회한다는 공

---

7. https://diyhpl.us/wiki/transcripts/scalingbitcoin/hong-kong/a-bevy-of-block-size-proposals-bip100-bip102-and-more/

식 성명은 없었다. 8MB가 너무 급진적이고 공격적인 아이디어 였다는 반성도 없었다. 스몰 블로커들은 비트코인 XT가 커뮤니티에 불필요한 긴장과 갈등을 불러일으켰고, 블록사이즈 문제를 더 복잡하게 만들었다고 비난했다. 반면 빅 블로커들은 논쟁을 이끌어가기 위한 촉매제였다고 주장했다.

컨퍼런스가 끝난 후, 나는 구룡 지역의 한 레스토랑에서 일고 여덟 명의 블록스트림 개발자와 함께 저녁 식사를 했다. 대화 주제는 비트코인 서명을 어떻게 압축할 것인가와 같은 매우 기술적인 주제들이 대부분이었다. 물론 개빈에 대한 이야기도 나왔다. 비트코이너들은 기본적으로 수동적인 것을 좋아하지 않는 사람들인데, 개빈이 그걸 놓치고 있는 것 같다고 말했다. 비트코이너들은 자신의 비트코인을 온전히 소유하고, 통제하고 싶어 한다. 하지만 비트코인 XT는 아무런 설득이나 노력 없이 특정 방향으로 사용자들을 몰아붙였다. 전략적인 관점에서 개빈의 결정적인 실수가 바로 여기에 있다는 것에 대부분 동의했고, 그가 이런 실수를 저지른 것이 놀랍다고도 했다. 만약 스몰 블로커들의 조언을 더 귀담아들었다면, 좀 더 협력적인 방식으로 블록사이즈 늘리는 것을 논의했더라면 좋았을 것이라는 의견에 모두가 공감했다. 비트코이너들의 금융 주권을 좀 더 존중하는 방식으로 말이다. 산업계를 돌면서 로비할 시간에, 사용자 한 명이라도 더 챙기는 모습을 보였더라면, 아마 훨씬 더 많은 사람들이 그를 따랐을 것이었다. 그러나 개빈의 주사위는 이미 던져진 후였기에 그런 일은 일어나지 않았다.

우리는 밤늦게 페리를 타고 홍콩 본섬으로 돌아왔다. 곧 나의 보금자리가 될 홍콩, 그 중심부에 우뚝 솟아있는 마천루들이 보였다. 홍콩은 금융 서비스 부문, 이른바 레거시 금융의 중심지이다. 거대한 빌딩들을 보고 있자니, 지금의 블록사이즈 논쟁이 갑자기 사소하게 느껴졌다. 어찌 보면 그저 몇백 명 남짓 홍콩에 모여 조그마한 방에서 말다툼을 하고 있을 뿐이었다. 비트코인이 정말 그렇게 중요한 걸까? 언젠가 비트코인이 레거시 금융 시스템에 도전장을 내밀 수 있을까? 전 세계 극소수만 관심을 갖고 있을 뿐인데, 이러한 논쟁 하나 해결하지 못한다면 비트코인의 미래에 희망이 있는 걸까? 순간 비트코인이 성장하면 할수록 가해질 기존 시스템과 정치권의 엄청난 압력이 떠올랐다. 그에 비하면 지금의 마이크와 개빈이 비트코인에 가하는 압력은 아주 귀여운 수준일 것이었다.

나는 점점 깨닫게 되었다. 비트코인 네트워크의 규칙은 매우 견고해야 한다는 것을. 규칙을 바꾸려고 하는 자가 얼마나 대단한 인물인지, 그가 가진 아이디어가 얼마나 좋은지는 중요하지 않다. 비트코인이 궁극적으로 성공하려면 규칙을 바꾸는 것이 극도로 어려워야 한다. 그렇지 않으면 비트코인 네트워크의 가치가 올라감에 따라 필연적으로 나타날 레거시 금융의 압력을 견디지 못할 것이다.

하지만 빅 블로커들의 생각은 달랐다.

"블록사이즈를 고정하는 것이 오히려 비트코인을 바꾸는 일이다. 왜냐하면 지금의 여유로운 블록이 점점 꽉 찬 블록으로 전환될수록 '고효율의 글로벌 결제 시스템'이라는 본래의 비전과 멀어지기 때문이다. 스몰 블로커들은 비트코인을 단순히 소프트웨어 코드로만 보기 때문에, 블록사이즈 증가를 네트워크 규칙 변경이라고 주장하는 것이다. 하지만 더 넓게 봐야 한다. 기술적 측면만이 아닌 경제적 측면, 그리고 궁극적인 비전을 봐야 한다."

이처럼 양 진영은 '비트코인을 그대로 둔다는 것', 즉 **불변성**에 대해 전혀 다른 생각을 가지고 있었다.

비트코인이 성공하려면, 이 '불변성'을 유지할 수 있는 강력하고 명확한 메커니즘이 필요하다. 당시 나는 기술적 측면(블록사이즈의 유효성)이 중심이 되어야 한다고 생각했다. 단순하고 객관적인 기준이어야 명확성이 보장되기 때문이다. 아래 질문을 생각해 보자.

"블록사이즈가 1MB에서 2MB로 변경되었다. 이는 규칙이 변한 것인가? 그렇지 않은 것인가?"

이 질문에 누구나 "변했다."라고 답할 것이다. 객관성에 기반해야 논란이 최소화되고 네트워크 분열이 예방된다. 반면, 빅 블로커들이 주장하는 '고효율, 고용량의 글로벌 결제 시스템'이라는 비전에는 명확한 기준이 없다. 주관성이 내포된 개념이라 기술적 규칙처럼 네/아니요로 명쾌하게 평가할 수 없으며, 언제든지 논란에 휩싸이거나 반박될 여지가 있다.[1] 논란이 해결되지 않으면 비트코인 네트워크는 분열되고, 그 견고함을 잃을 것이다. (빅 블로커들은 전쟁의 후반부에서 이 교훈을 매우 고통스럽게 배우게 된다.)

비트코인의 거버넌스 체계는 완벽하지 않으며 때로는 지나치게 융통성이 없는 것처럼 보인다. 그러나 장기적인 지속 가능성을 위해 고수해야 할 원칙은 존재한다. 윈스턴 처칠이 "민주주의는 최악의 정부 형태다. 다른 모든 것을 제외한다면"이라고 말했듯, "압도적인 합의 없이는 변경할 수 없기 때문에 현 상태를 그대로 유지해야 하는 것은 최악의 거버넌스 형태다. 다른 모든 것을 제외한다면"이라는 원칙이 존재하는 것이다.

---

1. 역자 주: "어느 정도 수준이 되어야 고효율 혹은 고용량인가?"라는 질문에는 명확한 답이 존재하지 않는다.

제5장

세그윗
SegWit

Scaling II, 홍콩 컨퍼런스 둘째 날 첫 번째 세션에서는 블록사이즈 전쟁을 관통하는 매우 중요한 키워드가 등장했다. 바로 세그윗Segregate Witness, SegWit. '분리된 서명'으로 직역이다. 발표자는 비트코인 개발자 피터 웰라또는 피터 우일였다. 세그윗의 가장 큰 특징은 소프트포크 방식이라는 점이었다. 블록사이즈를 늘리려는 지금까지의 모든 제안들은 하드포크 방식으로, 기존 버전과 호환되지 않는 방식이었다. 하지만 세그윗은 기존 버전과 호환 가능했다. 따라서 블록사이즈가 늘어나도 네트워크가 쪼개질 위험이 없었다.

세그윗을 직역하면 '서명을 분리'했다는 것인데 무슨 뜻일까? 비트코인 트랜잭션은 여러 정보로 구성되며, 그중 하나가 전자서명digital signature이다. 전자 서명을 통해 비트코인 소유자가 자신의 코인 사용을 승인하는데, 일반적으로 전자 서명은 트랜잭션 데이터 중 가장 큰 비율을 차지한다. 세그윗의 새로운 트랜잭션 형식은 서명 데이터를 블록에 포함시키지 않음으로써 더 많은 거래를 처리하고, 기존의 1MB 블록사이즈 제한을 준수할 수 있게 한다.

세그윗 클라이언트에 적용된 새로운 서명 방식이 반영된 블록은 1MB 블록사이즈 제한 규칙 대신 400만 단위의 **가중치 제한**weight limit 규칙을 사용한다. 가중치 제한이란, 서명 데이터와 비서명 데이터를 포함한 총합을 의미하며, 비서명 데이터는 서명 데이터에 비해 4배의 가중치가 적용된다. 즉, 서명 데이터는 일정

부분 할인을 받는다. 모든 기술적 세부 사항을 생략하고 중요한 결론만 말하자면, 세그윗은 블록사이즈를 실질적으로 확장하는 방식이다. 그것도 당시 대부분의 사람이 딱 원했던 수준인 2MB 정도로 말이다.

새로운 서명 방식을 도입하면서도 기존 버전과 호환성을 유지 소프트포크할 수 있었던 것은 플로리다 출신의 비트코인 개발자 루크 대시Luke Dashjr 덕분이었다. 그는 스몰 블로커 중에서도 강경파로 알려져 있으며, 아마도 그레고리 맥스웰과 함께 빅 블로커들에게 가장 많은 반감을 샀던 인물일 것이다. 루크는 다수 앞에서도 거리낌 없이 자신의 의견을 피력하는 강직하고 타협하지 않는 성격으로 유명했다. 또한 열성적인 가톨릭 신자이자 일곱 자녀의 아버지였으며, 개발자 커뮤니티에서는 카산드라Cassandra와 같이 강직한 인물의 상징으로 여겨졌다. 그는 비트코인의 기술적 본질에 대한 이해가 상당했고, 무엇보다 보통의 사람들과는 다른 관점으로 사물을 바라보는 능력이 있었다. 세그윗을 기존 버전과 충돌하지 않는 소프트포크 방식으로 했다는 것 자체가 그의 뛰어난 실력을 잘 설명해 준다.

이처럼 세그윗은 매우 훌륭한 윈윈 전략이었다. 블록사이즈를 2MB로 확장하면서도 호환성 문제를 해결했다. 소프트포크 방식이기 때문에 네트워크가 분리될 위험도 없었다. 기존 지갑과 새로운 버전의 지갑이 원활하게 상호작용할 수 있었다. 하지만 무엇보다 세그윗이 뛰어난 제안인 이유는 강요된 업그레이드가 아니라 전적으로 사용자들의 자율에 맡기는 선택 사항이었다는 점이었다. 세그윗 업그레이드에는 그 어떤 강제성도 없었다. 세그윗이 마음에 들면 설치하고, 그렇지 않으면 기존 클라이언트를 계속 사용하면 되었다. 기존 버전의 클라이언트에서도 세그윗 형식은 유효한 트랜잭션으로 잘 인식되었다. 또한, 세그윗은 단순히 블록사이즈를 늘리기만 하는 것이 아니라, 블록을 더 효율적으로 사용하여 거래 처리 속도를 높이는 부가적인 이점도 있었다.

세그윗은 정말 좋은 솔루션이었다. 스몰 블로커들이 의도했든 아니든, 전쟁 중에 내놓은 가장 뛰어난 전략적 선택이자 강력한 무기였다. 세그윗은 그 자체로 매우 훌륭했기 때문에 빅 블로커들은 이에 반대할 논리적 근거를 찾기 어려웠다. 개빈마저도 세그윗에 반대할 이유는 없었다. 실제로도 개빈은 세그윗 내용 대부분에 동의했다.[1] 빅 블로커들의 주장처럼, 지금껏 있었던 스몰 블로커들의 모든 행동이 세그윗 개발 시간을 확보하기 위한 시간끌기 작전이었다면, 그 작전이 진짜로 성공해 버린 것이었다. 당시 내가 대화를 나눈 빅 블로커들 중 몇몇은 세그윗의 기발함에 압도당하는 느낌 마저 들었다고 말했다.

물론, 이 모든 것은 이론적으로나 가능한 일이었다. 모두가 이

---

1. https://twitter.com/gavinandresen/status/800405563909750784

성적인 두뇌로 세그윗을 정확히 이해하고 있는 가상의 세계였더라면, 세그윗은 너무나도 훌륭한 해결책이었을 것이다. 논쟁의 핵심은 블록사이즈 제한을 늘리느냐 아니면 네트워크 지속 가능성을 유지하느냐였다. 세그윗이 블록사이즈 제한을 가중치 제한으로 대체하면서 네트워크 안정성이 확보되었으니 논쟁은 종식되어야 했다. 하지만 현실은 전혀 그렇지 않았다. 세그윗은 매우 복잡했고 그것을 이해하는 사람은 거의 없었다. 이것이 스몰 블로커들이 상대방의 지식 수준, 특히 컴퓨터 과학에 대한 빅 블로커들의 이해력을 과대평가한 첫 번째 사례였다. 지금 와서 돌이켜보면, '2MB로 증가'처럼 단순한 이름이 붙었더라면 역사가 달라졌을지도 모른다. 하지만 **세그윗 - 분리된 서명**이라는 이름은 그보다 더 복잡하고 모호했으며, 심지어 신비스러운 개념처럼 다가왔다. 특히 명확한 이해를 요구하던 빅 블로커들에게는 의심스러울 수밖에 없었다. 전쟁 중에는 적의 제안보다는, 자신이 원하는 방식을 택하는 것이 더 자연스러운 일이다. 빅 블로커들은 세그윗을 블록사이즈 증가에 반대하기 위한 또 다른 지연 전술이나 방해 공작으로 여겼다. 블록사이즈 전쟁은 누가 비트코인을 통제하느냐에 관한 것이었다. 빅 블로커들은 그들 자신이 비트코인을 통제하길 원했다.

세그윗이 발표된 후 얼마 지나지 않아, 이를 제대로 이해하지 못한 수많은 오해와 오류투성이 주장들이 쏟아지기 시작했다.

예를 들어,

- 세그윗은 블록사이즈 증가가 아니라 단순히 트랜잭션을 압축하는 것이다.
- 세그윗은 비트코인 보안의 필수인 전자 서명을 제거하기 때문에 보안 리스크를 발생시킨다.
- 세그윗 업그레이드 없이 채굴된 블록은 네트워크로부터 거부될 수 있기 때문에 체인 분리의 위험성이 커진다.
- 세그윗 업그레이드를 한 사용자와 기존 사용자는 비트코인을 주고받을 수 없다.
- 세그윗으로 업그레이드했다가 다시 원래 버전으로 되돌리면 보유한 비트코인을 도난당할 수 있다.

이러한 주장들은 애초에 말이 안 되는 밑도 끝도 없는 비판이었기 때문에 반박 자체가 쉽지 않았다. 그리고 비트코인 전송이 이루어지는 과정에 대한 기본적인 이해조차 없는 이들 투성이라는 사실도 드러냈다. 예를 들어, **세그윗 주소**라는 용어가 세그윗을 반대하는 주장에 자주 등장했지만, 사실 그런 건 없다. 세그윗은 새로운 주소 형식을 도입한 것과는 무관하기 때문이다. 비트코인 거래의 기본 원리도 제대로 이해하지 못한 빅 블로커들에게 세그윗을 설명하기란 매우 어려운 일이었다.

심지어 제프마저 세그윗을 잘못 이해한 듯했다. 예를 들어, 트랜잭션 수수료 입찰에 '두 개의 그릇'이 존재한다고 언급하면서, 하나는 기존 버전1MB 제한에 대한 것이고, 다른 하나는 새로운 버전 400만 가중치 제한에 관한 것이라고 했다.[2] 하지만 1MB 제한과 400만 가중치 제한은 하나의 개념이다. 그가 말한 '두 개의 그릇'이라는 것은 애초에 존재하지 않는다. 제프를 비난하는 것이 아니다. 그만큼 세그윗이 복잡하고 어려운 개념이었음을 강조하는 것이다. 세그윗을 충분히, 정확히, 그리고 제대로 이해하는 것은 정말 어려운 일이었고, 이것이 세그윗의 근본적 약점이기도 했다. 세그윗은 기술적으로 매우 뛰어났지만, 엄청난 복잡성으로 인해 제대로 전달될 수 없었던 것이다.

세그윗에 대한 몇 가지 타당한 반대 의견도 있었다. 예를 들어, 사용자가 세그윗이 제공하는 수수료 절감과 실질적인 블록사이즈 확장 혜택을 이용하려면, 지갑 소프트웨어를 새로 업데이트해야 하는 불편함이 감수해야 한다는 것이었다. 이는 트랜잭션 형식을 아예 바꿔버리는 하드포크보다 시간이 더 많이 걸리는 일일 수도 있다. 그럼에도 불구하고, 효율적으로 블록을 사용하는 세그윗 트랜잭션이 늘어나면, 그만큼 추가 사용 공간도 늘어난다. 이에 따라 남는 블록 공간에 더 많은 트랜잭션들이 담길 수 있으니, 세그윗 업그레이드를 하지 않은 사용자들도 거래 수수료 절

---

2. https://www.slideshare.net/jgarzik/bitcoin-status-report-on-chain-scaling-aug-2016

감 같은 비슷한 혜택을 보게 된다.

한편, 스몰 블로커들이 세그윗이라는 새로운 트랜잭션 형식에 찬성한 또 다른 이유가 있었는데, 그것은 블록사이즈를 늘릴 뿐만 아니라 '**제삼자 거래 변조**third party transaction malleability'와 '**서명 해시 작업 비선형적 확장**non-linear scaling of sighash operations'이라는 버그를 해결하는 좋은 수단이었기 때문이었다. 이 책에서는 각각의 버그가 무엇인지 상세히 설명하지는 않겠다.

먼저 **제삼자 거래 변조**란 비트코인 거래가 확정되기 전, 누구나 거래 아이디txid를 변경할 수 있고 아이디가 변경된 거래도 네트워크에서 유효하게 수용되는 문제다. 이 버그는 일부 지갑 서비스나 결제 서비스에서 문제가 된 적이 있었는데, 이를 해결해야만 다음 장에서 다룰 라이트닝 네트워크라는 레이어-2 솔루션을 구현할 수 있었다. **서명 해시 작업 비선형적 확장**이란 트랜잭션 입력값UTXO이 많아질수록 검증에 필요한 작업량이 기하급수적으로 증가하는 문제다. 특히 블록이 커질수록 심각했는데, 다량의 UTXO를 사용하는 트랜잭션을 계속해서 발생시키면 네트워크를 악의적으로 지연시킬 수 있었다. 다시 말해, 이런 유형의 트랜잭션이 네트워크에 지속적으로 유입되면, 검증 시간이 지나치게 길어지고 네트워크가 마비될 수 있었다. 사실 스몰 블로커들은 블록사이즈 문제 이전부터, 해당 문제를 지적해 왔다. 그리고 이를 해결한 세그윗을 당연히 훌륭한 해결책으로 여겼다. 스몰 블로커들은 이러한 몇 가지 취약성에 대해 기술적으로 이해하지 못하는 빅 블로커들을 조롱했다. 특히 적대적인 환경을 거의 고려하지 않는 것은 너무 순진한 발상이라며 강하게 비판했다. 반면, 빅 블로커들에게 비트코인은 너무 강력하여 파괴할 수 없는, 이미 안티프래자일^{anti-fragile}한 시스템이었다. 하지만 그들은 그런 비트코인의 견고함이 그간의 신중함을 바탕으로 만들어졌다는 점은 간과한 채, 당장 눈앞에 보이는 블록사이즈 문제를 손봐야 한다고 주장했다.

스몰 블로커들 입장에서 세그윗은 반드시 도입되어야 했다. 앞서 언급한 버그를 해결하고, 기존 버전과 호환되며, 체인 분리의 위험도 피할 수 있고 실질적으로 2MB 블록사이즈 증가도 가능하니, 공학적으로 완벽했다. 하지만 문제는 세그윗의 기술적 우월성이 아니라, 복잡성에 있었다. 비트코인은 컴퓨터 과학, 네트워크 공학 그 이상의 것이다. 사회적 시스템이자 살아있는 결제 시스템, 그리고 금융 시스템이기도 하다. 비트코인 커뮤니티는 컴퓨터 과학자들로만 구성되어 있던 것이 아니었고 대다수 사용자들은 기술적 문제를 이해할 준비가 안 되어 있었다. 심지어 기술적 문제에 관심조차 없는 경우도 많았다. 모두가 비트코인을 처음으로 접하고, 공부하고 경험해 나가던 2015년은 세그윗이 올바른 길인지 판단하기에 너무 이른 시기였다.

세그윗에 대한 아이디어가 Scaling II, 홍콩 컨퍼런스에서 발표되었지만, 실제로 구현하고 테스트하는 데에는 시간이 필요했다. 세그윗 클라이언트는 이론이 발표된 지 10개월 후인 2016년 11월에 출시되었다. 그러나 이것만으로는 사용자들이 세그윗을 바로 사용할 수 없었다. 소프트포크를 적용하기 위해서는 **활성화**라는 절차를 거쳐야 했는데, 이는 채굴자들이 세그윗을 지지한다는 메시지를 자신이 만든 블록에 포함시키는 것이었다. 만약 연속된 2,016개 블록 중 95% 이상의 블록에 찬성 메시지가 포함되면, 그로부터 2주 후 소프트포크가 활성화되는 방식이었다. 반면, 12개월 내에 95%의 찬성 이벤트가 발생하지 않으면 업그레이드는 자동으로 폐기된다.

빅 블로커들은 95%라는 기준값은 절대 도달할 수 없는 높은 수치라며 강력히 반대했다. 채굴자 몇몇이 집단행동에 나서 해시파워의 5%만 차지해도 활성화를 방해할 수 있다고 생각했기 때문이었다. 이번에도 역시 스몰 블로커들이 늘 해오던 시간 끌기 작전이라고 비난하면서 비트코인 XT 때 논의된 75%로 기준값을 낮춰야 한다고 주장했다. 여기서도 양 진영의 생각 차이가 잘 드러났다. 빅 블로커들은 채굴자들의 메시지 포함 절차를 일종의 투표 즉, 의사 결정 과정으로 보았다. 95%를 비현실적인 수치로 느낀 이유가 바로 이것이었다. 하지만 스몰 블로커들은 이를 투표로 보지 않았다. 새로운 규칙으로의 전환을 원활하게 하기 위한 안전 장치에 불과했다. 채굴자 스스로가 업그레이드를 잘 해놓았음을 네트워크에 알리는 것일 뿐, 정치적 의사결정과는 무관했다. 스몰 블로커들에게 있어 프로토콜 규칙을 정하는 것은 언제나 사용자들이었다.

  게다가 95%라는 기준은 임의로 정해진 것이 아니었다. 이전의 여러 소프트포크들, 예를 들면, 2015년 7월에 시행된 BIP-66, 2015년 12월에 시행된 BIP-65, 그리고 2016년 7월 동시에 활성화된 BIP-68, BIP-112, BIP-113 등 모두 95%를 기준값으로 삼았다. 세그윗 역시 기존 소프트포크들의 방식을 따를 뿐이었다.

  하지만 한가지 언급하자면, 이전 소프트포크들이 아무 문제없이 진행된 것은 아니었다. 2015년 7월의 BIP-66 활성화 때는 블록 몇 개에서 체인 분리가 발생했는데, 업그레이드를 제대로 하지 않은 채굴자들이 업그레이드를 완료했다고 잘못된 신호를 보냈기 때문이었다. 2016년 7월에 있었던 업그레이드들도 예상보다 오래 걸렸으며, 당시 커뮤니티는 채굴자들이 제대로 신호를 보내도록 독려해야 했다.

  이미 복잡하게 꼬인 갈등 상황에서 세그윗이라는 변수는 전쟁의 긴장감을 한층 더 고조시켰다. 채굴자들이 세그윗에 대해 제대로 신호를 보내고 활성화가 무사히 이루어질지는 매우 불확실했다. 바이아비티씨^{ViaBTC}라는 채굴 풀은 세그윗 클라이언트가 출시되기도 전에 세그윗에 대한 반대 입장을 표명하기도 했다.[3] 기술적으로 거의 마법과 같은 해결책이었던 세그윗이었지만, 뜻밖에도 전쟁의 갈등을 해결하는 데는 아무런 도움이 되지 않았다.

---

3. https://bitcoinmagazine.com/articles/segregated-witness-officially-introduced-with-release-of-bitcoin-core-1477611260

제6장

라이트닝 네트워크
Lightning Network

앞 장에서 언급했듯이, 세그윗은 제삼자가 확정되지 않은 거래 아이디를 조작할 수 있는 문제, 일명 제삼자 거래 변조third party transaction malleability 버그를 해결함으로써 비트코인의 레이어-2 솔루션인 라이트닝 네트워크 구현을 가능케 했다. 세그윗 없이 라이트닝 네트워크를 구현하는 것은 불가능에 가까웠을 것이다.

라이트닝 네트워크는 2015년 2월, 조셉 푼Joseph Poon과 타데우스 드리야Thaddeus Dryja의 논문을 통해 처음으로 소개되었고, 이후 크리스찬 데커Christian Decker의 논문에도 비슷한 내용이 발표되었다.[1] 이 논문들은 비트코인의 상위 계층에서 결제 네트워크가 어떻게 작동할 수 있는지를 설명했다. 사토시 나카모토 역시 이와 비슷한 개념을 비트코인 초기 설계 시 언급한 바 있었다.[2]

간단히 말해, 라이트닝 네트워크는 여러 트랜잭션을 묶어서 하나의 트랜잭션으로 결합하는 방식으로 동작한다. 나와 상대방 A가 여러 차례 비트코인을 주고받는다고 가정해 보자. 라이트닝 네트워크에서 거래하기 위해서는 나와 A는 **결제 채널**을 열어야 한다. 채널을 열 때 비트코인 네트워크에 해당 거래가 기록된다. 채널이 열린 다음부터는, 모든 거래가 비트코인 네트워크에 기록되지 않고, 채널의 당사자인 나와 A만 내역을 공유한다. 네트워

---

1. https://link.springer.com/chapter/10.1007/978-3-319-21741-3_1

2. https://lists.linuxfoundation.org/pipermail/bitcoin-dev/2013-April/002417.html

크 전체에 거래 내역을 전파하지 않기 때문에 거래는 매우 빠르게 이루어진다. 그리고 만약, A와 또 다른 누군가 B 사이에 채널이 열려 있다면, 나는 A를 중개자로 삼아 B와도 거래할 수 있다. 그러다가 채널이 닫힐 때 그동안의 모든 거래가 상계되고, 해당 거래가 비트코인 네트워크에 기록된다. (즉 채널을 열 때 한 번, 닫을 때 한 번, 총 두 번의 트랜잭션이 일어난다.)

스몰 블로커들은 비트코인이 글로벌 화폐 시스템으로 발전하기 위해 이러한 계층$^{layer, 레이어}$ 구조가 필수이자 더 합리적인 방법이라 생각했다. 비트코인 네트워크에서 이루어지는 거래, 이른바 **온체인 트랜잭션**은 네트워크의 모든 참여자들에게 거래 내용을 전파한다. 이에 따라 네트워크의 모든 사용자는 (자신의 거래가 아닐지라도) 거래 유효성을 검증한다. 따라서 소액 거래의 경우 이런 방식은 매우 비효율적이다. 예를 들어, 프랑스에서 커피를 한 잔 사 먹은 내역을 일본에서 콘서트 티켓을 파는 상인이 검토해야 할까? (심지어 본인의 거래도 아니다.) 스몰 블로커들은 그렇지 않다고 본 것이다. 온체인 트랜잭션은 화폐 네트워크 시스템의 가장 아래에 깔려 있는 기본 계층으로 작동하고, 소액 결제에는 라이트닝 네트워크와 같은 구조를 사용하는 것이 더 이치에 맞는 것이었다.[3] 게다가 시시콜콜한 모든 거래 내역을 전 세계에 공개 전파하지 않아도 되기 때문에 사용자의 프라이버시가 강

---

3. 역자 주: 지금의 현대 금융 화폐 시스템 역시, 전부 레이어 구조로 이루어져 있다.

화되는 이점도 있다.

그렇다면, 라이트닝 네트워크에서 비트코인이 안전하게 거래될 수 있을까? 결론부터 말하면, 채널 상대방의 비트코인을 탈취할 방법은 없다. 당사자 중 한 명이 몰래 비트코인을 회수한 뒤 채널을 끊고 도주하는 시도를 해봤자 채널이 닫히고 주고받은 내역이 정산될 뿐이다. 이처럼 라이트닝 네트워크는 제삼자의 신뢰에 의존하지 않는 비트코인의 특성을 그대로 유지한다. 중앙의 중개자가 아닌 네트워크에 기록된 거래 내역, 작업 증명, 합의 메커니즘에 의해 모든 분쟁이 해결되는 것이다. 채널의 양 당사자가 신의성실의 원칙에 따른다면, 온체인 트랜잭션이 갖는 비효율성과 확장성의 제약을 극복할 수 있는 훌륭한 솔루션이다.

하지만 빅 블로커들은 이를 블록사이즈 증가에 반대하기 위한 핑계로 보았다. 왜냐하면 그들의 눈에는 라이트닝 네트워크가 결코 좋은 솔루션이 아니었기 때문이었다. 라이트닝 네트워크와 이를 가능케 하는 세그윗 모두 복잡한 솔루션이다. 입증은 커녕, 제대로 작동하기 위해서는 최소 몇 년을 더 기다려야 했다. 반면 블록사이즈 제한을 푼다면 모든 문제가 바로 해결될 수 있을 것만 같았다. 빅 블로커들에게 2015년은 비트코인 결제 서비스들이 엄청난 성공을 거둔 해였다. 익스피디아[Expedia], 오버스톡[Overstock], 타이거다이렉트[TigerDirect], 뉴에그[Newegg], 델[Dell], 라쿠텐[Rakuten], 마이크로소프트[Microsoft] 등의 다양한 기업들이 여러 가지 형태의 비트코인 결제를 도입한 해였다. 또한 2016년 4월, 온라인 게임 플랫폼인 스팀Steam도 비트코인 결제를 받기 시작했다. 이들은 당연히 아직 개발되지도 않은 라이트닝 네트워크가 아니라 온체인 트랜잭션을 사용하고 있었다. 조만간 다가올 높은 수수료와 느린 결제 시간을 해결하지 않으면 이들은 비트코인을 떠날 것이었다. 향후 아무리 우수한 라이트닝 네트워크가 개발된다 하더라도 한번 떠나간 이들의 발걸음은 되돌리기 어렵지 않겠는가? 이 재앙을 막기 위해 레이어-2라는 새로운 시스템을 기다릴 것이 아니라 블록사이즈를 늘리는 간단한 해결책이 있었다. 당시 실제로 많은 서비스와 플랫폼들이 비트코인 채택을 중단하면서 빅 블로커들의 주장은 옳은 것처럼 보였다. "완벽을 너의 적으로 만들지 말라."는 말도 돌았다. 블록사이즈를 늘리지 않는 것은 사업적으로 잘못된 결정이었고, 많은 결제 상점과 서비스들이 떠난 것은 빅 블로커들에게 큰 좌절감을 안겨주었다.

  반면 스몰 블로커들에게 비트코인은 비즈니스가 아니었다. 비자, 페이팔, 마스터 같은 결제 시스템은 더더욱 아니었다. 비트코인은 그 이상이었다. 세상에 없던 아예 새로운 형태의 화폐로서, 훨씬 더 야심 찬 목표를 가진 것, 인간 사회와 경제 체제를 통째로 바꿀 수 있을 만한 잠재력을 가진 것이었다. 비트코인의 라이벌은 비자카드 같은 결제 시스템이 아니라, 기존의 통화시스템 즉, 중앙은행이었다. 중앙은행과 경쟁하기 위해서는 무엇이 있어야 할까? 중앙은행은 결코 제공하지 못하는 효용이 필요하다. 스몰 블로커들의 답은 **금지할 수 없고 검열이 불가능한 디지털 화폐**였다. 스몰 블로커 그 누구도 '저렴하고 빠른 결제 시스템'으로서의 비트코인을 부정한 적은 없었다. 단지 장기적으로 지속 가능한 강건한 화폐가 되는 것이 우선순위였을 뿐이었다.

당시 비트코인 결제가 신용카드나 은행 송금과 같은 기존의 중앙화된 결제 시스템에 비해 빠르고 저렴했던 것은 사실이다. 하지만 이것이 언제까지나 지속될 수는 없었다. 비트코인 사용이 늘어나 주류로 채택된다면, 기존 결제 시스템 역시 본격적인 경쟁을 위해 거래 비용을 낮추게 될 것이다. 심지어 중앙 집중형 서비스는 비트코인보다 훨씬 효율적일 수밖에 없다. 중앙화된 IT시스템은 언제든 더 빠르고 저렴하게 많은 거래를 처리할 수 있는 능력을 갖추고 있다. 탈중앙화된 시스템은 결코 이를 넘어설 수 없다. 기존 금융시스템이 비트코인보다 비싸고 느린 이유는 기술적 한계 때문이 아니다. 행정적, 규제적, 법적 문제들이 복잡하게 얽혀있기 때문이다. 그렇다면, 비트코인이 **더 빠른 결제 시스템**만을 비전으로 추구한다면 어떻게 될까? 단기적으로는 시장 점유율을 확보할 수 있을지 몰라도, 장기적으로 결코 성공하지 못할 것이다. 탈중앙화된 서비스는 중앙화 서비스에 비해 효율 면에서 경쟁이 안 되기 때문이다. 따라서 비트코인이 성공하기 위해 지향해야 할 것은 레거시 시스템은 절대 할 수 없는 무엇이어야만 한다. 그것은 바로 검열이 불가능한 새로운 형태의 개방형 무허가 화폐 시스템이다. 이 방향만이 비트코인의 장기적 지속 가능성을 보장하고, 견고한 시스템으로 남게 하는 유일한 길인 것이다. 이는 제1장에서 언급한 시간 선호 차이와도 직결된다. 비트코인이 빠른 결제 네트워크가 되느냐, 강력한 화폐 시스템이 되느냐는 선택의 문제가 아니었다. 비트코인은 당연히 후자가 되어야 했고, 이 목표를 훼손시키지 않기 위해서는 라이트닝 네트워크와 같은 계층 구조의 솔루션이 필요했다. 일명 '블록체인'이라는 탈중앙화된 데이터베이스는 '빠르고 저렴한 결제 시스템'을 구현하기에 적합한 도구가 아니다. 오히려 중앙화 서비스 대비 확장성이 떨어지기 때문에, 장기적인 경쟁 우위를 유지하기 어렵다. 따라서 두 마리 토끼를 동시에 잡을 유일한 해결책은 라이트닝 네트워크였다.

세그윗과 마찬가지로 라이트닝 네트워크 역시 기술적으로 매우 복잡했기 때문에, 커뮤니티는 큰 혼란을 겪었다. 라이트닝 채널 안에 잠긴 코인들이 제삼자 리스크에 노출될 수 있으며, 이에 따라 신용팽창이 발생하고 결국 2,100만 개라는 비트코인의 희소성에 타격을 준다는 말도 안 되는 주장도 있었다. 물론 라이트닝 네트워크 자체가 복잡한 기술인 만큼, 타당한 문제 제기와 우려도 있었다. 예를 들어, 채널 간에 지불이 오갈 때 어떻게 하면 충분한 유동성을 확보할 수 있을지, 그리고 많은 사용자가 자신의 유동성을 제공하려면 인센티브를 도입해야 할지 등의 문제였다. 하지만 라이트닝 네트워크가 당시 이미 완성된 시스템이 아니었기 때문에 답은 명확하지 않았다. 이 외에도 온체인 트랜잭션 대비 몇 가지 문제가 있었는데, 예를 들어 거래를 주고받는 당사자 모두 온라인 상태여야 한다는 점이었다. (온체인 트랜잭션에서는 받는 사람이 온라인 상태를 유지할 필요는 없다.) 그리고 사용자가 자신의 채널을 적극적으로 모니터링하고 관리해야 하는 실질적인 문제도 존재했다. 하지만 시간이 지나면서 라이트닝 네트워크를 전문적으로 관리해 주는 서비스가 등장하고, 다양한 자동화 메커니즘이 개발된다면 자연스럽게 해결될 문제들이었다. 적어도 스몰 블로커들은 그렇게 생각했다. 이들은 긴 호흡을 가지고 생태계가 성숙해 나가는 과정을 느긋하게 지켜볼 준비가 되어있었다.

이에 대한 빅 블로커들의 반박도 어느 정도 일리가 있었다. 스몰 블로커들이 머리는 좋지만, 비현실적이고 복잡한 기술적 해결책에 치우쳐 실용성이 떨어진다는 비판이었다. 더 단순하고 즉각적인 해결책인 블록사이즈 증가를 외면하는 모습은, 스몰 블로커들이 기술적으로 역량은 뛰어나지만 사업적 감각은 부족하다는 인상을 주기에 충분했을 것이다. 2018년 현재, 라이트닝 네트워크에 대한 빅 블로커들의 우려가 어느 정도 타당했음을 보여주는 사례도 있다. 라이트닝 네트워크는 점점 더 주목을 받으며 빠르게 성장하고 있지만, 상점이나 서비스들에서의 채택률은 여전히 제한적이다. 2015년 말의 비트코인 채택 상황과 비교해 보면, 지금의 라이트닝 네트워크 채택은 상대적으로 저조하다. 그럼에도 나는 라이트닝 네트워크의 장기적인 가능성에 대해 여전히 낙관적이다. 수십 년을 내다보면, 이 기술은 성공할 잠재력을 가지고 있다고 믿는다.

제7장

비트코인 클래식
Bitcoin Classic

2015년 말로 갈수록 전쟁은 상당히 격화되고 있었다. 심지어 비트코인 XT 노드를 대상으로 한 디도스^{DDoS, 서버를 마비시키기 위해 비정상 트래픽을 발생시키는 공격} 공격도 발생했다. 2015년 12월 28일, 레딧 사용자 /u/tl212는 다음과 같이 언급했는데, 당시의 심각성을 보여준다.

"저는 디도스 공격을 당했습니다. 정말 대규모 공격이었고, 제가 사는 지역 전체에 인터넷이 마비되었습니다. 마을 다섯 군데에서 몇 시간 동안이나요. 제가 돌리고 있는 비트코인 XT 클라이언트 노드를 사용할 수 없게 만들려는 의도인 것이 분명합니다."[1]

이 사건은 정당화될 수 없는 명백한 범죄 행위였다. 한 지역 전체의 인터넷망을 마비시킬 정도로 강력한 공격이었고, 이는 비트코인 XT 네트워크에 실제로 상당한 타격을 주었기 때문에, 공격은 어느 정도 성공적이었다고 볼 수도 있었다. 일부 익명의 스몰 블로커들이 이를 '미러링 전략 – 반격'으로 간주하며 옹호하기도 했으나, 대다수의 스몰 블로커들은 이런 과격한 행동을 대놓고 지지하지 않았다.

그러나 이 디도스 공격으로 드러난 중요한 사실은, 네트워크가

---

1. https://www.reddit.com/r/bitcoinxt/comments/3yewit/psa_if_youre_running_an_xt_node_in_stealth_mode

대규모로 널리 분산되어야만 외부 공격에 강하게 대응할 수 있다는 것이었다. 비트코인 XT는 이를 충분히 갖추지 못했고, 이는 큰 약점으로 작용했다. 당시 루머에 따르면, 공격의 배후가 누구인지 밝혀지지는 않았으나, 몇 달 후에 익명의 누군가가 비트코인을 받고 디도스 공격을 개시했다는 말이 돌았다. 스몰 블로커들조차 이러한 공격은 비윤리적이라고 여겼고, 이러한 비윤리적 공격이 스몰 블로커의 입지를 오히려 약화시킬 수 있다는 우려를 표했다. 만약 이 공격이 스몰 블로커들의 소행이었다면, 이는 그들이 저지른 몇 안 되는 실수 중 하나였다. 블록사이즈 전쟁은 종교 전쟁과 유사하다고 언급했듯이, 결국 더 많은 사람을 설득해 우리 편으로 만드는 것이 핵심이었다. 따라서 이런 공격적인 행위는 그 목적에 전혀 부합하지 않았다. 이후 이런 형태의 공격은 블록사이즈 전쟁에서 다시 등장하지 않았다.

2016년 1월 3일, 코인베이스의 CEO인 브라이언 암스트롱$^{Brain\ Armstrong}$은 자신이 큰 블록을 지지한다는 내용을 블로그를 통해 발표했다. 코인베이스는 당시 가장 큰 현물 거래소 중 하나였으며, 많은 벤처 캐피털의 지원을 받는 상당한 시장 영향력을 가지고 있었다. 암스트롱의 글은 개빈을 지지하며, 비트코인 네트워크를 업그레이드하는 방법에 대한 다른 견해를 제시했다.

"다행히 비트코인 설계에는 이미 우아한 업그레이드 메커니즘이 내장되어 있습니다. 채굴자들이 실행하는 비트코인 클라이언트와 그들이 보내는 해시파워는 해당 버전에 대한 투표와 같습니다. 즉, 다수의 채굴자가 사용하는 클라이언트, 그 버전이 곧 새로운 비트코인이 됩니다. 각 채굴자의 투표권은 해시파워에 비례하므로, 이 시스템을 허위로 조작할 방법은 없습니다."[2]

브라이언의 주장을 요약하면, 가장 많은 해시파워를 가진 네트워크가 진짜 비트코인이 된다는 것이다. 하지만 이는 스몰 블로커들이 납득할 수 없는 주장이었다. 비트코인의 규칙은 사용자의 선택에 의해서만 결정되며, 채굴자들은 그 규칙에 맞는 블록을 생성할 뿐이다. 만약 채굴자가 규칙에 위배되는 블록을 생성한다면, 그 블록은 아무리 많은 해시파워를 사용하더라도 네트워크에서 거부된다. 이 점이 비트코인 작동 원리의 가장 중요한 부분이었다. 어떤 누구라도 규칙을 따라야 한다. 물론 누구나 언제든지 규칙을 무시한 블록을 만들어 체인을 분리하고 새로운 코인을 만들 수 있다. 하지만 원래 규칙을 따르는 체인만이 진짜 비트코인인 것이다.

이처럼, 스몰 블로커들은 프로토콜의 규칙을 강제하는 사용자 풀 노드의 역할을 매우 중요하게 여겼다. 그러나 빅 블로커들은 이

---

2. https://blog.coinbase.com/scaling-bitcoin-the-great-block-size-debate-d2cba9021db0

와는 다른 생각을 가지고 있었고, 그들 중 다수는 풀 노드 대신 라이트^{경량, light} 노드를 사용하고 있었다. 물론 라이트 노드 역시 지갑 프로그램을 통해 작동되며, 풀 노드만큼은 아니지만 몇 가지 중요한 규칙들을 강제한다. 예를 들어, 거래 형식, 서명 승인, 머클 트리 구조, 블록 헤더 형식 등은 라이트 노드에도 적용된다. 빅 블로커들이 해시파워만 강조하고 나머지 규칙들을 무시한 것은 아니었다. 그들 역시 일부 규칙은 노드에 의해 검증되어야 한다는 점에 동의하고 있었다.

브라이언의 주장을 조금 더 긍정적으로 해석하면, 라이트 노드가 강제하는 몇 가지 규칙은 유지하면서, 나머지는 채굴자들이 자유롭게 결정할 수 있도록 하자는 뜻이었을지도 모른다. 이런 뜻이었다면 빅 블로커들의 주장은 설득력을 얻는다. 즉, 몇몇 규칙은 여전히 노드에 의해 강제되고 있고, 블록사이즈 1MB 제한이라는 규칙만 채굴자들의 자율에 맡기자는 주장이었다면 말이다. 그렇다면, 채굴자들이 자율적으로 결정할 수 있는 규칙, 결정할 수 없는 규칙은 어떻게 구분해야 할까? 이에 대한 명확한 기준이 없었다. 무슨 근거로 블록사이즈 제한이라는 규칙 하나만 똑 떼어낼 수 있을까? 다른 규칙들은 어째서 자율적으로 정할 수 없는가? 스몰 블로커들은 동의할 수 없었다. 이런 질문들에 대한 명확한 답이 없다면, "어떤 체인이 진짜 비트코인인가?"라는 질문에도 명확한 답이 없는 셈이었다.

나는 이 문제에 대해 빅 블로커들과 여러 차례 대화를 나눈 적이 있는데 다음과 같은 질문을 던졌다.

"만약 채굴자들이 2,100만 개의 발행 한도를 무시하고, 추가적인 코인을 만들어낸다면 어떻게 될까요? 그 코인을 자신들이 모두 가진 다음, 더 많은 해시파워를 가지고 있으면 그게 진짜 비트코인이 되는 걸까요?"

이에 대한 대답은 대부분 비슷했다.

"채굴자들이 그럴 리 없다. 비트코인은 인센티브 구조와 게임 이론에 기반한 시스템이다. 채굴자들이 그런 일을 벌이는 순간 비트코인 가격이 급락할 것이기 때문에, 그들에게도 이득이 되지 않는다."

이에 대해 나는 다시 반박했다.

"만약 채굴자들이 그런 일을 벌인다면, 풀 노드가 그 블록을 무효로 처리할 겁니다. 그 결과, 2,100만 개 한도를 어긴 블록은 네트워크에서 거부당할 거에요."

하지만 빅 블로커들은 대개, "풀 노드는 중요하지 않다."고 일축했다. 그들은 풀 노드가 규칙을 검증하든 말든, 가장 많은 해시 파워가 투입된 체인만 있으면 충분하다고 생각했다. 그리고 기존 규칙을 위반했더라도, 더 많은 해시파워를 가진 네트워크 버전을 사용하면 그게 바로 진짜 비트코인이 된다고 주장했다.

당시 어느 쪽이 옳은지 판단하기란 쉽지 않았다. 결과는 오로지 사용자들의 선택에 달려 있었기 때문이다. 만약 사용자들이 빅 블로커의 주장대로 가장 많은 해시파워를 가진 네트워크가 진짜 비트코인이라 여기고, 비트코인 XT 클라이언트를 선택했다면, 빅 블로커들의 주장이 맞게 되는 상황이었다. 반대로 사용자들이 기존 비트코인 코어 클라이언트를 계속 사용하며 규칙을 따르지 않는 비트코인 XT를 거부한다면, 스몰 블로커들의 주장이 맞는 것이었다. 문제는 열려 있었고, 사용자들이 어떤 선택을 할지는 누구도 예측할 수 없었다. 양쪽 모두 자신들의 주장이 옳다고 확신했지만, 사실 둘 다 사용자들이 자신들의 기대대로 행동할 것이라 가정하는 편협한 시각에 갇혀 있었다. 하지만 현실은, 모든 비트코인 사용자가 같은 생각을 하고 똑같이 행동하지 않는다는 것이었다. 사람마다 생각과 비전이 달랐고, 이에 따라 행동도 달라질 수밖에 없었다. 그럼에도 불구하고, 스몰 블로커들의 주장이 더 현실적으로 보였다. 빅 블로커들의 주장이 성립하려면 절대 다수의 사용자가 동의해야 하는(한 명도 빠짐없이 모두가 기존 클라이언트를 지우고 비트코인 XT를 실행) 반면, 스몰 블로커들의 주장은 소수의 동의로도 충분했기 때문이었다. 정답이 없는 상황에서 일부는 기존 비트코인 코어 클라이언트를 유지하고, 일부는 비트코인 XT로 업그레이드할 것이었다. 이제 스몰 블로커들이 경고했던 대로 네트워크가 둘로 쪼개지는 체인 분리는 필연으로 보였다.

두 진영은 네트워크 규칙을 시행하는 사용자[풀 노드]의 역할에 대해 근본적으로 다른 생각을 가지고 있었고, 이는 더 큰 혼란을 야기했다. 스몰 블로커들은 탈중앙화를 네트워크의 견고함을 위한 필수 요소로 보았고, 그러려면 누구나 쉽고 저렴한 비용으로도 풀 노드를 운영할 수 있어야 한다고 주장했다. 그러려면 반드시 작은 블록사이즈를 유지해야 했다. 반면 빅 블로커들은 이 주장을 다르게 해석했다. 스몰 블로커들이 말하는 '풀 노드 부족'을, 거래 데이터 전파에 참여하는 노드의 부족으로 해석하고, 통신 채널의 중앙 집중화를 우려하는 것으로 생각했다. 이는 스몰 블로커들이 우려하는 **중앙화**와는 전혀 다른 문제였다. 스몰 블로커들이 우려하는 중앙화란, 네트워크의 규칙을 검증하고 강제할 수 있는 권한이 소수에게 집중된다는 것이었다. 만약 풀 노드의 수가 줄어들면 네트워크의 규칙이 임의로 변경될 수 있는 리스크가 증가한다. 다시 말해, 블록사이즈가 커질수록 풀 노드를 운영하는 비용이 증가하고, 이로 인해 풀 노드 수가 줄어들면 탈중앙성이 저해된다는 것이었다. 그러나 빅 블로커들은 이런 리스크를 잘 이해하지 못했다. 그들은 왜 사용자가 네트워크의 모든 규칙을 검증해야 하는지 의문을 가졌다. 따라서 풀 노드 운영 비용의 증가가 비트코인의 리스크로 연결된다고 보지 않았다. 사실상 양측의 논의는 언제나 평행선을 달렸다. 상반된 비전을 가진 집단이 정반합을 이루기란 불가능하다. 그저 각자 똑같은 말만 되풀이하는 것이 일반적이다.

이와 더불어, 비트코인의 작동 방식에 대한 몰이해로 인해 혼란과 오해가 가중되었다. 대표적인 예가 "채굴자의 51% 공격이 사용자의 비트코인을 탈취할 수 있다."는 주장이었다. 하지만 비트코인을 전송하려면 반드시 그 해당 주소의 비밀키와 유효한 전자 서명이 필요하다. 채굴자라고 해서 특별한 건 없다. 이 조건을 충족시키지 못하면 그 누구도 남의 비트코인을 탈취할 수 없다. 51% 공격으로 가능한 것은 이중 지불뿐이며, 그마저도 단 한 명의 상대방에게 단 1회 시도 가능하다. 빅 블로커들이 이런 기본적인 사실을 몰랐다는 말은 아니다. 어느 정도는 알고 있었겠지만, 모두가 비트코인을 같은 수준으로 이해하기까지는 시간이 필요해 보였다. 비트코인은 누구에게나 새로운 영역이었고, 양 진영 모두 불확실성 속에서 비트코인을 탐구해 나가고 있었다.

특히 빅 블로커들은 자신들의 목표를 명확히 전달하지 못했다. 차라리 깔끔하게 "블록사이즈 제한을 제거하자."고 주장했다면 더 나았을지도 모른다. 블록사이즈 1MB 제한이 과도한 것인지,

과도하다면 왜 과도한 것인지, 일정 주기마다 점진적으로 늘려나가는 것은 타당한 것인지, 그 주기와 정도는 어느 정도가 적정한 것인지에 대해 명확한 가이드라인을 제시하는 사람이 없었다. 그에 반해 "강건한 화폐 네트워크가 되려면 블록사이즈 1MB를 유지해야 한다."는 스몰 블로커들의 주장은 단순하고 명료했다.

해시파워가 '진짜' 비트코인을 정한다는 브라이언의 견해는 비트코인 백서에 기반한 것처럼 보인다. 백서에는 다음과 같은 내용이 있다.

"네트워크 내에서는 CPU 파워로 투표가 이루어집니다. 유효한 블록은 승인 후 기존 체인에 연결되고, 유효하지 않은 블록은 거부됩니다. 승인과 거부에 필요한 규칙, 네트워크 참여자들의 인센티브 등 모든 것이 합의 메커니즘을 통해 적용됩니다."

이 문구는 빅 블로커들에 의해 자주 인용되었다. 그러나 사토시가 이러한 의미로 백서를 작성한 것인지는 불명확하다. 백서에는 다음과 같은 내용도 있기 때문이다.

"정직한 참여자들이 만든 체인이 아닌 다른 체인을 더 빠르게 생성하려는 공격자가 있다고 가정해 보겠습니다. 설령 이 공격이 성공하더라도, 비트코인 네트워크에 임의로 변화를 가할 수 있는 것은 아닙니다. 예를 들어, 작업 증명 없이 코인을 생성하거나, 타인의 코인을 탈취하는 일은 여전히 불가능합니다. 왜냐하면 노드들이 유효하지 않은 거래를 거부하기 때문입니다. 정직한 노드들은 변조된 거래를 블록에 포함하지 않습니다. 따라서 공격자가 할 수 있는 일은 고작, 이미 지불한 코인을 원복시키는 일, 다시 말해 이중 지불인데 그마저도 타인의 거래가 아닌 본인이 서명한 거래 하나만 변조하는 것뿐입니다."[3]

여기서 사토시는 규칙을 시행하는 주체가 노드임을 명시하고 있다. 이 부분이 어떤 맥락에서 한 이야기인지가 중요한데, 이중 지불 문제를 어떻게 해결하는지에 대한 부분이다. 사용자들의 노드 운영, 그리고 규칙을 강제하는 것이 이중 지불 문제를 해결하는 건 아니다. 이중 지불 문제는 작업 증명 채굴이 해결하는 것이다. 채굴자들은 거래가 일어나는 순서를 결정한다. 스몰 블로커들은 이러한 맥락에서 백서를 이해해야 한다고 주장했다. 그럼에도 불구하고 양 진영이 인용하고 있는 백서의 두 부분은 다소 모순적으로 보이는 게 사실이다.

이처럼 비트코인의 작동 방식에 대해 양 진영은 근본적으로 다른 비전을 가지고 있었다. 하지만 이러한 근본적인 충돌이 블록 사이즈 전쟁의 직접적인 원인이라고 단정할 수는 없다. 빅 블로커들은 단순히 1MB보다 더 큰 블록사이즈를 원했고, 이를 결정

3. https://bitcoin.org/bitcoin.pdf

하는 권한을 채굴자에게 주기를 원했을 뿐이었다. 채굴자들이 투표를 통해 블록사이즈를 결정하는 시스템$^{BIP-100}$이나, 블록사이즈 제한을 완전히 없애는 것 모두 그들에게는 수단의 차이일 뿐 중요한 문제는 아니었다.

그러나 빅 블로커들이 크게 오해하고 있었던 부분은, 해시레이트만 충분히 확보되면 네트워크에서 원하는 모든 것을 할 수 있다는 생각이었다. 아무리 많은 해시파워를 가진 채굴자라 하더라도, 네트워크 규칙에 맞지 않는 블록, 예를 들어 변조된 기록을 포함한 블록은 풀 노드에 의해 거부된다. 이러한 오해 때문에 빅 블로커들의 전략은 일관성과 명확성을 잃어갔고, 사용자들을 설득하는 데 큰 장애가 되었다. 그리고 모든 피해는 결국 빅 블로커들 자신에게 고스란히 돌아왔다. 물론, 블록사이즈를 변경한 하드포크 버전이 채굴자들의 과반 지지를 받고, 사용자들도 새로운 하드포크 버전을 다운받아 사용할 가능성도 분명 존재했다. 하지만 변조된 기록, 예를 들어 타인의 코인을 탈취한 블록이 담겨 있다면 어떨까? 해시파워가 더 많이 투입된 체인이라는 이유만으로 사용자들이 그 체인을 유효하게 판단하진 않을 것이었다. 이러한 점에서 어쩌면 양 진영의 견해는 종이 한 장 차이였는지도 모른다. 빅 블로커들은 그저 블록사이즈가 더 커지기를 원했고, 채굴자의 작업이 가장 많이 투입된 체인이 곧 비트코인이라고 주장한 것뿐이었다.

브라이언의 블로그 게시물에는 코인베이스가 비트코인 XT를 지속적으로 지지할 것이라고 밝히는 내용도 있었다.

"저는 비트코인 XT가 가장 합리적인 제안이라고 생각합니다. 다만, 이에 과도한 의미를 부여하지 않았으면 합니다. 우리는 비트코인 코어뿐만 아니라 비트코인 XT, 그리고 필요에 따라 다른 커스텀 버전도 운영하고 있습니다. 또한, 비트코인 언리미티드[BU, Bitcoin Unlimited] 버전의 노드도 추가할 계획입니다."

브라이언은 이 블로그 포스팅 외에도 비트코인 XT를 지지하는 트윗(나중에 삭제됨)을 남겼다. 하지만, 이 트윗이 올라오자마자 Bitcoin.org 웹사이트의 추천 지갑 목록에서 코인베이스가 삭제되었다. 사토시가 처음 만든 이 웹사이트[4]는 비트코인 정보의 메카로 여겨졌기에, 이는 매우 충격적인 조치였다. 이는 마치 비트코인 레딧에서 시행된 '큰 블록 홍보 금지'와 같은 강경한 커뮤니티 정책을 연상시켰다. 이에 빅 블로커들은 격분했다. 그들은 이 조치를 매우 유치한 분탕질이라고 비난했다. 반면 스몰 블로커들은, 기어코 코인베이스가 비트코인을 버리고, 알트코인[비트코인 XT]을 지지하기 시작했으니 더 이상 비트코인 웹사이트에 이름을 올릴

---

4. https://github.com/bitcoin-dot-org/Bitcoin.org/commit/7d1cdd94651461ff13ad4ed10b05b2374690fac2

이유는 없다고 했다. 이 사건은 레딧 사건처럼 커뮤니티 내 분열을 더욱 심화시켰다.

브라이언이 계속해서 비트코인 XT를 지지하는 것을 의아하게 여기는 사람들도 있었다. 2015년 말쯤 되면서 채굴 풀들 사이에 8MB 블록사이즈 증가는 너무 과하다는 공감대가 어느 정도 형성되었기 때문이었다. 브라이언의 블로그 글에서도 채굴자들이 어느 정도의 블록사이즈를 선호하는지를 보여주는 스크린샷이 있었는데, 당시 상위 3개 채굴 풀은 모두 비트코인 XT에 반대했다. 처음 8MB를 지지하던 채굴자들도 6개월 뒤에는 더 온건하고 보수적인 일회성 2MB 제안을 지지하기 시작했다.

2016년 1월 14일, 블록사이즈 전쟁에서 또 하나의 중요한 사건이 발생했다. 비트코인 XT를 처음 제안한 마이크 헌이 블록사이즈 변경과 관련하여 아무런 진전이 없음을 이유로 실망감을 표명하며, 비트코인을 '실패한 실험'이라고 선언한 것이었다. 그는 이와 함께 자신의 모든 비트코인을 매도할 계획이라고 덧붙였다.[5]

"미국에서 가장 크고 잘 알려진 비트코인 스타트업, 코인베이스가 '잘못된 편'에 섰다는 이유로 비트코인 공식 웹사이트에서 삭제되고,

---

5. https://blog.plan99.net/the-resolution-of-the-bitcoin-experiment-dabb30201f7#.h81ihjioy

포럼에서도 검열을 받았습니다. 이것이 바로 우리가 치르고 있는 내전의 결과입니다. 수백만의 사람들을 비트코인으로 인도해 온 코인베이스가 일부 극단주의자들의 악의적 공격을 받고 있는 상황을 보면, 이건 정말 미쳤다고 할 수밖에 없습니다."

이러한 마이크 헌의 '급발진'은 여러 언론에서 크게 다루어졌고, 비트코인 가격은 순식간에 432달러에서 388달러로 10%가량 폭락했다.

2016년 1월 16일, 마이크의 폭탄선언이 있은 지 며칠 후, 우지한Jihan Wu은 트위터에 다음과 같은 글을 남겼다.

"루저 마이크 헌은 그동안 중국 비트코인 커뮤니티를 향해 여러 차례 인종차별적이고 부적절한 발언을 해왔다. 이것이 그가 폭넓은 지지를 받지 못하는 이유다."[6]

우지한은 당시 채굴 산업에서 중요한 인물이었으며, 비트코인 생태계에서 영향력 있는 역할을 하고 있었다. 그는 채굴기를 생산하고, 자체적으로 채굴장과 채굴 풀까지 운영하는 중국의 비트메인Bitmain의 공동 창업자이자 CEO였다. 마이크 헌의 갑작스러운 퇴장에 대한 우지한의 분노는 이해할 만했으나, 동시에 마이크의

---

6. https://twitter.com/JihanWu/status/688300019003162626

퇴장은 우지한이 자연스럽게 빅 블로커의 선두주자가 되는 것을 의미했으니 아이러니한 상황이었다.

또한 마이크와 꾸준히 소통해 온 나에게는 우지한의 '인종차별' 언급이 다소 이상해 보였다. 몇몇 빅 블로커들의 중국에 대해 부정적 발언이 있긴 했다. 예를 들어, 비트코인 XT보다 비트코인 코어가 더 많은 지지를 받는 이유는 중국인들의 독재 정권에 대한 순응적 성향 때문이라는 이야기였다. 터무니없는 주장이었지만, 이는 블록사이즈 전쟁 내내 확증 편향이 얼마나 만연했는지를 단적으로 보여준 사례이다. 마이크는 다음날 포럼 게시물을 통해 자신이 중국 채굴자들과 전화로 열띤 토론을 벌였다고 했는데, 소통이 제대로 이루어지지 않은 것 같았고, 그 과정에서 인종차별에 대한 논란이 불거졌을 가능성도 있었다.

또한 비트코인 XT의 8MB 블록사이즈가 어떻게 선택되었는지도 덧붙였는데, 중국인들에게 번영과 부를 상징하는 행운의 숫자라는 이유였다.

"왜 8MB였냐고요? 중국에서는 8이라는 숫자가 '번영'과 '부'를 의미하는 동음이의어이기 때문입니다. 이건 중국 비트코인 커뮤니티 내에서 오랫동안 이어져 온 상징입니다. 비트코인 프로토콜의 중요한 요소를 이렇게 결정한 건 말도 안 되는 것 같지만, 우리는 그렇게라도 현실과 타협해 온 것입니다.

비트코인 코어 측^{스몰 블로커 진영}은 BIP-101^{비트코인 XT}을 거부했고, 그래서 개빈과 저는 독자적으로 비트코인 XT를 출시했습니다. 그러자 채굴자들의 태도가 갑자기 변했습니다.

채굴자들은 비트코인 코어 외에는 그 어떤 것도 실행하지 않겠다고 했습니다. 조금의 언질을 준 적도 없었습니다. 여러 중국 채굴자와의 통화를 통해, 그들이 비트코인 코어 진영에 얼마나 충성스러웠는지 알게 되었습니다. 지금 와서 하는 이야기지만, 비트코인 코어 측의 모든 요구를 들어줬어도, 어차피 그들은 비트코인 XT를 거부했을 것입니다. 따라서 더 이상의 타협은 무의미하다는 결론에 이르렀습니다."[7]

비트코인 XT는 그렇게 사장되어 갔다. 이제 빅 블로커들에게는 새로운 전략이 필요했다. 이때 등장한 것이 바로 비트코인 클래식이었다.[8] 비트코인 클래식은 블록사이즈를 1회에 한해 2MB로 늘리는 온건하면서도 현실적인 제안이었다. 이번에는 마이크 현 대신 개빈 주도로 개발이 이루어졌고, 제프도 비트코인 클래식을 지지하면서 자신의 이름을 공식 웹사이트에 올리기도 했다.

많은 채굴자와 업계 관계자들은 일회성 2MB 업그레이드에 대체로 동의했다. 하지만 커뮤니티를 향해 (스몰 블로커들에게 작

---

7. https://news.ycombinator.com/item?id=10920902
8. https://archive.is/6QvMJ

은 희망이 된) 다음과 같은 시그널을 준 것이기도 했다.

"네트워크 합의 규칙을 제거하려는 첫 번째 시도가 실패했다. 그럼에도 빅 블로커들은 같은 짓을 또 하려고 한다."

채굴자였던 조나단 투밈Jonathan Toomim은 비트코인 클래식의 주요 지지자 중 하나로, 2MB가 안전한 한도라고 주장했다. 이에 스몰 블로커들은 비트코인 XT 때와 마찬가지로 비트코인 클래식에도 '투밈코인'이라는 별명을 붙여 놀리기도 했다.[9]

비트코인 클래식은 결국 2016년 2월 10일에 공식 출시되었다.[10] 그러나 그 활성화 방식은 비트코인 XT에서 거의 변한 게 없었고 스몰 블로커들이 요구한 개선 사항들은 반영되지 않았다. 특히, 사용자들의 충분한 합의 없이 일단 새로운 클라이언트를 권장하는 태도가 여전했다. 빅 블로커들은 스몰 블로커들의 요구를 받아들일 생각이 없었고, 오히려 그들의 활성화 방법론을 경멸하는 듯한 태도를 보였다. 이는 상호 간의 신뢰가 부족할 뿐만 아니라, 과거에 있었던 검열 이슈, 일부 스몰 블로커들의 지나친 공격에 대한 분노가 원인이었다.

아무튼 비트코인 클래식은 비트코인 XT에서 적용된 75% 활성

---

9. https://bitcointalk.org/index.php?topic=1330553.0
10. https://github.com/bitcoinclassic/bitcoinclassic/releases/tag/v0.11.2.cl1

화 임곗값을 그대로 유지했다. 이건 빅 블로커들이 저지른 또 하나의 전략적 실수였다. 만약 빅 블로커들이 좀 더 보수적이고 온건한 방법론을 택했더라면, 자신들의 방식이 좀 더 안전하다는 인식을 심어줬을 것이다. 혹은 스몰 블로커들 사이에 어느 정도 분열을 야기시켰을 수도 있다. 하지만, 이 기회를 날리면서, 전쟁 형국을 바꿀 수 있는 중요한 순간을 또 한 번 놓쳐버렸다.

스몰 블로커들이 75%의 임곗값을 반대한 데에는 몇 가지 이유가 있었다. 먼저, 채굴자가 블록 헤더에 포함하는 메시지는 자신이 업그레이드할 준비가 되었다는 신호에 불과하다. 따라서 더 높은 임곗값은 더 많은 채굴자가 준비되었음을 나타내며, 이는 시스템 안전성을 높이는 역할을 한다. 예를 들어 2012년 4월, P2SH 소프트포크가 55%라는 임곗값으로 활성화되었을 때, 업그레이드를 준비하지 못한 상당수의 채굴자가 유효하지 않은 블록을 생성하며 혼란을 일으켰다. 이 문제를 해결하기 위해 이후 업그레이드에서는 95%라는 높은 임곗값을 설정하고 사용해 왔다.

스몰 블로커들이 이 과정을 투표로 간주하지 않았다는 점도 중요하다. 업그레이드할지 말지는 어차피 노드들 스스로 결정할 사항이고, 채굴자는 단지 자신의 준비 상태를 알리는 역할을 할 뿐이라고 생각했다. 반면 빅 블로커들은 이 과정을 의사결정 투표로 여겼고, 95%는 지나치게 높은 기준이며 75%는 이미 충분한 과반수라고 판단했다. 또한, 더 긴 체인을 구축하는 데 필요한 해시레이트는 51% 이상이기 때문에, 빅 블로커들은 75%라는 기준도 이미 불필요하게 높은 문턱이라고 생각했다. 하지만 채굴자 신호 임곗값과 해시레이트는 아예 다른 개념으로, 동등 선상에 놓아서는 안 된다.

나는 스몰 블로커들이 '채굴자 투표'라는 개념 자체를 반대했다고 생각하지 않는다. 오히려 생태계의 일원인 채굴자들의 의견을 가늠해 보는 좋은 방법으로 보았을 것이다. 다만, 네트워크의 보안 및 안정성과 관련된 의사 결정을 채굴자 신호와 연결 짓는 것은 매우 위험하고 부적절하다고 본 것이다. 스몰 블로커들은 네트워크 규칙을 변경하는 것과 채굴자 투표를 엄격히 구분해서 생각했다.

여기서 흥미로운 점이 하나 있다. 빅 블로커들이 선택한 방법론이 오히려 그들에게 불리하게 작용했다는 점, 그리고 정작 본인들은 이를 인지하지 못하고 있었다는 점이다. 이는 마치 전투에 나가기 전, 자신의 손을 뒤로 포박하는 꼴이었다. 그 이유는 다음과 같다. 만약 하드포크가 활성화되어 네트워크가 두 개로 갈라졌다고 가정해 보자. 어떤 채굴자가 1MB 블록을 생성한다면, 양쪽 네트워크에서 모두 유효하다. 그러나 2MB 블록의 경우 빅 블로커의 네트워크에서는 유효하지만, 스몰 블로커의 네트워크에서는 거부된다. 일종의 비대칭성이 발생하는 것이다. 이런 가운데 채굴자들이 어떤 선택을 내릴까? 굳이 1MB가 넘는 블록을 만들어야 할까? 아니다. 큰 블록을 생성하고 거부될 리스크를 감수하느니, 양쪽 모두에게 유효한 작은 블록을 생성하는 것이 더 나은 선택이다. 운이 따라준다면, 큰 블록들을 연속으로 채굴할 수도 있지만, 작은 블록들이 더 긴 체인이 되는 순간 애써 채굴해서 받은 보상이 모두 사라져 버릴$^{wipe\ out}$ 가능성이 높아진다. 한 번이라도 이런 일이 생긴다면, 그 채굴자는 두 번 다시 큰 블록을 생성하지 않을 것이며 이는 빅 블로커들에게 매우 치명적인 결과를 초래한다.

여기에 투자 시장까지 고려한다면 어떨까? 네트워크가 쪼개지고 두 개의 코인이 만들어지는 순간, 투자자들은 작은 블록의 코인에 롱을 걸고, 큰 블록의 코인에 숏을 걸 가능성이 있다. 이 전략이 성공하면, 두 코인의 가격 차는 점점 벌어지고, 채굴자들은 경제적 유인이 더 큰, 작은 블록 쪽 코인만 채굴하게 된다. 큰 블록 네트워크 코인의 가치는 빠르게 0에 수렴하고, 여기에 베팅한 투자자들은 큰 수익을 거두면서, 큰 블록 네트워크가 완전히 붕괴하는 시나리오다.

사실 이런 복잡한 상황을 간단히 해결할 방법이 있었다. 예를 들어, "비트코인 XT 네트워크의 첫 블록은 반드시 1MB보다 커야 한다."는 조건을 추가하면, 두 개의 네트워크는 상호 간섭 없이 독립적으로 작동한다. 하지만 빅 블로커들은 이런 논의에 대해 "큰 블록에 대한 지지가 압도적이기 때문에 그런 문제는 신경 쓸 필요가 없다."는 한결같은 반응을 보였다. 이들에게는 해시레이트가 많은 쪽이 진짜 비트코인이었다. 굳이 체크포인트 같은 것을 만들면서 체면 구기는 일을 피하고 싶었을지도 모른다. 그러나 이러한 고집은 비트코인 XT를 더욱 취약하게 만들 뿐이었다. 당시 스몰 블로커 진영의 한 저명한 인물과 얘기를 나눈 적이 있었는데, 그는 빅 블로커들이 자신의 실수를 깨닫지 못하도록 조용히 기다리는 것이 최선이라고 말했다. 즉, 상대방의 약점을 이용해 더 큰 실수를 유도하는 전략을 택했던 것이었다. (물론 시간이 흐르면서 빅 블로커들도 이러한 취약성을 인식하게 되었고, 결국 2017년 여름이 되어서야 체크포인트를 도입하고 네트워크를 깔끔하게 분리하는 방법을 채택했다. 하지만 이는 너무 늦은 깨달음이었고, 이미 큰 대가를 치른 후였다.)

비트코인 클래식에는 비트코인 XT와 마찬가지로 또 다른 취약성이 있었다. 그중 하나는 앞에서 말한 비대칭성 문제고, 다른 하나는 75% 임곗값과 롤링 윈도rolling window, 기간 이동 방식이 결합된 활성화 방법이 업그레이드의 안정성을 매우 떨어뜨린다는 점이었다. 과거에 있었던 모든 소프트포크 활성화에서는 95%가 임곗값으로 사용되었고, 기간은 2주로 고정되어 있었다. 즉, 95% 이상을 달성했는지 측정하기 위한 시작점과 종료점이 분명했고, 따라서 새로운 버전을 활성화할지 혹은 폐기할지에 대한 모호함이 없었다.

반면 비트코인 클래식의 하드포크는 75%의 임곗값을 롤링 윈도로 계산한다. 예를 들어, 1,000개 블록 중 750개의 블록에 "비트코인 클래식을 지지한다."라는 채굴자의 메시지가 있으면 활성화되는 것이다. 여기에는 큰 문제가 있다. 하드포크 버전의 클라이언트가 배포되고 전 세계 채굴자들이 하나둘씩 점진적으로 업그레이드를 진행한다고 가정해 보자. 주어진 기간은 고작 4주에 불과하다. 만약 75%의 임곗값에 도달한 뒤 첫 번째 큰 블록이 생성된다면, 즉시 깔끔한 체인 분리가 일어날까? 아니다. 여전히 25%의 채굴자들은 작은 블록을 채굴하고 있기 때문에, 하드포크가 일어난 이후에도 체인이 삭제될 수 있는 리스크가 존재한다. 실제 상황은 더 심각했다. 75%의 임곗값에 도달하기 위한 채굴자의 비율을 통계적으로 계산해 보면, 75%가 아니라 71%가 나온다. 이 말인즉슨, 하드포크 활성화가 일어났음에도 29%, 거의 30%에 달하는 채굴자가 여전히 기존 체인의 블록을 채굴하는 무척 혼란스러운 상황이 발생한다는 뜻이다.[11]

이처럼 빅 블로커들의 전략은 필연적으로 혼돈과도 같은 체인 분리를 일으킬 것이 확실했다. 스스로 등 뒤로 손을 묶고 눈가리개까지 착용한 채 전투에 돌입할 것을 고집하던 빅 블로커들이

---

11. https://bitcoinmagazine.com/articles/bitcoin-classic-hard-fork-likely-to-activate-at-hashrate-support-1457020892

스몰 블로커들을 이길 가능성은 거의 없어 보였다.

몇몇 비트코인 개발자들은 롤링 윈도 방식이 필요 없을 뿐만 아니라 큰 리스크가 될 수 있음을 여러 차례 설명했다. 그러나 개빈은 귀담아듣지 않았다. 큰 블록에 대한 지지가 압도적이라고 확신했기 때문이었다. 만약 개빈이 좀 더 현명하게 이러한 피드백을 수용했더라면, 더 많은 사람을 끌어들이고, 더 원활한 업그레이드를 진행할 수 있었을 것이다. 게다가 비트코인 클래식에 대한 지지가 어떨지 불확실하지 않았는가. 나는 그가 안전한 길을 두고 왜 굳이 위험을 감수하려 하는지 잘 이해되지 않았다. 그는 더 이상 예전의 개빈이 아닌 것 같았다. 신중하고 다양한 의견에 귀 기울이던 그는, 급박한 상황과 여러 압박에 판단력이 흐려졌고 인내심도 점점 잃어가는 듯했다. 어쩌면 이는 스몰 블로커들이 처음부터 계획한 고도의 지연 전술의 결과일지도 모른다.

스몰 블로커들은 이러한 전략에 매우 능숙했다. 예를 들어, "이 두 가지만 반영해 주면, 비트코인 클래식을 지지하겠다."와 같은 말은 절대 하지 않았다. 빅 블로커 측에서 어떤 요구사항을 들어주더라도, 다음에 걸고넘어질 새로운 이슈를 늘 준비해 두었다. 그중 하나는 풀 노드뿐만 아니라 라이트 노드들에도 하드포크가 일어났음을 알릴 목적으로 블록 헤더를 변경하는 것이었다. 물론 일차적으로는 안전한 업그레이드를 보장하기 위한 장치지만, 스몰 블로커들은 이를 효과적인 전략 카드로도 잘 활용했다.

어떤 전쟁이든 기술적 문제와 더불어 정치적 논쟁도 뒤섞이기 마련이다. 서로가 옳다고 주장하는 가운데, 진실은 그 주장들 사이 어딘가에 있을 것이다. 전쟁이 끝나갈 무렵, 빅 블로커들은 결국 스몰 블로커들이 제안했던 활성화 임곗값 조정과 체크포인트 설정 등의 피드백을 반영하게 되었다. 이는 그들이 밀어붙였던 전략이 잘못되었음을 간접적으로 인정한 것일 수도 있다.

지금까지 언급한 심각한 취약점들에도 불구하고, 비트코인 클래식은 점점 입소문을 탔다. 코인베이스를 포함한 실리콘밸리 벤처기업 대다수가 비트코인 클래식을 공식적으로 지지했으며, 이 외에도 많은 기업들이 지지 의사를 밝혔다. 활성화 관련 약점들은 매우 이론적이고 기술적인 내용들이라, 잘 논의되지 않았고 깊이 있게 이해한 사람들은 거의 없었다. 캠페인을 추진하는 빅 블로커들이 전쟁에서 이기는 것처럼 보였다. 대형 채굴 기업인 비트퓨리그룹Bitfury Group을 비롯한 많은 채굴자도 비트코인 클래식을 지지하겠다고 나섰다.[12] 그러나 실제로 비트코인 클래식을 지지하는 메시지를 블록에 포함하는 채굴자는 거의 없었고, 비트코인 클래식 클라이언트를 실행하는 사용자들도 많지 않았다.

다음 해인 2016년 2월, 사토시 라운드테이블Satoshi Roundtable이라는 행사가 열렸다. 이 행사는 블록체인 분야 리더들이 모여 다양한 이슈를 논의하는 연례행사로, 2020년까지 이어졌다. 2016년

---

12. https://twitter.com/valeryvavilov/status/688054411650818048

제2회 행사에는 블록사이즈가 논란의 중심에 있었다. 브라이언과 당시 그의 동료였던 찰리 리[Charlie Lee, 라이트코인 창업자, 바비 리의 형]가 참석했는데, 컨퍼런스가 끝난 후 브라이언은 일부 비트코인 코어 개발자들을 비판하면서 비트코인 클래식에 대한 지지를 선언하는 블로그를 작성했다. 내 기억으로는 매우 날 선 어조로 작성되었다가, 얼마 지나지 않아 좀 더 온건한 톤으로 수정되었다.

"지금 비트코인에 닥친 가장 큰 위협은 비트코인 개발자들인 것 같습니다. 지금까지 비트코인에 가장 많은 공헌을 한 사람들이기 때문에 참으로 아이러니한 일입니다.

...

비트코인 개발자 핵심 팀에는 비상한 두뇌를 가진 이들이 있습니다. 지난 주말 그들과 시간을 보냈는데, 그들이 한 팀이 되었다는 사실이 매우 걱정스러웠습니다. 그중 일부는 의사소통 능력이 매우 떨어져서 성숙한 토론이 어려운 지경이었습니다. 이들은 새로운 개발자들이 비트코인 생태계로 유입되는 데에 방해가 되고 있습니다. 그들에게는 '이 정도면 충분하다.'라는 개념이 없습니다. 그들은 '완벽한' 해결책만을 고집합니다. 비트코인이 위험에 처하는 상황이라도 완벽한 해결책이 아니면 손을 놓아버립니다.

...

이제 새로운 인재들을 모아야 합니다. 비트코인 생태계에 새로운 사람들을 끌어들이고, 상충점을 합리적으로 판단할 수 있는, 그리고 비트코인 프로토콜을 지속적으로 확장할 수 있는 팀을 구성해야 합니다. 한두 달 내로 이에 대한 자세한 내용을 발표하겠습니다.

...

비트코인의 성공을 보장하기 위해서는 지금 당장 비트코인 클래식으로 업그레이드해야 합니다.

...

웹 브라우저를 예로 들어보면 명확해집니다. 크롬과 사파리는 치열하게 경쟁하지만, 매번 같은 컨퍼런스에 참석해 인터넷 표준을 논의하고 협업합니다. 수많은 기업이 서로 경쟁하지만, 이들이 적대적이거나 전투적이지 않습니다. 비트코인 프로토콜을 연구하는 우리도 마찬가지여야 합니다. 자유경쟁 시장에 더 많은 옵션을 두는 것은 퇴보가 아니라 전진입니다."[13]

　이 내용은 브라이언의 포스팅에서 가장 논란을 일으킨 부분들만 발췌한 것이다. 비트코인 코어 개발자들에 대한 대중들의 반감을 키우고, 내부자들이 이탈하기를 바라는 그의 마음이 여실히 드러난다.

　브라이언은 웹 브라우저를 예로 들면서 크롬과 사파리는 경쟁하면서도 협력하는 관계라고 설명했다. 그러나 스몰 블로커들 눈에 이 비유는 브라이언이 블록사이즈 전쟁의 핵심과 복잡성을 전혀 이해하지 못하고 있음을 방증하는 것이었다. 웹 브라우저에는 글로벌 분산 합의 시스템이라는 개념이 존재하지 않는다. 그리고 블록사이즈 전쟁은 단순히 여러 팀이 공통의 규칙 안에서 경쟁하는 것이 아니었다. 이 전쟁은 네트워크의 합의 규칙 중 무엇이 더 경쟁력 있고, 지속 가능하며, 분할되었을 때 어떤 체인이 더 우위를 점할 것인지, 이를 바탕으로 어떤 코인이 더 높은 시장 가치를 부여받게 될지를 놓고 벌이는 싸움이었다.

　즉, 비트코인 코어와 비트코인 클래식은 같은 목표를 향해 경기를 펼치는 '경쟁 팀'이 아니었다. 비트코인 클래식은 비트코인 코어와 호환되지 않는 다른 네트워크, 즉 다른 규칙을 가진 경기

---

13. https://blog.coinbase.com/what-happened-at-the-satoshi-roundtable-6c11a10d8cdf

에 참여하는 것이었다. (비트코인 클래식은 비트코인 코어의 코드를 그대로 쓰면서 중요한 변수인 블록사이즈를 변경했기 때문에 규칙이 다르다고 할 수 있다.) 게다가 비트코인 코어의 '경쟁 팀'은 이미 존재하고 있었다. 다른 프로그래밍 언어로 작성된 비트코인 코어 클라이언트인 Libbitcoin, BTCD 등이 바로 그것이었다. '경쟁 네트워크'와 '경쟁 팀'은 전혀 다른 개념임에도 빅 블로커들은 이를 이해하지 못했다. 이 또한 빅 블로커들의 중대한 전략적 실수였다. 빅 블로커들은 더 큰 블록을 원했지만 비트코인의 작동 방식과 하드포크를 실행하는 방법에 대한 이해가 부족했다. 스몰 블로커들은 빅 블로커들의 좌절감과 비난의 화살이 비트코인 코어 개발자들에게 향하는 모습을 보며, 그들을 희생양으로 삼고 있다고 느꼈다.

2016년 2월, 많은 채굴자들이 비트코인 클래식으로 하드포크할 준비를 모두 마쳤다고 밝혔다. 하지만 실제 네트워크에서는 비트코인 클래식을 지지하는 채굴자 신호가 충분하지 않았다. 그럼에도 불구하고 비트코인 클래식이 곧 활성화될 것이라는 분위기가 무르익어 가고 있었다. 특히 브라이언을 필두로 하는 코인베이스의 지지가 이를 더욱 고조시켰다. 스몰 블로커들이 여러 문제를 지적했지만, 빅 블로커들은 이를 심각하게 받아들이지는 않았다. 결국 비트코인은 대규모 분열과 극도로 심각한 실패의 위기로 향하는 듯 보였다. 이때까지만 해도 빅 블로커들이 훨씬 우세한 듯 했으나, 스몰 블로커들은 몇 가지 강력한 반격의 카드를 숨기고 있었다.

제8장

홍콩 협약
Hong Kong Roundtable

2016년 2월 20일, 나는 친구들과 함께 하이킹을 나갔다. 늦은 오후쯤 라이온스 락Lion's Rock 정상에 도착하여 멀리 펼쳐진 홍콩의 풍경을 감상하고 있었다. 일행을 기다리며 휴식을 취하던 중, 비트코인 레딧에서 비트코인 확장성 문제를 논의하기 위한 회의가 바로 홍콩에서 열리고 있다는 게시물을 보았다.[1] 회의 장소는 이전에 Scaling II가 열렸던 사이버포트였다. 나는 즉시 산에서 내려와 택시를 타고 회의 장소로 향했다. 비록 정식으로 초대받지는 않았지만, 비트코인이 개방형 프로토콜인 만큼 누구나 참석할 권리가 있다고 생각했다. 논의 과정을 지켜보기만 하는 것은 초대 여부와 관계없이 가능해야 하지 않겠는가?

오후 4시쯤 도착하니 작은 회의실에서 30~40명 정도가 소그룹을 지어 조용히 이야기를 나누고 있었다. 한쪽 구석에서는 미국 출신 개발자들이 아담 백과 이야기하고 있었고, 반대편에서는 채굴자들이 모여 대화 중이었다. 이 회의에 참석한 개발자들은 비트코인 재단에서 개빈과 함께 일했던 미국의 코리 필즈Cory Fields, 홍콩 출신 개발자이자 세그윗 공동 저자인 존슨 라우Johnson Lau, 그리고 루크 대시Luke Dashjr, 블록스트림 공동 창업자이자 개발자인 매트 코랄로Matt Corallo, 피터 토드Peter Todd였다. 이들은 채굴자들에게 비트코인의 기술적 내용을 교육하고, 건설적인 대화를 하

---

1. https://www.reddit.com/r/btc/comments/46oa1r/feb_20_hk_coreminer_conference_pics_will_be

기 위해 홍콩에 왔다고 밝혔다. 또한 채굴자들이 비트코인 클래식 클라이언트를 실행하지 않도록 설득하려는 것도 목적 중 하나였다. 그러나 일부 채굴자들은 비트코인 클래식 하드포크를 강행하겠다고 압박하며 비트코인 클래식으로 전환할 뜻을 강하게 내비쳤다.

회의실 내의 긴장감은 매우 높았다. 맞은편 방에서는 비트메인의 공동 창업자인 우지한과 미크리 잔(Micree Zhan)이 채굴 산업 관계자들과 대화를 나누고 있었다. 특히 우지한은 상당히 흥분한 상태였고, 주변 사람들은 그가 진정하기를 바라는 모습이었다. 그는 갑자기 큰 소리로 "우리는 클래식을 지원할 겁니다! 만약 비트코인 코어 진영이 하드포크에 동참하지 않으면 그들과는 결별입니다!"라고 외쳤다. 주변 사람들은 걱정스러운 표정으로 그를 달래고 있었다. 곧이어 비트코인 코어 개발자들과 채굴자들 간의 대화가 다시 시작되었다.

우지한이 먼저 큰 목소리로 "채굴자들은 2MB 하드포크를 진행할 것입니다!"라고 선언했다. "비트코인 코어 진영이 함께하고 싶다면 하드포크를 해야 합니다."라고도 말했다. 그러자 한 개발자는 "세그윗이 2MB 업그레이드나 다름없고, 우리 개발자들은 세그윗 코드를 계속 작성하고 있습니다."라고 답했다. 하지만 우지한은 단호하게 "우리는 세그윗이 아니라 2MB 하드포크를 원합니다!"라고 소리쳤다. 긴장감이 더욱 고조되었다. 나중에 알게 된 사실이지만, 내가 도착하기 전부터 이미 이런 대화만 반복되고 있었다고 한다. 그저 똑같은 얘기만 몇 시간째 되풀이되었고 진전이 없었던 것이다. 이러한 대화에서 서로 간에 신뢰감은 전혀 찾아볼 수 없었다.

그나마 양쪽 모두 동의한 것이 있다면, 비트코인 클래식 하드포크가 불확실성을 초래하고, 그것이 결국 비트코인에 해가 될 수 있다는 점이었다. 이 논의는 곧 '참석자 전원이 합의하고 그 방향을 발표하면 비트코인에 긍정적인 영향을 미칠 것'이라는 아이디어로 발전했다. (심지어 누군가는 이 발표가 비트코인 가격 상승을 유도할 것이라고까지 말했다. 가격 상승은 모든 이가 언제나 바라는 일이다.) 최종적으로 비트코인의 향후 방향에 대한 명확한 계획을 문서화하자는 합의가 이루어졌다. 이 과정에 대한 내 기억은 다소 흐릿하고, 정확히 어떻게 이 결론에 도달했는지 불분명하다.

아담 백과 개발자들은 채굴자들과 회의를 하면서 미국 현지에 있는 블록스트림 사람들과도 화상 회의나 메시지 앱을 통해 원격으로 얘기를 나누고 있었다. 현지에 있는 개발자들은 회의실에서 일어나고 있는 일에 매우 분노했고, 즉시 중단해야 한다는 내용의 메시지를 보내고 있었다. 메시지를 다 보지는 못했지만, 내용은 충분히 상상이 갔다. 비트코인은 정치적 협의의 대상이 되는 돈이 아닐뿐더러apolitical, 소수가 비공개적으로 비트코인의 방향을 결정해서는 안 된다고 했을 것이다. 그리고 무엇보다 하드포크를 거론하고 있는 자체가 받아들이기 어려웠을 것이다. 세그윗이라는 최선의 해결책이 나온 상황이니 하드포크에 대한 논의는 아예 거론되지 않기를 바랐다. 이들은 회의에서 나올 어떠한 합의에도 동의할 수 없다는 입장을 분명히 했다. 그러나 회의실에 있던 개발자들은 지금 당장 비트코인 클래식 출시를 막기 위해 다른 대안이 없다고 판단했기에, 논의를 이어 나갔다.

논의의 핵심은 세그윗과 하드포크 중 무엇을 먼저 실행해야 하는지, 그리고 언제 실행해야 하는지였다. 비트코인 코어 진영^{스몰블로커}에 대한 신뢰가 없었던 우지한은 하드포크를 먼저 실행하고 나서 세그윗으로 업그레이드해야 한다고 주장했다. 그러나 코어 개발자들은 하드포크가 특정 시점에 정확히 일어나도록 하는 것은 불가능하다고 반박했다. 왜냐하면 개발자들은 단지 새로운 코드를 배포할 뿐이며, 해당 클라이언트를 설치해 사용하는 것은 전적으로 사용자들에게 달려있기 때문이었다. 그 누구도 비트코인 특정 버전의 사용을 강요하고 네트워크를 통제할 수 없다는 논리였다. 하지만 채굴자들은 계속 하드포크가 먼저 배포되어야 한다고 주장했고, 같은 논쟁은 몇 시간 동안 반복되었다.

회의에 참석자 중에는 샘슨 모우^{Samson Mow}도 있었다. 당시 바비 리가 설립한 BTCC 거래소에서 일하고 있었는데, 그가 합의문 초안을 작성하던 모습이 기억난다. 샘슨 모우는 블록사이즈 전쟁의 주요 등장인물 중 하나로, 대표적인 스몰 블로커였다. 그는 자주 빅 블로커들을 조롱했으며, 이로 인해 그레고리, 아담 백, 그리고 루크와 더불어 빅 블로커들이 가장 혐오하는 인물 중 하나가 되었다. 홍콩 협약 약 1년 후인 2017년 4월, 샘슨은 블록스트림의 CSO로 합류하게 된다.

합의문 관련 협상은 새벽 4시까지 계속되었다. 협상 상황이 한 차례 미디엄 블로그에 게재되었으나 한쪽이 불만을 표하며 글이 내려가는 일도 있었다. 오전 10시부터 계속된 강행군에 모두가 극도로 피곤하고 스트레스를 받아 화가 난 상태였다. 잘못된 결정을 내리기 완벽한 상태였다. 더 이상 논의를 지속할 수 없을 정도로 모두가 지쳤고, "뭐라도 결론을 내자."는 분위기 속에서 발표문 문구에 대한 합의가 이루어졌다. 물론 누구에게도 만족스럽지 못했다. 하지만 새벽 5시가 되자 더 이상 논쟁을 이어가자는 사람도 없었다. 마치 국제 조약 협상처럼, 서로를 압박하여 강제로 합의에 이르게 한 전술이라는 점을 방 안에 있던 모두가 알고 있던 것이다.

최종 합의문이 작성되었고, 방 안에 있던 사람들은 둥글게 모여 손을 뻗고 사진을 찍었다. 얼굴 없이 손만 나온 그 유명한 사진이다. 이 사진에는 아담 백과 매트 코랄로가 빠져있는데, 그 순간까지도 그들은 합의문 문구를 검토하고 있었다. 그리고 채굴자들은 안도와 미소를 지은 반면 비트코인 코어 개발자들은 지쳐 보이고 다소 슬픈 표정이었다.

일명, **홍콩 협약**이라 불리는 합의문의 내용은 다음과 같았다.

"우리는 비트코인 프로토콜 개발 커뮤니티와 계속 협력하여, 세그윗 개선 사항을 기반으로 한 안전한 하드포크 클라이언트를 공개적으로 개발할 것입니다. 본 회의에 참석한 비트코인 코어 개발자들은 세그윗 출시 후 3개월 이내에 하드포크 버전을 개발하고 구현할 것입니다. 이 하드포크는 블록 내 비(非)서명 데이터non-witness data를 약 2MB로 늘리고, 블록 전체 크기는 4MB 이하로 확장하는 등 현재 논의되고 있는 내용들을 포함할 것입니다. 하드포크는 비트코인 커뮤니티의 광범위한 지지를 얻어야만 채택될 것이며, 그럴 경우에 한해 2017년 7월경에 활성화될 것입니다. 우리는 세그윗과 하드포크를 모두 포함한, 비트코인 기존 버전과 호환되는 시스템만을 운영할 것입니다."

홍콩 협약에는 양 진영 각자를 위한 조항이 하나씩 있었다. '하드포크는 비트코인 커뮤니티의 광범위한 지지를 받아야만 채택될 것'이라는 문구다. 이는 회의에 참석한 코어 개발자들에게 가장 중요한 부분이었다. 하드포크의 실행 여부는 비트코인 커뮤니티 전체가 결정해야 할 문제이지, 회의 참석자끼리 약속하거나 결정할 수 있는 것이 아니라는 점을 분명히 한 것이다. 그러나 빅블로커들은 이 부분을 전혀 다르게 해석했으며, 오늘날에도 많은 이들이 이 문구를 무시하는 경향이 있다. 하지만 어쨌든, 채굴자들이 비트코인 코어와 호환되는 프로그램만을 실행하기로 서명한 덕분에 비트코인 클래식은 일단 중단되었고, 이는 스몰 블로커 진영의 주요 성과였다. 당장의 체인 분리 위기를 피한 것이다. 채굴자들은 하드포크 코드가 작성될 것이라는 약속을 받았고, 코드가 배포되면 하드포크를 실행할 수 있을 것이라고 믿었다.

합의문에는 다음과 같은 문구도 명시되어 있다.

"우리는 비트코인 코어 버전의 하드포크가 출시될 때까지, 세그윗을 실행할 것입니다."[2]

이 문구는 우지한의 강력한 주장으로 포함되었다. 당시 나는 이를 깨닫지 못했지만, 빅 블로커들은 이 문구를 "하드포크가 출시되면 그제서야 세그윗을 실행하겠다."는 의미로 해석했다. 다시 말해, 우지한은 자신이 원하는 하드포크를 얻기 위한 협상 카드로 세그윗을 사용한 것이다.[3] 회의 내내 그가 우려한 것은 비트코인 코어 버전에 하드포크가 포함되지 않을 수 있다는 점이었

---

2. https://medium.com/@bitcoinroundtable/bitcoin-roundtable-consensus-266d475a61ff
3. 역자 주: 코어 개발자들이 하드포크 코드를 작성하지 않는다면 채굴자들도 세그윗을 실행하지 않을 것이라는 뜻

다. 코어 개발자들이 하드포크의 실행 여부를 '커뮤니티의 광범위한 지지' 여부에 달려있다고 했으니, 나름 합당한 우려였다. 그래서 그는 '하드포크가 출시되기 전까지 세그윗을 활성화해서는 안 된다.'는 의미로 이 문구를 삽입한 것이다.

하지만 스몰 블로커들의 생각은 달랐다. 채굴자들의 세그윗 실행은 협상카드처럼 쓰일 것이 아니라 당연히 해야 하는 일이었다. 나중에 채굴자들이 세그윗을 정확히 이해하고 나면 그들도 자연스럽게 원할 것이라고 생각했다.

급한 불은 끈 것처럼 보였지만, 상황이 해결된 것은 아니었다. 양측은 합의문을 서로 다르게 해석하고 있었고, 뒤돌아서 상대방이 합의를 어겼다며 비난할 수 있는 상태였다. 국제 조약 협상에서 문구 하나하나에 집착하며 몇 시간씩이나 논의하는 것도 같은 이유다. 예를 들어, 1967년 유엔 안보리 결의안 242호의 문구를 보면 다음과 같은 표현이 있다.

"최근 분쟁으로 점령된 지역에서 이스라엘 군대를 철수시킨다."[4]

여기서 '최근 분쟁으로 점령된 지역'이란 구체적으로 어디일까? 명확하지 않다. 고의로 애매하게 남겨둔 것이다. 만약 그 표

---

4. https://unispal.un.org/unispal.nsf/0/7D35E1F729DF491C85256EE700686136

현을 명확히 하려 했다면 양측은 절대 합의에 이르지 못했을 것이다. 결의안을 작성한 외교관들에게는 단기적인 성과가 맞다. 하지만, 이 모호함은 이스라엘-팔레스타인 갈등을 해결하기는커녕 오히려 서로를 '협정 위반'으로 비난할 빌미만 제공해 왔고 분쟁은 수십 년이 지난 지금까지도 계속되고 있다.

나는 비트코인도 이와 비슷한 전철을 밟게 될 것 같은 예감이 들었다. 그제서야 깨달았다. 스몰 블로커와 빅 블로커 양측 모두를 만족시킬 블록사이즈 타협안이나 평화로운 해결책은 애초부터 불가능한 일이었음을 말이다. 비트코인을 잘 모르는 사람이라면, "고작 몇 년밖에 안 된 디지털 자산을 두고, 현존하는 가장 극심한 수준의 정치/종교/사회적 갈등 중 하나인 이스라엘-팔레스타인 분쟁과 비교하다니?"라고 의아해할 것이다. 비트코인은 많은 면에서 종교와 유사한 특징을 공유한다. 그리고 종교는 항상 분열된다. (다만, 종교는 비트코인 같은 금융 자산이 아니다.) 복잡한 역학 관계 속에서 비트코인이 어떻게 발전할지 정말 흥미로웠다.

홍콩 협약이 발표된 후, 다음 단계는 회의에 참석한 사람들이 각자의 진영으로 돌아가 이를 전달하고 설득하는 것이었다. 그러나 이것이 순탄하게 진행될 리 없었다. 빅 블로커 진영은 회의에 참석한 채굴자들을 겁쟁이로 여기기 시작했다. 그들이 비트코인 클래식 대신 비트코인 코어로 돌아선 것은 자신들의 목표와 정반대였기 때문이다. 빅 블로커들은 자신들이 스몰 블로커들의 시간 끌기에 또 한 번 당했으며, 결국 하드포크는 비트코인 코어에 포함되지 않을 것이라고 확신했다. 스몰 블로커들 역시 상황은 비슷했다. 블록스트림의 CTO이자 공동 창업자인 그레고리는, 회의에 참석한 코어 개발자들을 가리켜 '선의의 바보들'이라고 비난했다.

"선의의 바보들 몇 명이 현안을 논의하겠다고 중국에 갔지만, 그들이 한 일이라고는 새벽 3~4시까지 방에 갇혀 있다가 '세그윗을 먼저 하고 그 다음에 하드포크를 하자.'를 제안한 것뿐입니다. 이제 합의문을 이행해야 하는 동시에, 자신의 신념을 지키고 커뮤니티의 신뢰를 유지해야 하는 상황입니다. 거의 불가능해 보이는 일을 해내기 위해 참으로 고군분투해야 할 것 같습니다. 참고로 이 합의는 강압에 의해 이루어졌으며, 채굴 풀 에프투풀은 협약을 바로 위반했습니다."[5]

날이 갈수록 합의에 도달하는 것은 점점 더 어려워졌다. 갑론을박이 계속되면 사람은 더욱 완고해진다. "비트코인에게 최선은 무엇인가?"라는 질문은 점점 희미해지고 적을 밟고 승리하는 것만이 지상 과제가 되어버렸다. 갈등과 논쟁이 계속될수록 자신

---

5. https://bitcointalk.org/index.php?topic=1330553.msg14835202#msg14835202

의 주장이 옳다는 양측의 확신만 더 강해졌고, 평화로운 해결은 불가능해 보였다.

많은 비트코이너들은 홍콩 협약을 커다란 실수나 황당한 해프닝으로도 여긴다. 하지만 공개적으로 밝히지 않았던 나의 생각은, 이 과정에서도 나름의 성과가 있었다는 것이다. 당시 비트코인 클래식은 업계 거의 모든 관계자들의 지지를 바탕으로 강한 모멘텀을 얻고 있었다. 특히 채굴자들은 이를 채택하기 직전이었고, 비트코인은 체인 분리의 위기에 직면해 있었다. 나는 홍콩 협약 덕분에 비트코인이 벼랑 끝에서 겨우 한 발 물러설 수 있었다고 생각한다.

제9장

가짜 사토시 나카모토
Faketoshi

2016년 5월 2일 월요일, 비트코인 커뮤니티에 충격적인 소식이 전해졌다. 개빈이 블로그를 통해 또 한 번 폭탄선언을 한 것이었다. 그는 호주 출신의 크레이그 스티븐 라이트^{Craig Steven Wright}가 매우 높은 확률로 사토시 나카모토일 것 같다고 밝혔다. 심지어 런던에서 그를 직접 만나 암호학적 증거까지 확인했다고 주장했다.

"저는 크레이그 스티븐 라이트가 비트코인을 발명한 사람이라고 생각합니다.

몇 주 전, 런던으로 날아가 라이트 박사를 만났습니다. 그전부터 이메일을 통해 대화를 나누며, 2010년부터 2011년 초까지 저와 얘기를 나누었던 그 사토시 나카모토가 바로 이 사람이라는 생각이 들었습니다. 그리고 실제로 만나보니, 의심의 여지없이 크레이그 라이트가 사토시임을 확신하게 되었습니다.

그는 사토시만 가지고 있을 수 있는 비밀키로 메시지에 전자 서명을 했고, 저는 이 모습을 면밀히 확인했습니다. 결코 조작이 불가능한 환경에서 말이죠. 그리고 비로소 비트코인의 창시자와 직접 마주했다는 것을 확신하게 되었습니다.

그와 시간을 보내며, 그가 6년 전 함께 일했던 사토시와 마찬가지로 매우 명석하고 사려 깊으며, 집중력 있고 관대하며 프라이버시를 중시하는 사람임을 깨달았습니다. 그가 왜 사라졌는지, 그 후로 어떤 일들을 해왔는지에 대해 얘기하며 여러 미스터리를 풀었습니다. 다만 그의 사생활을 존중하기 때문에 모든 대화를 공개할 수는 없습니다. 그가 원한다면 스스로 밝힐 것입니다.

우리는 종종 영웅을 창조합니다. 그러면서도 그 영웅이 우리의 기대에 부응하지 못할 때, 미워하기도 합니다. 만약 사토시 나카모토가 국가안보국(National Security Agency, NSA) 프로젝트의 암호명이거나, 미래에서 온 인공지능이었다면 더 좋았을까요? 그는 우리와 같은 한 명의 인간일 뿐입니다. 이 소식이 후폭풍을 일으키지 않길 바랍니다. 그리고 그가 좋아하는 공부와 연구, 혁신적인 일에 집중할 수 있기를 바랍니다.

세상에 비트코인이라는 선물을 준 그와 직접 악수하며 감사의 뜻을 전할 수 있어 정말 기쁩니다."

많은 이들이 처음에는 개빈의 블로그 계정이 해킹당한 것이라 생각했다. 너무나 충격적인 내용이었고, 개빈의 갑작스런 발언도 너무 이상했기 때문이었다. 이 소식이 전해진 후, 해킹에 대한 우려로 비트코인 코어 저장소에 대한 개빈의 접근 권한이 취소되기도 했다. 코드를 작성하고 제안할 권한만 남겨놓고, 메인 저장소에 업데이트를 병합할 권한은 박탈되었다.

그리고 몇 시간 후, 뉴욕에서 촬영한 개빈의 인터뷰 영상이 공개되었다. 기대와는 달리, 그는 블로그 글과 같은 주장을 반복했다. 어딘가 앞뒤가 맞지 않는 이상한 주장들이었지만, 그렇다고 이런 중대한 사안에 대해 개빈이 전혀 근거 없는 주장을 한다고 생각하기도 어려웠다. 하지만 그렇다고 해서 그의 말을 곧이곧대로 받아들이는 것 역시 쉽지 않았다. 머릿속에 떠오른 한 가지 방법은, 크레이그가 사토시의 비밀키로 서명된 메시지를 신속히 공개하는 것이었다. 암호학적 증거가 명확하다면, 비트코인 커뮤니티는 사토시가 복귀했음을 인정해야 하는 상황이 올 것이었다. 그 상황이 되면 블록사이즈 전쟁은 어떻게 될까? 혹시 비트코인 클래식 실패의 좌절감으로 개빈이 이런 무리수를 던진 것일까? 이 모든 것이 블록사이즈 전쟁과 연관된 것만 같았다. 나는 상상의 나래를 펼쳤다. '설마 개빈이 이 카드를 수년간 숨기고 있다가 이제서야 크레이그를 내세운 걸까? 만약 그렇다면, 사토시는 비트코인 클래식을 옹호했단 것일 텐데… 이 모든 것이 의도된 것일까?'

몇 시간 뒤, 홍콩 시간으로 저녁에 크레이그가 블로그 게시글을 올렸다. 그 글은 온갖 혼란스러운 문장들과 스크린샷들로 가득 차 있었다. 나는 사토시의 비밀키로 서명된 메시지를 찾기 위해 글을 위아래로 스크롤했다. 아마도 전 세계 수많은 비트코이너들이 그랬을 것이다. 사토시임을 입증하는 것은 암호학적으로 매우 간단한 일이니, 글 어딘가에 반드시 서명이 있을 것이라고 생각했다. 나는 모니터 화면 한쪽에 서명을 확인할 프로그램까지 띄워놓았다. 그러나 아무리 글을 뒤져도 아무것도 찾을 수 없었다. 사토시의 메시지나 서명은 전혀 없었고, 모든 것이 조작된 듯 보였다. '개빈이 이런 걸 보고 속았단 말인가?' 게시글은 마치 암호학에 대해 잘 모르는 사람을 속이기 위해 작성된 것 같았다. 나중에 알고 보니, 게시글 어딘가에 사토시의 서명이 있긴 했지만, 어느 레딧 사용자의 말처럼, 그저 공개 체인에 있는 사토시의 서명 하나를 복사해 붙여 넣은 것에 불과했다. 한마디로 크레이그의 게시글은 엉망진창이었다. 그가 사토시임을 입증할 증거는 어디에도 없었다.

개빈의 발표는 BBC, 이코노미스트, 와이어드에 동시 보도되었는데, 이들 모두 런던에서 동일한 증거를 봤다고 주장하는 기자들이 작성한 기사였다. 그나마 와이어드는 매우 회의적인 논조였으나, 나머지 매체의 기사들은 그저 받아쓰기 수준이었다. 사실 비트코인을 다루는 언론의 전반적인 수준이 낮았기 때문에 이런 반응은 놀라운 일도 아니었다. 참고로, 2014년 3월에도 뉴스위크는 사토시가 나타났다고 보도한 적이 있었다. 당시 한 기자는 전화번호부에서 '사토시 나카모토'라는 이름을 발견하고 그를 비트코인 창시자로 단정 지으며 기사를 작성했었다.

2016년 5월 6일, 블라디미르는 개빈의 깃허브 권한을 박탈한 이유와 권한을 원복시키지 않은 이유에 대해 다음과 같이 설명했다.

"개빈에게 코드 저장소 관리자 권한을 다시 부여해야 할지를 생각해 보면, 수많은 사람들이 '안 돼!'라고 외치는 소리가 들립니다. 우선, 개빈은 오랫동안 코드를 유지 보수하거나 관리하지 않았습니다. 게다가 그는 이미 우리와 다른 길을 걷기로 했고, 이번 일을 계기로 공식적으로 각자의 길을 가는 것이 맞다고 생각합니다."

크레이그의 블로그 게시글이 공개되고 며칠 뒤, 개빈은 핀다르 웡과 이더리움 창시자 비탈릭 부테린Vitalik Buterin과 함께 뉴욕의 한 행사에 참석했다. 그 자리에서도 개빈은 크레이그가 사토시라고 주장했다. 하지만 크레이그가 올린 글이 완전 엉터리였다는 점을 감안하면, 개빈의 주장은 매우 의아했다. 나중에 개빈은 자신이 사기당했을 가능성을 인정했지만, 그럼에도 자신의 주장을 완전히 철회하지는 않았다. 석연치 않았던 건 그뿐만이 아니었다. 전자 서명을 통한 암호학적 증명은 이메일 등으로도 아주 쉽고 빠르게 이루어질 수 있었다. 그런데 왜 굳이 런던까지 직접 갔을까? 이 부분은 끝까지 의문으로 남아있다. 이에 대해 개빈은, 혹시라도 나중에 크레이그에게 문제가 생겼을 때 발생할 책임 문제를 피하기 위해서였다고 해명했다. 그는 다른 사람의 입을 통해 크레이그의 이야기가 나오는 것을 원치 않았기 때문에 자신이 직접 확인한 것이라고 설명했다.

그러나 그의 해명은 설득력이 떨어졌다. 개인키를 통한 전자서명이라는 암호학적인 증거만으로도 이 모든 문제는 간단히 해결될 수 있었기 때문이었다. 게다가 이것이 가장 간편하고 투명한 방법이었다. 개빈이 사토시의 공개키를 사용해 특정 메시지를 암호화한 후, 크레이그가 그 메시지를 해독하기만 하면 그 즉시 크레이그가 사토시임이 증명될 수 있었을 것이다.

이 사건은 개빈의 명성에 치명적인 타격을 입혔고, 스몰 블로커들은 승리에 한 발짝 다가갔다. 개빈의 말 그대로 자책골을 넣은 것이다. 아마도 크레이그도 빅 블로커였기에 개빈의 판단이 흐려졌던 것일지도 모른다. 스몰 블로커들은 이런 믿기 힘든 횡재에 놀라움을 감추지 못했다. 심지어 크레이그가 진짜 사토시이고, 스몰 블로커 측에 힘을 실어주기 위해 일부러 이런 쇼를 벌였다는 농담까지 나왔다. 가장 많은 조롱은 당연히 개빈에게 쏟아졌다. 개인적으로는 개빈이 조금 측은하게 느껴지기도 했다. 사람은 누구나 실수를 저지르지 않는가.

아무튼, 스몰 블로커들은 크레이그를 사기꾼으로 여기며, 그가 사토시라는 증거는 어디에도 없다고 주장했다. 그러나 놀랍게도,

빅 블로커들 사이에서는 의견이 분분했다. 예를 들어, 로저 버는 크레이그가 사토시일 가능성이 높다고 말했다.

"그가 사토시일 가능성이 높다고 믿을 만한 충분한 증거가 있다고 생각합니다."

한편, 사석에서 이 상황이 매우 만족스럽다고 밝힌 몇몇 스몰 블로커도 있었다. 그들의 시간 끌기 전략이 효과를 발휘했고, 빅 블로커들이 스스로 약점을 드러내며 어리석게 행동했다고 평가했다. 반면, 안심은 금물이라며 빅 블로커들을 과소평가해서는 안 된다는 신중한 입장도 있었다.

이 스캔들 이후 2년 동안, 크레이그는 빅 블로커 커뮤니티의 환영을 받으며 다양한 컨퍼런스와 행사에 참석했다. 그러나 그는 스몰 블로커들에게 극도로 공격적인 태도를 보였고, 비트코인 프로토콜에 대한 이해가 전혀 없는 사람처럼 보일 때도 많았다. 때문에 많은 스몰 블로커들은 그를 전형적인 사기꾼으로 여겼다. 크레이그는 기본적으로 빅 블로커들과 비슷한 주장을 펼쳤다. 예를 들어, 세그윗 업그레이드를 '쓰레기'라고 부르며, 채굴하지 않는 노드^{풀 노드}의 존재를 부정하는 등의 발언으로 빅 블로커들의 지지를 얻었다. 하지만 빅 블로커들 사이에서도 크레이그의 존재가 대의명분을 훼손한다고 보는 시각이 존재했다. 그럼에도 불구하고, 그를 포용하는 빅 블로커 진영의 인플루언서들이 많아 크레이그를 제재할 방법은 없었다.

크레이그 라이트가 사기꾼이라는 증거는 많다. 예를 들어, 그는 2015년 자신의 블로그 게시글의 날짜를 2008년으로 조작해 마치 암호화폐 관련 연구를 일찍부터 시작한 것처럼 꾸몄다. 하지만 2014년에 찍힌 스크린샷이 공개되면서 그의 거짓말은 금세 탄로 났다. 이런 그의 행각은 빅 블로커 진영의 평판을 여러 차례 훼손시켰고, 중립을 지켜오던 많은 이들을 스몰 블로커 쪽으로 돌아서게 만들었다. (정치적인 전쟁의 핵심은 최대한 많은 캐스팅 보트를 자기 편으로 끌어들이는 것이다.) 크레이그는 블록사이즈 전쟁이 끝나고 한참 후인 2018년 11월, 또 다른 하드포크 버전인 비트코인 사토시 비전$^{BSV,\ Bitcoin\ Satoshi\ Vision}$이라는 알트코인을 만들면서 빅 블로커 진영과도 결별했다.

크레이그 라이트의 사기 행각에 대해서는 법정 소송, 허위 주장, 경력 조작 등 이야기할 것이 끝도 없지만, 이쯤에서 마무리하겠다. 결론적으로, 크레이그, 일명 가짜 사토시$^{Faketoshi,\ 페이크토시}$는 블록사이즈 전쟁에서 중요한 역할을 했음이 분명하다. 이 스캔들로 인해 개빈의 평판은 회복 불능 수준으로 추락했고, 전쟁 중 상당히 어려운 시기를 보내던 스몰 블로커들에게는 구원과도 같은 사건이 되었다.

제10장

이더리움 더 다오 사태
The DAO

2016년 여름, 암호화폐 커뮤니티는 The DAO^{Decentralized Autonomous Organization, 탈중앙화된 자율 조직, 이하 '더 다오'로 표기}라는 프로젝트에 주목하고 있었다. 더 다오는 이더리움 기반의 스마트 컨트랙트로 구축된 일종의 '자율 운영 투자펀드'였다. 기존 하향식 투자와 달리, 참여자들이 투표를 통해 직접 투자 결정을 내린다는 점이 더 다오의 마케팅 포인트였다. 이 프로젝트는 '법이 아닌 코드'에 의해 운영되는 스마트 계약을 중심으로 하며, Code is law^{코드가 곧 법}라는 슬로건으로 이를 잘 표현하였다.

이더리움은 2013년에 비탈릭 부테린에 의해 만들어진 알트코인 프로젝트로, 그는 비트코인 초기부터 활동해 온 인물이다. 이 프로젝트는 2014년 ICO^{Initial Coin Offering, 초기 코인 공개}를 통해 자금을 모은 후, 2015년 여름에 네트워크를 가동하기 시작했다. 블록사이즈 전쟁 당시 이더리움은 갓 1년 된 신생 네트워크였지만, 매우 야심찬 프로젝트를 추진 중이었다. 사실, 비탈릭은 처음부터 비트코인 위에 스마트 컨트랙트 플랫폼을 구축하고자 했으나, 비트코인은 그가 원하는 대로 쉽게 바꿀 수 있는 유연한 프로그램이 아니었다. 그레고리나 루크와 같은 스몰 블로커들은 비트코인 코드나 구조를 변경하는 것이 오히려 보안 문제를 초래할 수 있는 심각한 위험 요소라고 보았다. 따라서 비탈릭과 이더리움 커뮤니티는 자연스럽게 빅 블로커들의 의견에 좀 더 동조하는 경향을 보였다.

사실 블록사이즈 전쟁은 이더리움의 성장에 핵심적인 역할을 했다. 이때부터 이더리움 지지자들은 비트코인을 낡고 유연하지 않은 기술이라 폄하하며, 1MB의 블록사이즈로는 아무것도 할 수 없다고 주장하기 시작했다. 그리고 이더리움은 채굴자들이 블록사이즈를 스스로 정할 수 있도록 하는 유연성을 강조했다. (이더리움의 블록 크기는 트랜잭션 데이터가 아니라, 계산 작업에 의해 결정되는 가스 제한$^{gas\ limit}$에 의해 조정된다.) 게다가 비트코인의 거래 수수료가 급격히 오르던 시점이라 이더리움의 수수료가 상대적으로 매우 저렴해 보이는 효과도 있었다. 이더리움 재단의 마케팅 전략은 매우 성공적이었다. 많은 사람들은 이더리움이 제시한 더 젊고 미래지향적이며 역동적인 비전에 매료되어, 점차 비트코인을 떠나 이더리움 커뮤니티로 이동했다.

빅 블로커들의 시각에서 사람들이 비트코인을 버리고 이더리움으로 옮겨가는 현상은 전부 스몰 블로커들의 고집 때문이었다. 스몰 블로커들의 과도한 완고함에 지쳐 결국 사람들이 떠났다고 여겼다. "비트코인은 이제 시장 점유율을 잃을 것이다.", "비트코인 결제를 도입한 사업자들도 결국 이더리움으로 전향할 것이다.", "따라서 비트코인은 분명 실패할 것이다." 등의 주장이 팽배했다. 여기서 한 가지 짚고 넘어가야 할 점이 있다. 사람들이 비트코인을 버리고 알트코인으로 이동한 데에 블록사이즈 전쟁이 어느 정도 원인이 된 것은 맞지만, 그것이 전부는 아니다. 결정적 원인은 바로 큰 돈을 벌 수 있다는 동기였다. 특히 이더리움의 성공으로 비트코인 복제품이 창궐하게 되었다. 이들은 하나같이, "확장성 떨어지는 비트코인의 문제를 자신이 만든 코인으로 해결했다."고 주장했다. 물론 새로운 형태의 돈, 혁신적인 금융 화폐 시스템을 목표로 하는 스몰 블로커들은 이러한 주장에 크게 신경 쓰지 않았다. 예를 들어, 초당 4만 건 이상의 거래를 처리할 수 있다는 것은 이들의 목표와 전혀 무관했다.

반면, 빅 블로커 진영은 커뮤니티를 떠나 알트코인으로 전향하는 이들로 골머리를 앓았다. 하지만 한편으론 '나도 한 번 만들어 볼까?'하는 유혹을 느꼈다. 고집불통인 스몰 블로커들과의 지루한 싸움은 그만두고 차라리 알트코인을 만드는 게 더 나아 보였다. 나는 수많은 알트코인의 홍수 속에서 스몰 블로커들이 상당한 이득을 봤다고 생각한다. 블록사이즈 전쟁이 진행되는 동안, 알트코인은 급격한 성장을 이뤘다. 거의 모든 프로젝트가 ICO로 자금을 조달하고 코인 가격을 급등시키는 데에만 혈안이 되어 있었다. 만약 알트코인이 없었다면, 이들은 빅 블로커 진영에 잔류했을 것이고, 스몰 블로커들은 훨씬 더 힘겨운 싸움을 지속해야 했을지도 모른다. 비트코인만 존재했던 이 생태계는, 블록사이즈 전쟁 2년 동안 암호화폐라는 좀 더 일반적인 시장으로 확장되었다. 그리고 다양한 사람들의 다양한 요구를 충족시킬 수 있는 수많은 알트코인이 존재하게 되자, "비트코인은 □□□를 위해 이렇게 바뀌어야 한다." 같은 주장은 힘을 잃게 되었다.

하지만 이더리움은 이제 막 세상에 나와 걸음마를 떼는 단계였기 때문에, 더 다오와 같은 대규모 프로젝트를 성공적으로 수행할 준비나 역량이 부족했다. 그럼에도 불구하고 이더리움 커뮤니티는 새로운 실험과 도전을 좋아했다. 보수적인 비트코인 커뮤니티에서 벗어나 이더리움으로 온 이유가 바로 이런 실험 정신 때문이었을 것이다.

다시 더 다오 이야기로 돌아와서, 더 다오 프로젝트의 크라우드 펀딩은 2016년 4월 30일부터 5월 25일까지 진행되며, 무려 1억 5천만 달러 이상의 자금을 모았다. 실로 엄청난 성공이었다. 당시 이더리움 전체 공급량의 14% 이상이 더 다오에 몰렸다. 투자자들은 언제든 자신이 투자한 이더리움을 다시 인출할 수 있을 것이므로 큰 위험 요소는 없다고 여겼다. 하지만 더 다오 프로젝트의 코드는 근본적인 결함을 가지고 있었다.

더 다오는 새로운 투자 프로젝트가 생길 때마다 그에 맞는 등급의 DAO 토큰을 만들어야 했고 등급마다 다른 리스크와 보상이 부여되어 구조가 복잡했다. 이는 DAO 토큰이 서로 대체 불가능하고, 다른 가격에 거래되어야 함을 의미했다. 그러나 커뮤니티나 거래소에서는 이를 제대로 이해하지 못했다. 또한 경제적 인센티브 모델도 말이 안 되었다. 어떤 투자 프로젝트에 대해 반대 투표를 한 사람이 있다고 가정해 보자. 만약 그 프로젝트가 더 많은 찬성표를 받아 통과된다면 반대 투표를 한 사람이 투자한 토큰은 어떻게 처리되어야 할까? 반대했으니 토큰을 돌려받는 것이 합당하다. 하지만 더 다오에서는 그렇지 않았다. 다시 말해, 프로젝트에 반대한 사람이라도, 안건이 한번 통과되고 나면 모든 리스크와 보상을 찬성한 사람들과 동일하게 적용받았다. 이를 피하려면 기권해야 했다. 이러한 잘못된 인센티브 구조 때문에, 반대 투표를 하는 사람은 거의 없었고, 더 다오에 올라온 여러 투자 제안들에 대해 올바른 검토와 평가가 이루어지지 않았다. 결국 이는 모든 프로젝트가 제대로 된 검증 없이 무분별하게 승인되는 결과를 낳았다. 또한 프로젝트가 성공했을 때, 그 수익을 더 다오에 다시 투자하도록 강제하는 메커니즘이 없었고, 곳곳에 적용된 스마트 컨트랙트의 일부는 의도한 대로 작동하지 않았다.

토큰 판매가 종료된 지 몇 주 후인 2016년 6월 17일[1], 암호화폐 역사에 남을 또 하나의 중요한 사건이 발생했다. 한 해커가 더 다오 코드의 취약점을 발견하고 펀드에 모인 이더리움을 자신의 지갑(일명, 차일드 DAO)으로 빼돌린 것이었다.

이더리움 재단이 처음 내놓은 대책은 해커의 자금을 동결하기 위한 소프트포크였다.[2] 하지만 이 제안은 디도스 공격에 취약할

---

1. http://archive.is/76EZY
2. http://archive.is/7UUrY

수 있다는 심각한 결함을 갖고 있었기 때문에 4일 만에 폐기되었다. 결국 재단은 더 다오 자금을 회수할 수 있는 유일한 방법은 하드포크뿐이라는 결론을 내렸다. 마침, 비트코인이 블록사이즈 전쟁의 한가운데에 있던 시점이라, 이더리움 하드포크는 더 큰 주목을 받게 되었다. 비트코인 진영에서 하드포크가 과연 안전한 방법인지, 하드포크 이후 어떤 문제점들이 뒤따를지에 대한 논쟁이 한창이었는데, 이런 가운데 이더리움 진영에서 실제 하드포크가 일어나려 하고 있었던 것이다. 세간의 관심은 이더리움으로 쏠렸고, 블록사이즈 전쟁은 잠시 휴전 상태에 들어갔다. 당시 이더리움 하드포크에 대한 찬반 투표는, 보유하고 있는 코인을 사용하는 방식으로 진행되었다. 투표 결과, 95% 이상의 압도적인 다수가 하드포크에 찬성하는 것으로 나타났다.[3] 그러나 하드포크 지지자 위주로 투표가 진행되어, 반대하는 사람들은 투표에 참여하지 않았을 수 있다는 점에서 공정한 투표가 아니라는 비판이 제기되었다. 또한, 이더리움 보유자의 참여율은 6% 정도로 매우 저조했다.[4] 여기에 채굴자의 90% 이상이 하드포크에 찬성한다는 의사를 밝히기도 했다.

---

3. https://futurism.com/the-dao-heist-undone-97-of-eth-holders-vote-for-the-hard-fork

4. https://medium.com/coinmonks/the-dao-is-history-or-is-it-47a6f457338a

더 다오 프로젝트가 실패로 판명되면서 이더리움 블록체인을 원래대로 복구해야 할지를 두고 이른바 'DAO 전쟁'이 시작되었다. 이더리움 재단과 개발자들은 자금 복구를 위해 이더리움 프로토콜을 변경하자고 제안했다. 이는 이더리움 커뮤니티 내에서 극심한 논란을 낳았다. 한마디로 "자금을 복구하기 위해 프로토콜을 변경한다면, 대체 구제금융과 다른 것이 무엇인가?"하는 비판이었다. 많은 사람들이 암호화폐에 매력을 느끼고 이 생태계에 합류한 이유는 2008~2009년 은행 구제금융과 같은 레거시 금융 시스템에 대한 반발과 염증 때문이었다.

- 왜 더 다오 프로젝트 하나만 딱 골라서 구제하려 하는가?
- 이전의 수많은 소형 프로젝트들이 실패하며 투자자들이 손해를 봤을 때는 왜 그대로 두었는가?
- 그때는 재단이나 비탈릭 같은 인플루언서들의 투자금이 별로 없었기 때문에 그런 것인가?
- 결국 대마불사 논리인가?
- 더 다오에 묶인 많은 자금이 인플루언서들 돈이 아니었어도 같은 제안을 했을 것인가?
- 그 소수가 프로토콜에 대한 통제력을 남용하는 것 아닌가?

수많은 비판에도 불구하고, 이더리움 재단은 하드포크를 감행했다. 많은 사람들은 이를 그토록 탈출하고 싶어했던 레거시 금융 시스템의 부패와 별 다를 바 없다고 느꼈다.

하드포크는 192만 번째 블록, 2016년 7월 20일 수요일경으로 계획되었다. 나는 이 중요한 순간을 놓치지 않기 위해 휴가까지 냈고, 하드포크 버전의 이더리움 클라이언트를 돌리기 위해 컴퓨터 한 대를 더 구매했다. 나는 마치 크립토 광신도 같았다. 기존 버전과 하드포크 버전 클라이언트를 동시에 실행하면서, 여러 거래소의 호가창을 띄워놓고 이더리움 가격을 주시하고 있었다. 모두가 숨죽인 가운데, 192만 번째 블록에 이르렀고 하드포크가 실행되었다.[5]

처음에는 하드포크가 성공적으로 이루어진 것처럼 보였다. 새로운 체인에서 블록이 생성되었고, 기존 체인에서는 블록 생성이 멈춘 것처럼 보였다. 그러자 일부 빅 블로커들은 승리를 선언하며, "체인 분리 같은 건 일어나지 않을 것이고, 비트코인도 이렇게만 하면 된다."고 주장했다. 그러나 약 한 시간이 지나자, 기존 체인에서도 블록이 생성되기 시작했다. 생성 속도가 느렸기 때문에 난이도는 급격히 하향 조정되었다.[6] 이후 아주 빠르게 블록이 만들어지면서 기존 체인은 탄력을 받았다. 처음에는 해시레이트가 기존 체인의 2%에 불과했으나, 시간이 지나면서 이 비율은

---

5. http://archive.is/PaGgM
6. 역자 주: 이더리움의 난이도 조정은 비트코인보다 훨씬 빠르게 일어난다.

5~10%까지 상승했다. 결국 체인은 분리되었고, 기존 체인을 위한 새로운 이름이 필요했다. 마침, 옆에 비트코인과 비트코인 클래식이 있었고, 이를 따라 하드포크 체인은 이더리움, 기존 체인은 이더리움 클래식Ethereum Classic이라고 불리게 되었다.

체인이 분리된 지 약 3일 후인 2016년 7월 23일, 폴로닉스Poloniex 거래소에 이더리움 클래식이 처음 상장되었다.[7] 상장 초기에는 이더리움 하드포크 버전 가격의 약 2% 수준에서 거래되었으나, 이후 급락과 급등을 반복하며 7월 25일에 이더리움 가격의 50%에 도달하기도 했다. 이때 채굴자들은 이더리움과 클래식의 가격 변동에 따라 다른 행동을 보였다. 즉, 이더리움을 채굴하다가도 클래식의 가격이 충분히 오르면 클래식을 채굴했다. 이에 대해 스몰 블로커들은, 하드포크로 인한 체인 분리는 빅 블로커들이 예상했던 것보다 훨씬 더 복잡한 결과를 초래한다고 지적했다. 특히, 채굴자들은 시장이 결정한 가격에 따라 이익을 추구하는 존재이지, 네트워크의 규칙을 정하는 주체가 아니라는 점을 강조했다.

이더리움 클래식의 가격이 상승할수록, 이 논리의 정당성이 더욱 강화되었다. 그저 이익만을 좇아 움직이는 채굴자들의 경향이 분명해졌기 때문이었다. 머릿속으로 상상만 해왔던 하드포크와 체인 분리를 직접 목격한 사람들은 이 문제가 단순히 해시레이트

---

7. http://archive.is/xfvMY

같은 컴퓨터 공학적 문제가 아니라는 것을 깨닫게 되었다. 두 개의 서로 다른 코인이 존재하는 순간, 이를 거래하려는 트레이더라는 새로운 변수가 등장하면서 금융 시장과도 밀접한 관계가 형성된다는 점이 부각되었다.

여기서 배리 실버트Barry Silbert라는 인물이 등장한다. 그는 스몰 블로커가 아닌 주요 이더리움 클래식 지지자로, 순전히 돈을 벌기 위해 이더리움 클래식을 구매한 것으로 보였다.

"비트코인 이외의 암호화폐는 처음 사본다. 이더리움 클래식을… 개당 0.5달러에 샀으니 위험 대비 수익률은 적당하다고 생각한다. 나는 철학적으로는 클래식 쪽을 더 지지한다."[8]

배리는 2015년 디지털 커런시 그룹Digital Currency Group, DCG을 설립한 인물로, 암호화폐 업계의 매우 영향력 있는 투자자였다. 또한 그는 실크로드silk road, 다크넷 시장로부터 미국 당국이 압수한 비트코인을 경매에서 낙찰받은 것으로도 유명했다. 그에 대한 이야기는 후반부에서 다시 다룰 것이다. 어쨌든 이 시점에 공교롭게도 배리는 스몰 블로커들 편에 서 있는 듯했다.

하지만 기존 체인인 이더리움 클래식이 엄청난 탄력을 받아 이더리움의 해시레이트를 추월한 다음, 하드포크 노드들이 다시 클

---

8. https://twitter.com/BarrySilbert/status/757628841938472961

래식 노드로 전환될 위험은 없었다. 왜냐하면 비탈릭이 그런 사태를 방지하기 위해 미리 수를 다 써 놓았기 때문이었다. 이더리움의 하드포크는 어느 체인이 더 많은 작업 증명을 가졌든 간에, 양쪽 체인이 공존할 수 있도록 설계되었다. 이를 완전 삭제 방지 wipe out protection라고 하는데, 이더리움 개발자들이 하드포크 전부터 이미 발표한 내용이었다. 참고로 빅 블로커들은 비트코인 클래식에는 이런 조치가 불필요하다고 주장했으니, 그들의 무지함이 다시 한번 드러나는 순간이기도 했다.

코인베이스는 2016년 7월 21일, 체인이 분리된 지 하루 만에 이더리움을 상장했다.[9] 원래부터 빅 블로커 진영을 지지하고 있었던 CEO 브라이언은 채굴자들의 압도적인 지지를 바탕으로 체인 분리 없는 깔끔한 하드포크가 이루어질 것이라 속단했다. 하지만, 이 성급한 결정으로 인해 고객 자금 보호를 위한 충분한 조치, 특히 **리플레이 공격** replay attack에 대한 대비가 미흡했다.

체인이 분리된 상태에서 고객의 이더리움 인출 요청이 들어오면, 이더리움뿐만 아니라 이더리움 클래식까지 동시에 인출될 가능성이 있었다. 크라켄과 폴로닉스 같은 거래소는 이에 대비하여 미리 두 개의 코인을 구분하고, 사고 예방 조치를 취했지만, 코인베이스는 그러지 않았다. 리플레이 공격은 다음과 같이 이루어

---

9. https://blog.coinbase.com/coinbase-adds-support-for-ethereum-b8046cf486d0

졌다. 이더리움 체인이 분리되면 개인 지갑에 코인을 보관 중이던 사용자는 이더리움 클래식도 얻게 된다. 이 중 이더리움만 코인베이스로 입금하고 출금 요청을 하면, 사용자는 이더리움과 함께 이더리움 클래식을 공짜로 얻게 된다. 실제로 이런 방법으로 상당한 수익을 올렸다고 말하는 몇몇을 보았다. 코인베이스는 이 문제를 인지하고 대책을 세웠지만, 이미 손실이 발생한 뒤늦은 조치였다.

아무튼 이더리움의 DAO 전쟁에서 비탈릭과 이더리움 재단은 하드포크를 강행함으로써, **도난**당한 자금을 회수하는 데에 성공했다. 하지만 이더리움 클래식 진영에서는 도난당한 자금을 어떻게 처리할지에 대한 논쟁이 계속되면서 전쟁이 이어졌다. 후에 클래식 체인의 버킷과 차일드 DAO 내에서 회수된 DAO 토큰을 누가 소유해야 하는지 등 복잡한 문제들이 있었지만, 여기에 더 쓰기에는 책의 주제를 다소 벗어난다.

2016년 7월 말, 이번에는 캘리포니아에서 비트코인 채굴자와 개발자를 위한 또 다른 회의가 열렸다. 이전 홍콩 회의가 비공개로 진행된 것에 대한 비판을 의식해, 모든 참석자는 다음과 같은 성명서에 서명해야만 회의에 참석할 수 있었다.

"참가자들은 비트코인 합의 규칙은 각 사용자가 선택한 클라이언트 프로그램에 의해 결정되며, 따라서 어떤 변경 사항이라도 비트코인 커뮤니티 전체에 공개 논의되어야 하고, 광범위한 의견 수렴이 필요하다는 점을 인지하고 있습니다. 이러한 이유로 이번 회의에서 나오는 이야기는 '비트코인 커뮤니티 합의사항'으로 볼 수 없습니다."[10]

나는 이 회의에 참석하지 못했지만, 비트코인 개발자 브라이언 비숍Brian Bishop이 회의 노트를 작성하고 공유해 준 덕분에 그 내용을 알 수 있었다.[11] (그는 이 외에도 블록사이즈 전쟁 동안 벌어진 수많은 사건과 논란을 잘 기록해 주었다.) 회의는 3일간 진행되었으며, 우지한도 참석했다. 녹취록에는 익명의 발언자로 기록되어 있었지만, 블록사이즈 전쟁을 오랫동안 지켜봐 온 사람이라면 어떤 발언을 누가 했는지 충분히 짐작할 수 있었다. 또한 이 회의가 7월 말에 열린 것은 결코 우연이 아니었다. 홍콩 협약에 따라 하드포크 코드가 공개되는 시점이 바로 7월 말이었기 때문이었다. 주요 논의 내용은 이더리움 하드포크 사례를 통해 비트코인에서는 어떤 일이 벌어질지, 어떤 교훈을 얻을 수 있을지에 대한 것이었다. 특히 하드포크는 필연적으로 체인 분리를 초래한다는 것이 기정사실로 여겨졌다. 스몰 블로커들의 오랜 주장을 빅 블

---

10. https://www.coindesk.com/no-scaling-agreements-industry-bitcoin-meetup

11. https://diyhpl.us/wiki/transcripts/2016-july-bitcoin-developers-miners-meeting/cali2016/

로커들이 드디어 수용한 것이었다.

"이더리움의 사례를 통해 비트코인 하드포크에는 어떤 시나리오가 발생할지 가늠해 볼 수 있습니다. 크게 두 가지입니다. 첫 번째는 여러 개의 체인 분리를 허용하여 다양한 공격이나 보안 위협에 노출되는 위험을 감수하는 것, 두 번째는 하나의 체인만 허용하면서 다른 체인들은 지워나가는 것. 오직 이 두 가지 시나리오뿐입니다."

어떤 개발자는 홍콩 협약 당시와 현재 상황은 많이 다르기 때문에, 지금 당장 하드포크를 진행하는 것은 어렵다고 말했다.

"홍콩 협약 참석자 중 상당수가 뉴욕 협약^{제18장에 자세히 언급}에도 참석해 일주일간 많은 작업을 했습니다. 그러면서 우리는 하드포크를 올바르게 도입하는 방법에 대해 논의했습니다. 또한 최근 이더리움이 겪었던 위험을 겪지 않는 방식으로 어떻게 하드포크를 할 것인지에 대해 검토했습니다. 우리는 비트코인 네트워크가 일관된 상태를 유지하는 것이 장기적으로 얼마나 중요한지에 대해 공감했습니다. 홍콩 및 뉴욕 협약에서는 논란이 될 수 있는 어떤 것도 하고 싶지 않습니다. 다만, 어떤 방식의 하드포크든 압도적인 수준의 지지가 필요합니다. 아주 작은 논란도 있어서는 안 됩니다. 그게 쉽지 않다는 것은 모두가 알고 있습니다. 앞으로 이를 위해 더 많은 연구와 토론들이 있을 것입니다. 명심해야 할 것은, 하드포크는 그 자체로 매우 파괴적이라는 것입니다. 결제 상점, 투자 시장 그리고 생태계 전체에 말입니다. 따라서 하드포크는 그 정당성이 압도적이어야 합니다. 그렇지 않다면, 얻는 것보다 잃는 것이 더 많을 것입니다. 이것이 우리가 지금까지 하드포크가 아닌 다른 대안을 추진해 온 이유입니다."

당시 협약에 서명했던 루크 대시는, 만에 하나 일어날 수도 있는 하드포크에 대비하여 코드를 작성했다며 본인이 한 말을 지켰다고도 말했다.[12] 또한 홍콩 협약에는 참석하지 않았던 것으로 추정되는 한 개발자는 하드포크 코드를 작성하던 다른 코어 개발자들을 폄하했던 것에 대해 사과하기도 했다. 그는 채굴자들이 세그윗 업그레이드를 반대하는 상황에서, 하드포크 코드를 먼저 작성하고 있는 것이 못마땅해서 그랬다고 해명했다. 또한 하드포크 논쟁으로 인해, 정작 중요한 문제인 세그윗의 실질적 블록사이즈 증가 문제가 소홀히 다뤄지고 있다는 우려도 표명했다. 그 밖에도 하드포크 실행을 위해 세그윗을 막자는 의견들에 대한 비판도 있었다. 이런 행동들이 비트코인 네트워크에 본질적인 위협이 되고, 하드포크 실행을 더욱 어렵게 만든다는 내용이었다.

"그동안 여러 개발자들이 열심히 노력해 온 것들을 폄하한 것, 특히

---

12. https://github.com/luke-jr/bips/blob/bip-mmhf/bip-mmhf.mediawiki

하드포크 코드 작성을 강하게 비난한 것에 대해 이 자리를 빌려 사과드립니다. 저는 세그윗을 통해 확장성을 확보할 수 있는 상황임에도 이를 늦추려 하는 하드포크 제안이 마음에 들지 않았습니다. 비판 수위를 높일 수밖에 없던 상황에 양해를 구하며, 도를 넘은 저의 지나친 발언에 대해 사과드립니다."

이에 대해 (우지한으로 추정되는) 누군가의 반응도 있었다. 그는 의사소통 문제를 강조하며 본인도 똑같이 느꼈으며, 위협을 가한 것은 양쪽 모두였다는 뜻을 내비쳤다.

"분명히 짚고 넘어갈 것이 있습니다. 세그윗을 막자는 얘기가 나온 것은, 홍콩 협약이 무시되었기 때문에 그런 겁니다. 의사소통 문제로 인해 양쪽 모두가 힘들어했고, 그런 압박과 위협 속에서 뭔가를 제대로 하기란 쉽지 않았습니다."

회의에 참석했던 어느 스몰 블로커에 의하면, 우지한은 세그윗 출시 후 이를 활성화하는 데 협조하기로 약속했다고 한다. 더불어 이더리움 더 다오 사태로 인해 겁먹은 채굴자들은 위험한 시도를 매우 꺼리고 있다고도 전했다. (물론 나중에 우지한이 벌인 행동들을 보면, 세그윗 활성화에 대한 약속은 지나치게 낙관적인 것이었다.)

아무튼 이더리움 하드포크는 크레이그 라이트의 가짜 사토시 사건 이상으로 블록사이즈 전쟁 중 발생했던 중요한 사건이었다. 이 사건을 계기로 스몰 블로커들이 주도권을 쥐게 되었고, 채굴자들은 하드포크를 섣불리 진행했다가 혹시 같은 일이 생기는 것은 아닌지 하는 두려움을 갖게 되었다. 이전처럼 쉽게 '일단 뭐라도 해보자.'는 식의 태도가 달라진 것이다. 이로 인해 비트코인 클래식이 단기간에 활성화될 가능성은 더 낮아졌다. 스몰 블로커 대부분은 이를 인정하지 않겠지만, 이더리움 하드포크 사건이 비트코인에 도움을 주다니 참 아이러니한 일이었다. 그렇다고 전쟁이 끝난 것은 아니었다. 사람의 기억이란 금세 흐려지기 마련이었고, 이더리움 더 다오 사건의 교훈 역시 점차 희미해져 갔다.

제11장

밀라노
Scaling III

이더리움을 둘러싼 여러 사건과 치열한 논쟁이 이어진 후, 비트코인의 논란도 조금씩 정리되기 시작했다. 스몰 블로커들에게 하드포크는 더 이상 논의 주제가 아니었다. 2016년 10월 8~9일, 밀라노에서 열린 제3차 확장성 컨퍼런스Scaling III에서, 그들은 블록사이즈 논쟁을 끝내고 더 생산적인 방향으로 나아가길 원했다. 컨퍼런스의 초점은 블록사이즈 증가가 아닌 라이트닝 네트워크와 슈노르 서명Schnorr signature과 같은 확장성 해결책에 맞춰졌다. 이전에 열렸던 제1, 2차 컨퍼런스 이후 논의 주제가 블록사이즈에서 비트코인의 기술적 발전을 다루는 방향으로 옮겨간 것이었다. 스몰 블로커들 주도로 이루어진 이 행사에서 블록사이즈 변경과 관련된 발표나 논의는 거의 이뤄지지 않았고 관련 연사도 초청되지 않았다.

그러나 이 행사에 몇몇 빅 블로커들이 참석해 있었다. 그 중에는 로저 버와 함께 비트코인 언리미티드Bitcoin Unlimited, 이하 BU라는 새로운 하드포크 제안을 지지하는 이들도 있었다. 비트코인 클래식 실패 이후, 빅 블로커들은 BU에 주목하기 시작했다. (BU에 대해서는 다음 장에서 더 자세히 다룰 것이다.) 이들은 하드포크 지지 캠페인의 일환으로 하드 포크 카페Hard Fork Cafe라는 문구가 적힌 티셔츠를 맞춰 입기도 했다. 컨퍼런스에 참석한 일부 빅 블로커들은 자신들에게 발표 기회가 주어지지 않은 것에 대해 실망을 표하며, 이번 밀라노 컨퍼런스가 편향적이고 일방적이라고 주장했다.

빅 블로커 로저 버는 같은 진영의 제리 챤$^{Jerry\ Chan}$, 제이크 스미스$^{Jake\ Smith}$와 함께 컨퍼런스가 끝난 토요일 저녁에 비공식 사교 모임을 마련했다. 그들은 이 행사를 자유 연설 파티$^{Free\ Speech\ Part}$라고 부르며, 식사와 음료, 티셔츠를 무료로 제공했다. 또한, 컨퍼런스에서 다루지 않았던 주제들에 대한 발표도 있었다. 내가 기억하기로, 밀라노 컨퍼런스에 참석했던 모든 중국 채굴자들이 이 비공식 행사에 참석했다. 이런 행사가 별일 아닌 것처럼 보일 수도 있지만, 나는 이것이 빅 블로커들이 느꼈던 극심한 좌절감을 상징적으로 보여준다고 생각한다. 그들은 비트코인 커뮤니티에서 무시당하고 목소리를 억눌린 기분이었을 것이다. 이들은 자신들의 목소리뿐만 아니라 비트코인에 대한 영향력까지 잃었다고 느꼈을 것이다. 이 행사는 어떻게든 관심을 끌기 위한 외침으로 보였다. 빅 블로커들은 여전히 비트코인 생태계의 중요한 존재로 남고 싶어 했으며, 우지한을 비롯한 중국 채굴 업계의 주요 인사들은 빅 블로커를 지지했다.

컨퍼런스 다음 날인 월요일, 밀라노에서 소규모 비트코인 개발자 모임이 열렸다. 그날 저녁, 우지한으로부터 메시지가 전달되었다. 세그윗 지지 신호를 더 이상 보내지 않겠다는 내용이었다. 이는 7월 캘리포니아 회의에서 약속했던 내용과는 다른 내용이었고, 그 이유에 대한 여러 소문이 돌았다. 그가 하드포크에 대한 논의가 거의 없었던 이번 제3차 컨퍼런스에 크게 실망했다는 것이 가장 유력한 설명이었다. 여담이지만, 우지한이 7월 회의에 참석하기 위해 공항에 도착했으나 마중 나오지 않았던 코어 개발자들에게 불만을 가지고 있었다는 말도 돌았다. 이 소문은 스몰 블로커들 입을 통해 전해 들은 이야기라, 얼마나 신빙성 있는지는 알 수 없지만, 일부 왜곡이 있더라도 진실의 일면이 포함되어 있을 것이라 생각한다.

몇 달 후, 채굴자들이 왜 그렇게 행동했는지에 대한 자세한 내막을 들을 수 있었다. 제이크 스미스는 그해 여름, 중국 채굴자들을 방문하며 우지한도 만났다. 이때 제이크는 채굴자들에게 세그윗을 지지하지 말라고 설득했다고 한다. 참고로, 제이크는 로저 버의 회사인 비트코인닷컴에서 일했으며, 큰 블록의 열성 지지자였다. 그는 비트메인에서 근무한 경험이 있어 중국 채굴자들과 좋은 관계를 유지하고 있었고, 베이징에 거주하며 중국 비트코인 커뮤니티 내에서도 유명한 인물이었다. 심지어 중국어도 유창하게 구사했다. 제이크는 작은 블록을 지지하는 채굴자들에게 비트코인 코어 진영을 신뢰하지 말아야 하며, 세그윗 업데이트는 위험하다고 말했다고 전해진다. 정보의 출처를 고려할 때 이 이야기를 전적으로 믿기는 어렵다. 나는 이것을 그동안 여러 차례 있어왔던 중국 채굴자들을 상대로 로비하려는 스몰 블로커와 빅 블로커의 또 다른 갈등 사례로 생각한다. 2015년 여름 개빈과 마이크의 노력, 2015년 12월 홍콩 컨퍼런스, 2016년 2월 홍콩 협약, 2016년 7월 캘리포니아 회의, 그리고 2016년 8월 제이크의 중국 투어 등, 모두 각 진영이 치열하게 로비를 벌였던 사례들이다.

밀라노 컨퍼런스 이후 나는 홍콩으로 돌아왔다. 이즈음부터 채굴자들의 태도가 점차 바뀌기는 것이 느껴졌다. 그전에는 개발자들의 복잡하고 불분명한 설명에 "그냥 좀 쉽게 가자."는 분위기였지만, 이제는 그들도 블록사이즈 전쟁의 일원이 되어가고 있었다. 그들은 갈등의 핵심을 이해하기 시작했고, 각자 어느 편에 설지 정하게 되었다. 그 중에서도 가장 두드러진 인물은 역시 빅 블로커 진영의 핵심으로 자리 잡은 우지한이었다. 한편 반대 입장을 취하는 채굴자도 있었다. 예를 들어, 에프투풀 운영자인 왕춘이 그랬다. 우지한과 그의 회사 비트메인이 채굴 업계에 미치는 영향력은 상당했다. 비트메인은 채굴기 생산의 무려 75%에 달하는 시장 점유율을 차지하고 있었고, 채굴장과 채굴 풀을 모두 운영하고 있었다. 따라서 채굴자들은 비트메인으로부터 채굴기를 제때 공급받기 위해서라도 우지한의 편에 설 수밖에 없었다. 이는 세그윗이 아닌 BU를 지지해야 한다는 의미였다. 심지어 비트메인은 채굴기에 필요한 부품, 예를 들어 캐패시터^{capacitor}를 불필요하게 사재기하거나 공급업체와 독점 계약을 맺으려 한다는 소문도 돌았다. 또한, 시장 지배력을 유지하기 위해 특허를 내고, 비트메인의 전 직원 양주싱$^{Yang\ Zuoxing}$이 설립한 신생 회사를 상대로 특허 침해 소송을 제기하기도 했다. 그만큼 비트메인은 누구도 쉽게 대적할 수 없는 강력한 위치를 차지하고 있었다. 이러한 비트메인의 반시장적 행위를 비윤리적이라 보든, 정당한 사업 방침으로 간주하든, 분명 비트메인은 블록사이즈 전쟁에 큰 영향을 끼치고 있었고, 때문에 대부분의 채굴자들은 빅 블로커 편에 설 수밖에 없었다. 이는 반대 진영인 스몰 블로커들에게 더욱 큰 적대감을 불러일으켰다.

2016년 11월 1일, 몇 차례의 지연 끝에 비트코인 코어 0.13.1 버전이 출시되었다. 이 버전에는 세그윗 소프트포크의 활성화 변수들이 포함되어 있었다. 이제 채굴자들은 세그윗 업그레이드를 할 준비가 되었는지 신호를 보낼 수 있었다. 하지만 우지한의 행보를 고려할 때, 채굴자들이 어떻게 행동할지는 여전히 불확실했다. 2016년은 저물어가고 있었고, 블록사이즈 전쟁은 이미 1년 넘게 지속되고 있었다. 전쟁의 전선과 등장인물들도 처음과 많이 달라졌지만, 전쟁의 끝은 여전히 보이지 않았다.

제12장

비트코인 언리미티드
Bitcoin Unlimited

비트코인 클래식이 실패하자, 2016년 여름 말부터 빅 블로커들은 비트코인 언리미티드$^{Bitcoin\ Unlimited,\ 이하\ BU}$라는 새로운 하드포크를 밀기 시작했다. 언뜻 이름만 보면 마치 블록 크기를 무제한으로 확장할 수 있는 것처럼 보이는 이 제안은 매우 복잡했을 뿐만 아니라 심각한 기술적 결함을 갖고 있었다. 지나고 나서 하는 얘기지만, 차라리 BU가 블록 크기를 무제한으로 확장하는 단순한 방식이었다면, 훨씬 더 성공했을지도 모른다. BU의 복잡한 구조와 그로 인한 기술적 문제는 빅 블로커들에게 또 다른 중대한 실수가 되었다. 스몰 블로커들은 BU의 실패 가능성을 일찍부터 알아차렸지만, 겉으로는 내색하지 않았다. 실패가 뻔히 보이는 BU에 빅 블로커들이 계속 매달리기를 원했기 때문이었다. 참고로, BU는 단순한 클라이언트 이름을 넘어, 회원, 규약, 회장까지 두고 투표로 의사결정을 하는 공식 조직의 이름이기도 했다.

BU의 핵심 개념은 채굴자와 사용자가 자신이 사용하는 클라이언트에서 블록 크기를 스스로 설정할 수 있도록 한다는 것이었다. 주요 요소들은 다음과 같다.

1. 최대 생성 크기$^{Maximum\ Generation,\ MG}$: 채굴자가 생성하는 블록의 최대 크기
2. 초과 블록사이즈$^{Excessive\ Blocksize,\ EB}$: 다른 사용자가 생성한 블록

을 받을 때 허용할 최대 블록 크기
3. 수용 깊이Acceptance Depth, AD: 다른 사용자가 생성한 블록이 설정한 허용치, EB를 초과하더라도, 몇 번의 컨펌 이후 그 블록을 수용할 것인지 결정

이 제안의 가장 큰 문제점은 네트워크 구성원들이 각자 다른 규칙을 설정하면 네트워크가 하나로 수렴할 수 없다는 것이었다. 이는 비트코인의 핵심인 작업 증명 합의 메커니즘, 즉 누가 가장 많은 해시 파워를 투입해 유효한 체인을 만드는지를 결정하는 방식과는 근본적으로 달랐다. 여기에 AD 개념까지 더해져 복잡성은 배가되었다. 이런 경우, 채굴자들은 짧은 체인에 붙어 채굴 경쟁을 하다가 경쟁에서 지면, 몇 블록을 뛰어넘어 긴 체인으로 연결된다.[1] 심지어 BU는 비트코인 XT나 비트코인 클래식처럼 구체적인 활성화 메커니즘도 없이, 채굴자들이 업그레이드하면 어떻게든 새로운 비트코인이 될 것이라는 순진한 가정을 하고 있었다. BU는 이전에 실패한 제안들보다도 더 터무니없는 것이었다.

나는 BU에 대해 좀 더 자세히 알고자 2016년 12월 초 중국 선전에서 열린 BU 홍보 행사에 참석했다. 이 행사에서는 BU를 적극적으로 홍보한 로저 버, 제리 찬, 제이크 스미스, 비트코인닷컴의 직원들, BU 조직의 관계자들, 그리고 바이아비티씨 채굴 풀의

---

1. 역자 주: 마치 타임머신을 타고 시간 여행을 하는 것과 같다.

CEO 하이포 양Haipo Yang의 발표가 있었다.

첫 번째 연설자는 로저였으며, 그의 연설은 중국어 통역과 함께 진행되었다. 그는 간결하고 설득력 있게 다음과 같은 포인트들을 언급했다.

- 나는 비트코인 스타트업에 투자한 최초의 사람이다.
- 2009년 비트코인 출시 이후 2015년까지는 블록 공간이 충분했고, 수수료도 저렴했다. 하지만 글로벌 채택이 증가하는 지금, 비트코인 코어 진영스몰 블로커이 의도적으로 블록을 가득 차게 하고 있다.
- 비트코인이 지금까지 성공할 수 있었던 이유는 낮은 거래 수수료 덕분이다.
- 블록 크기를 늘리는 것은 사토시 나카모토 때부터 계획된 것이며, 이미 수많은 사람들이 명시적으로 이야기해 왔지만, 갑자기 이를 가로막는 이들이 나타났다.
- 심지어 그들은 레딧에서 블록 크기와 관련된 논의를 검열하여, 사용자들이 스스로 판단하지 못하도록 하고 있다.
- 비트코인 코어 진영은 컴퓨터 코드는 이해할지 몰라도 경제 코드는 이해하지 못한다.
- 사토시는 비트코인을 'P2P 디지털 캐시'로 만들고자 했으나, 비트코인 코어 진영은 높은 수수료를 가진 레거시 금융 네트워크와 같

은 것을 만들려 하고 있다.
- 블록 크기를 늘리지 않으면, 비트코인은 알트코인과의 경쟁에서 밀리게 될 것이다. 알트코인들은 비트코인의 네트워크 효과를 대체할 것이며, 지금처럼 쉽게 사용할 수 없게 될 것이다.

예전부터 로저의 이야기를 여러 번 들어봤지만, 전 세계를 다니며 똑같은 이야기를 반복해서 전하는 그의 모습은 여전히 인상적이었다. 매우 강한 확신에 찬 그의 메시지는 간결하면서도 설득력 있었다. 빅 블로커 진영의 대표 인물로서 로저는 지칠 줄 모르는 캠페인 운동가였다.

그는 연설을 마치면서 채굴자와 사용자들이 비트코인 코어를 버리고 BU로 전환해야 한다고 강조했다. 하지만 BU가 제안한 새로운 기술적 특징에 대해서는 언급하지 않았다. 나는 비트코인을 열심히 홍보하며 결제 상점을 늘리기 위해 애쓰던 그의 예전 모습이 떠올랐다. 그때와 변함없는 열정을 지금의 내부 갈등에 쏟고 있는 모습이 안타까웠다.

다음 연설자는 제리였다. 그는 출현적 합의$^{\text{Emerged Consensus, EC}}$라는 개념을 설명했다. 이 개념은 네트워크의 규칙이 하향식$^{\text{top-dodwn}}$으로 사용자들에게 부과되는 것이 아니라, 사용자들에 의해 자연스럽게 형성되는 상향식$^{\text{bottom-up}}$ 방식의 아이디어였다. 각 채굴자와 노드가 저마다의 규칙을 설정하더라도, 결국 서로 다른 체인으로 분리되지 않고 하나의 체인으로 수렴할 것이라는 주장이었다. 제리는 이를 설명하기 위해 자연에서 일어나는 다양한 사례를 예로 들었다.

"자연은 스스로 조직을 이룹니다. 물 분자가 눈송이로 변하는 것을 보세요. 이는 신의 명령으로 이루어지는 것이 아니라, 분자 스스로 육각형 구조로 배열되는 것입니다. 철새들은 어떤가요? 이동할 때 앞서가는 새를 따라가는 방법을 배운 적이 없습니다. 그럼에도 철새들은 수백 킬로미터를 날아가면서 서로 부딪히지 않습니다. 비트코인 코어 진영은 채굴자와 사용자들이 스스로 결정을 내리면 문제가 생길 것이라 주장하지만, 출현적 합의를 도입하면 적절한 블록 크기가 자연스럽게 정해질 것입니다."

그러나 "비트코인 코어 진영이 네트워크의 규칙을 하향식으로 부과하고 있다."는 주장은 스몰 블로커들의 관점에서 전혀 말이 되지 않았다. 스몰 블로커들은 네트워크의 규칙이 이미 노드를 운영하는 사용자들에 의해 결정된다고 봤다. 바로 이 때문에 하향식 방식으로는 규칙을 변경할 수 없다는 것이었다. 네트워크 규칙의 변경은 전체 노드의 합의로만 이루어지며, 비트코인의 견고함은 이런 상향식 방식 덕분에 유지되고 있었다. 빅 블로커들은 이 관점을 정확히 이해하지 못했거나, 이것이 하드포크를 통한 블록 크기 확장의 정당성을 확보하는 데에는 도움이 되지 않으니 외면했을 수도 있다. 자연에서 일어나는 자발적 조직화 현상이 비트코인과 어떤 관련이 있는지, 이 비유가 적절한지도 불분명했다. 비트코인은 지난 7년 동안 이미 성공적으로 운영되며 다양한 문제를 극복해 왔다. 물론 비트코인의 안티프래질^{anti-fragile} 특성을 지나치게 강조한 낙관주의도 존재한다. '비트코인은 너무 강력하고 훌륭하기 때문에 결코 실패할 수 없다.'는 주장은 과장된 견해라고 생각한다.

앞의 세 가지 변수 외에도, BU에는 스티키 게이트^{sticky gate}라는 장치도 있었다. 이 기능은 노드의 AD 임곗값이 초과되었을 때, 24시간 동안은 블록 크기가 어떻든 모두 수용하도록 하는 설정이었다. 큰 블록들이 연속으로 생성될 경우, 노드가 전체 체인에 비해 너무 뒤처지지 않도록 하기 위한 조치였다. 하지만, 이 설계는 의도치 않은 기이한 형태의 체인 분리를 초래할 수 있었다. 예를 들어, 24시간 동안 블록 크기가 추가로 늘어나면, EB값이 작은, 즉, 블록 크기를 작게 설정한 클라이언트는 더 큰 블록의 체인을 따라가게 되고, 더 큰 EB값을 설정한 클라이언트는 작은 블록의 체인에 남게 된다. 이는 BU가 기술적으로 매우 부실했으며, 다양한 오류 시나리오를 충분히 고려하지 않았다는 점을 드러내는 대표 사례였다. 전쟁 중 빅 블로커 진영의 성급함과 절박함은 대개 이런 식으로 표출되었다.

또한 BU에는 '중간 EB 공격'이라는 치명적 결함도 있었다. EB는 합의 규칙 중 하나로, 각 채굴자가 선택한 EB 값은 자신이 생성한 블록에 포함된다. 그리고 누구든 공개 네트워크에 접속하여 전체 채굴자들의 EB 값 분포를 볼 수 있었다. 네트워크를 공격하려는 자가 있다면, 분포를 확인한 후, 중간 범위의 EB 값을 선택해 체인을 분리시킬 수 있었다. 이러한 중대한 보안 취약점에 대한 질문이 제기되었을 때, 빅 블로커들은 이번에도 "채굴자들이 바보가 아니기 때문에 그런 자해적 행동을 하지 않을 것"이라고 주장했다. 오히려 이를 예방하고자 채굴자와 사용자들이 하나의 EB 값에 수렴할 것이며, 네트워크는 자발적으로 안정성을 유지할 것이라고도 말했다. 그러나 이 주장은 역설적으로 스몰 블로커들이 주장해 온 논리와 사실상 동일했다. 하나의 EB값으로 수렴할 것이라면, 그냥 처음부터 일관된 규칙인 1MB로 정하면 되지 않았을까? 네트워크 보안을 위해 하나의 규칙에 수렴하는 것은 스몰 블로커들의 보안 모델, 즉, 하나의 규칙을 정하는 것과 다를 바 없었다.

BU 제안에는 단순히 블록 크기 변경 외에도 여러 가지 변경 사항들이 포함되어 있었다. 예를 들어, xThin이라는 블록 전파 기술이 있었는데, 이는 비트코인 코어 진영의 콤팩트 블록^{compact}

block2과 유사한 시스템이었다. 또 다른 개선안으로는 병렬 블록 검증parallel block validation과 유연한 트랜잭션flexible transactions이라는 것도 있었다. 유연한 트랜잭션은 기존 트랜잭션을 완전히 금지(기존 트랜잭션의 블록 크기를 0으로 설정)하고, 새로운 형식의 트랜잭션만 허용하는 방식으로, 제5장 세그윗에서 언급된 트랜잭션 변조transaction malleability 문제를 해결하고자하는 목적이었다. 이는 세그윗을 반대하던 BU 개발자들이 세그윗 보다 훨씬 더 공격적인 방식을 제안했다는 점에서 아이러니한 부분이다. 세그윗은 기존 트랜잭션의 1MB 제한을 유지하면서 새로운 트랜잭션에 더 많은 블록 공간을 추가하는 나름 온건한 방식이다.

종합하자면, BU는 비트코인의 기술적 개선보다는 비트코인 커뮤니티를 장악하고 영향력을 행사하고 싶어 했던 빅 블로커들의 욕망과 자존심에서 비롯된 것이었다. 이 시점에서 스몰 블로커들과 비트코인 코어 개발자들에 대한 빅 블로커들의 혐오는 극에 달했다. 그들은 스몰 블로커들이 비트코인을 지배하는 듯한 상황을 불쾌하게 여겼으며, 자신들 역시 비트코인의 중요한 일원이 되길 원했다. 이러한 욕망 때문에 BU는 단순한 블록 크기 변경을 넘어 여러 영역에 개입하게 되었다. 물론 이는 결국 BU 실

---

2. 콤팩트 블록은 네트워크 내에서 블록 전파 속도를 개선하기 위해 만들어진 비트코인 코어의 기술로, 블록 전파 시, 모든 트랜잭션 데이터를 전송하는 대신 각 노드가 이미 보유한 트랜잭션의 해시가 포함된 압축된 형식으로 블록을 전달하는 방식이다.

패의 원인이 되었지만 말이다. 블록사이즈 전쟁이 끝난 후, 일부 BU 지지자들은 이를 인정했다.

"BU가 빅 블로커 진영의 지지를 받았을 당시, 많은 이들은 출현적 합의 시스템보다는 블록 크기 증가에만 집중하자는 목소리를 냈습니다. 또한 BU 전용 클라이언트 대신 기존 클라이언트 기반으로 개발하자는 의견도 있었습니다. 하지만 당시 모든 초점은 '비트코인 코어와의 완전한 결별'에 맞춰져 있었고, 이를 달성하는 데 방해되는 요소들은 고려하지 않았습니다. BU는 간결함에 집중하기보다 복잡한 코드를 추가했고, 그 결과 여러 버그가 발생하여 노드가 다운되는 사태가 초래되었습니다. BU 개발자들이 기술적 한계를 인식하지 못하고, 자신들의 역량을 과신한 결과였습니다."

어떤 이는 이렇게 말했다.

"뒤돌아보면, 출현적 합의는 엄청난 실수였습니다."

온갖 취약점에도 불구하고 BU는 빅 블로커 진영의 지지를 받았다. 코인베이스의 브라이언, 개빈, 우지한, 로저 버 등이 BU를 지지한 대표적인 인물들이다. 이들은 BU의 새로운 기술적 변수나 세부 사항에 대해 큰 관심을 두지 않았다. 그저 더 큰 블록을 원할 뿐이었다. BU는 바이아비티씨ViaBTC, 지비마이너스GBMiners, 비티씨닷티오피BTC.TOP 등의 채굴 풀로부터도 지지를 받았으며, 노드 채택률 또한 증가하는 듯 보였다. (바이아비티씨는 비트메인의 투자를 받은 채굴 풀로, 우지한의 영향 아래 있었던 것으로 잘 알려져 있다. 비티씨닷티오피 풀도 마찬가지다.) 2017년 초, 비트코인 해시레이트의 약 15~20%가 BU를 지지하는 것으로 나타났다. 그리고 2017년 3월부터 비트메인은 앤트풀Antpool과 같은 직영 채굴 풀을 통해 BU를 본격적으로 지지하기 시작했다. BU에 대한 지지는 채굴 풀들 사이에서 45~55%로 늘어나는 듯 보였다.

이에 대해 스몰 블로커들은 채굴자들이 BU 지지 투표를 조작하고 있다고 비난했다. 그들에 따르면, 채굴 풀 운영자들이 실제로는 비트코인 코어로 채굴하면서 겉보기에 BU로 채굴하는 것처럼 보이도록 설정을 변경했다는 것이었다. 이는 블록 트랜잭션을 통해, BU에서 아직 구현되지 않은 비트코인 코어의 새로운 알고리즘이 발견되면서 사실로 확인되었고, 스몰 블로커들은 이를 가짜 신호라 맹비난했다. 채굴자들이 신호를 보내는 이유는 합의 규칙에 따라 네트워크 업그레이드 준비를 원활히 수행하고 있음을 나타내기 위해서다. 따라서 가짜 신호를 보내는 것은 네트워크에 대한 공격이었다. 아이러니하게도 이러한 가짜 신호는 비트코인 네트워크보다는 BU 자체를 공격하는 셈이었다. 왜냐하면

BU 활성화 가능성을 스스로 낮추는 행위였기 때문이다. 빅 블로커들은 이러한 점을 인식하지 못한 채, 해시레이트가 상승할 때마다 그저 기뻐하며 자신들의 제안이 탄력을 얻고 있다는 정치적 메시지로 해석했다. 채굴자 신호가 진짜 투표인지, 그리고 그 신호가 진짜인지와 상관없이, 채굴자 신호는 이미 정치적 수단으로 변질되었다.

2017년 1월 30일, BU 클라이언트를 실행하던 한 채굴자가 1MB를 초과하는 블록을 만들었다. 이는 정당하게 채굴된[3] 최초의 1MB 초과 블록이었으나, 합의 규칙이 변경되지 않은 상태에서 발생한 해프닝으로 밝혀졌다. 당연히 네트워크 노드들은 이 블록을 무효 처리했고, 이는 스몰 블로커들이 주장해 왔던 대로 하드포크를 진행하기 전, 반드시 사용자들^{풀 노드}의 동의가 필요함을 입증하는 사건이 되었다. 하지만 로저 버와 같은 빅 블로커들은 흔히 발생하는 고아 블록^{orphan block} 같은 것이라며 이 사건을 애써 무마하려 했다.

그리고 2017년 3월, BU 명성에 큰 타격을 입힌 사건이 발생했다. BU를 실행하던 노드의 수가 급격히 감소한 것이다.

"노드 카운터^{Node Counter}에 따르면, GMT^{세계 시간의 표준} 기준 오후 6시에 776개의 노드가 정상 작동하고 있었으나, 급속히 감소하여 오후

---

3. 역자 주: 충분한 작업 증명이 들어간

7시에는 696개, 오후 11시에는 182개로 수치가 바닥을 쳤습니다. 다음 날 오전 9시에 이르러 626개의 노드가 복구되었으나, 100% 복구된 것은 아니었고, BU 조직은 비상 상황에 신속히 대응하지 못했습니다."

이 문제는 BU에 새로 적용된 xThin에 치명적인 서비스 거부 Denial of Service, DoS 버그가 발생한 것으로 블록 크기와는 무관한 것이었다. 이 버그로 인해 BU 노드들이 대거 다운되었다. 스몰 블로커들은 이 기회를 놓치지 않고, 문제를 크게 부각시켰다. 많은 암호화폐 매체도 앞다투어 이 사건을 대서특필했다. 그러자 빅 블로커 커뮤니티 내에서도 BU에 대한 비판의 목소리가 나오기 시작했다. 많은 사람들은 BU를 단순히 큰 블록을 구현하는 클라이언트로 여겼다. 하지만 이제는 이 조직이 대체 어떤 조직인지, 왜 회장이 존재하는지, 블록 크기와 관련 없는 코드를 왜 수정했는지, AD 파라미터는 무엇인지, 또 다른 치명적인 버그는 없는지 등 많은 의문을 제기하기 시작했다.

BU는 2017년 3월 사건 이후 재기하지 못했다. 오류 자체는 치명적이지 않았을 수도 있지만, 스몰 블로커들은 노드가 다운된 사태를 이용해 BU의 여러 결함을 부각시켰다. 아마도 빅 블로커들에게 가장 암울한 시기 중 하나였을 것이다. 빅 블로커들은 조급함, 자존심, 분노, 좌절에 휩싸여 잘못 설계된 클라이언트를 지지한 셈이었다. 하지만 BU가 버려진 이후에도 반성의 목소리는 없었고, 누구 하나 책임지는 사람이 없었다. 하드포크에 어떤 보안 위협이 있는지, 하드포크를 추진하는 것이 왜 위험한지, 얼마나 비트코인에 파괴적일 수 있는지에 대한 깊은 고민이 없었다.

비트코인 커뮤니티의 긴장은 더욱 고조되었다. 빅 블로커들의 초점은 기존 비트코인 네트워크를 공격하는 방향으로 바뀌었다. 빅 블로커 진영이 합심하여 모두 BU 클라이언트를 실행하면서, 빈 블록을 채굴하거나 상대 진영이 채굴한 블록을 고아 블록으로 만들겠다고 위협했다. 기존 네트워크의 체인을 지워버리겠다는 뜻이었다. 우지한은 비트코인 공격 가능성에 대해 공개적으로 언급했다.

"굳이 공격할 필요는 없지만, 항상 사용할 수 있는 카드로 남겨둘 것입니다."

개빈도 비슷한 말을 했다.

"작은 블록의 트랜잭션들이 컨펌되지 못하도록 막는 것은 좋은 생각입니다. 나카모토 합의는 만장일치가 아닙니다."

그동안 블록사이즈 전쟁을 한 발짝 뒤에서만 지켜보던 초기 비트코이너인 메니 로젠펠드Meni Rosenfeld가 이 상황에 대해 입을 열었다.

"개빈 안드레센, 피터 라이준, 우지한은 다수의 해시레이트를 가진 체인이 소수의 체인을 공격하는 것에 대해 긍정적으로 말하고 있습니다. 이는 수치스러운 일입니다. 비트코인이 상징하는 모든 것에 반하는 행동입니다. 비트코인은 자발적인 돈입니다. 사람들이 비트코인을 사용하는 이유는 강요받지 않고, 자발적으로 사용할 수 있는 돈이기 때문입니다.

그런데 지금 그들은 비트코인의 규칙을 따르고자 하는 사용자들에게 자신들이 만든 새로운 돈을 강요하기 위해 공격하는 것이 괜찮다고 말하고 있습니다. 정말 수치스럽고 비도덕적입니다. 행여 그들이 성공한다 해도, 그것은 비트코인이 아닙니다. 또 다른 명목화폐fiat money를 만들어낸 것일 뿐입니다.

진정한 다양성은 여러 프로토콜이 공존하고 경쟁하여 진화하는 과정에서 가장 강력한 형태가 선택되는 것입니다.

이는 BU와 비트코인 코어 중 어느 것이 기술적으로 우월한가의 논쟁 그 이상의 문제입니다."

작은 블록 체인을 공격하자는 주장은 빅 블로커들도 하드포크에 대해 나름 학습했음을 보여준다. 이전에는 큰 블록과 작은 블록 체인이 분리되지 않을 것이라 주장했으나, 이제는 분리된 체인을 공격하는 방안을 적극적으로 논의하고 있었으니 말이다. 나는 4월 초, 홍콩에서 우지한의 주요 동료 중 한 명과 얘기를 할 기회가 있었다. 그는 빅 블로커들이 작은 블록 체인을 공격하기 위해 1억 달러의 예산을 책정했다고 말했다. 이 예산으로 채굴 파워를 동원해 빈 블록만 채굴하고, 반대 진영에서 채굴된 블록은 고아 블록으로 만들겠다는 계획이었다. 그는 강한 어조로 "반대 체인을 죽일 것"이라고 말했다. 왜 작은 블록 체인을 죽이려 하느냐고 묻자, 그는 "스몰 블로커들이 몇 년 동안 비트코인의 발전을 방해했기 때문에, 그들이 마땅히 받아야 할 대가"라고 답했다. 고작 적에 대한 복수를 위해 1억 달러를 쓰겠다는 계획만 보더라도, 당시 전쟁이 얼마나 치열했고, 그 규모가 얼마나 컸는지 잘 알 수 있다. 그래서 1억 달러를 다 쓰고 나면 어떻게 되는지, 체인이 결국 다시 살아나지 않느냐고 물었지만, 이에 대한 명확한 답변은 듣지 못했다. 그는 긴 침묵 후, 더 많은 자금을 모아 다시 공격할 것이라고 말했다.

2017년이 되면서 전쟁은 이미 18개월째에 접어들었고, 양측 모두 큰 고통을 겪고 있었다. 우지한과 대부분의 채굴 풀은 여전히 세그윗 지지 신호를 보내지 않고 있었고, 목표치인 95%에 도달하는 것은 불가능해 보였다. 빅 블로커들의 입장에서 세그윗 활성화는 곧 패배를 의미했기에, 이를 거부하는 것만이 유일한 협상 카드였다. 그들은 결코 굴복하지 않을 것처럼 보였다. 그러나 인내심을 가지고 수십 년을 내다보는 것이 스몰 블로커들이다. 기다림은 빅 블로커들에게만 엄청난 고통이었을 뿐이니, 참으로 전쟁에 임하는 자세가 달랐다고 할 수 있다. 어쩌면 이러한 고통에서 오는 절박함 때문에, 작은 블록의 체인을 공격하겠다는 발상이 나왔을지도 모른다.

제13장

거래소
Exchanges

전쟁이 1년 넘게 지속되는 동안 암호화폐 산업 지형도 상당한 변화를 겪었다. 가장 큰 변화는 거래소의 출현과 급속한 성장이었다. 특히 아시아 태평양 지역을 중심으로 개인 투자자의 수가 크게 증가하였다. 폴로닉스^{Poloinex}, 비트멕스^{BitMEX}, 비트파이넥스^{Bitfinex}가 그 예이다. 비트파이넥스는 당시 비트코인 가격 형성에 있어 가장 중요한 역할을 하는 거래소 중 하나였다. 코인베이스처럼 실리콘밸리 벤처 캐피털의 지원을 받아온 미국 기반 회사들은 처음부터 빅 블로커 진영에 속해 있었던 것과 달리, 이 신생 거래소들은 아직 명확한 스탠스를 취하지 않은 상태였다. 따라서 양 진영은 이들을 자기편으로 끌어들이기 위해 많은 로비를 벌였는데, 전반적으로 스몰 블로커 진영의 성과가 더 좋았다. 특히 2016년 이더리움 더 다오 사건과 그로 인한 하드포크 체인 분리 사태는 거래소들로 하여금 경각심을 갖게 하는 중요한 계기가 되었다. 거래소들은 블록사이즈 전쟁에서 제기된 철학적, 기술적 논쟁보다 실용적 관점에서 접근했기 때문에, 스몰 블로커들의 논리에 좀 더 설득되는 모습을 보였다.

2017년 3월 17일, 블록사이즈 전쟁에서 또 하나의 중요한 사건이 발생했다. 비트파이넥스, 크라켄, 비트스탬프 등의 거래소들이 비트코인 언리미티드$^{Bitcoin\ Unlimited,\ 이하\ BU}$에 큰 타격을 입힌 사건이었다. 이들은 공동 성명을 통해, 설령 BU가 해시 파워의 과반을 차지하더라도 비트코인으로 인정하지 않겠다고 선언했다.

또한 '비트코인 프로토콜 합의를 깨는 모든 구현', 즉 하드포크 버전의 코인이 상장되기 위해서는 반드시 '리플레이 공격'에 대한 보호를 갖춰야 한다고 명시했다.

"BU프로젝트로 인해 하드포크가 발생할 가능성이 높아 보입니다. 따라서 우리는 BU의 거래 티커를 BTU라는 별도의 이름으로 만들 것입니다. 설령 BTU 체인이 더 많은 해시 파워를 가지고 있더라도, 기존 버전^{비트코인 코어}은 지금의 티커인 BTC로 계속 거래될 것이며, 입출금 서비스도 변함없이 제공될 것입니다. 물론 고객들이 원한다면 BTU에 대한 거래 지원도 할 것입니다. 하지만 두 체인의 독립적인 운영이 보장되지 않는 한, BTU 상장은 없을 것입니다. 따라서 BU 혹은 그 외 하드포크 버전의 상장을 위해서는 반드시 '리플레이 공격'에 대한 강력한 보호 방안을 구축해야 합니다."

이 입장문에 이어 다른 거래소들에서도 같은 의견을 밝혔다. 폴로닉스는 다음과 같이 말했다.

"새로운 하드포크에는 반드시 '리플레이 공격'에 대한 보호 조치가 포함되어야 합니다."

같은 날 비트멕스도 성명을 통해 같은 입장을 취했다.

"BU 하드포크가 '리플레이 공격' 보호 조치 없이, 지금 버전 그대로 안전하게 작동할 수 있을지 상당히 의문스럽습니다. 우리는 비트파이넥스, 비트스탬프, BTCC가 발표한 내용에 동의합니다. '리플레이 공격' 보호 조치 없이 두 체인을 별도로 지원하는 것이 불가능합니다. 따라서 '리플레이 공격'에 대한 보호가 없는 상태에서 체인 분리가 일어난다면, 우리는 BU 상장 및 입출금 서비스를 지원하지 않을 것입니다."

거래소들의 입장은 명확했다. BU는 알트코인으로 간주할 것이고, 리플레이 공격 보호가 없다면 거래와 입출금 서비스를 지원하지 않겠다는 것이었다. 이는 이더리움 더 다오 사건을 통해 배운 교훈 때문이었다. 발표 내용을 읽어보면, 스몰 블로커들의 영향력이 분명히 작용했음을 알 수 있다. 2015년 빅 블로커들이 비트코인 XT 때 썼던 산업 포섭 전략을 스몰 블로커들이 펼치고 있었던 것이다.

리플레이 공격 보호와 관련해 거래소들은 BU가 트랜잭션 형식을 변경할 것을 요구했다. 이더리움 하드포크 때처럼, 체인 분리 이후 같은 트랜잭션이 양 체인에서 동시에 발생하지 않도록 하기 위한 조치였다. 자산 관리자의 의무를 준수하고 고객의 자산을 보호해야 하는 거래소로서 이와 같은 조치는 필수였다.

여기서 주목할 점은, 2015년 이후 암호화폐 거래 산업이 급격히 발전하면서, 더 이상 단순 현물 거래소가 아닌 복잡한 금융 플랫폼으로 확장되었다는 것이다. 예를 들어, 비트파이넥스는 비트코인 마진 거래, 선물 및 파생상품 계약, 비트코인 대출과 채권 시장 등 다양한 금융 서비스를 제공하고 있었다. 이러한 금융 상품들이 등장하면서 하드포크와 체인 분할은 단순한 컴퓨터 공학적 문제를 뛰어넘는 금융시장 문제로 확대되었다. 체인 분할 이전에 비트코인을 빌렸다면, 분할 이후에는 두 체인의 코인을 모두 상환해야 할까? 또는 마진 거래 롱 포지션을 갖고 있던 트레이더는, 분할 이후에 한쪽에만 롱 포지션을 갖는 걸까, 아니면 양쪽 모두에 적용되는 걸까? 이 모든 복잡한 역학 관계는 거래소에게 잠재적인 불안 요소가 되었다. 심지어 거래소는 24시간 운영되기 때문에 거래를 잠시 중단하고 상황을 지켜볼 수도 없는 노릇이었다. 스몰 블로커들은 이 복잡성을 잘 이해하고 있었고, 이를 활용해 더 많은 거래소를 설득할 수 있었다.

거래소들의 발표가 있고 다음날인 2017년 3월 18일, 비트파이넥스는 블록사이즈 전쟁에 중대한 영향을 미칠 결정을 내린다. BU와 비트코인에 대한 2017년 말 만기 선물 계약을 상장한 것이다. 비트파이넥스에 비트코인을 보유한 고객은 체인이 분리되면 BCC^{Bitcoin Core를 나타냄}와 BTU^{Bitcoin Unlimited를 나타냄}라는 두 개의 토큰을 받아 자유롭게 거래할 수 있었다. 그리고 이 선물 계약 파생상품을 통해 BU와 비트코인 중 어느 쪽을 지지할지 직접 자신의 자금을 걸 수 있게 된 것이었다. 지금까지 커뮤니티에서 이루어진 투표라고 해봤자 자신의 비트코인 주소와 연결된 공개키 메시지 서명을 하는 것이 전부였다. 물론 이 방법은 비트코인 보유자들의 의견을 가늠하는 데 사용될 수 있었다. 그러나 이는 리스크가 없는 단순한 투표에 불과했다. 하지만 이번 결정으로 실제 돈이 걸린 승부가 펼쳐지게 되었다.

이 사건은 전쟁의 성격을 근본적으로 바꿨다. 격렬한 언쟁을 넘어 실제 자금을 건 전투가 시작된 것이다. 그동안 빅 블로커 진영은 항상 "시장이 결정하게 하자."고 주장하면서, 자본을 쥔 세력들이 자신을 지지할 것이라고 믿어왔다. 그리고 이른바 스킨 인 더 게임$^{skin\ in\ the\ game}$[1]이 시작되기만 하면, 자신들이 쉽게 승리할 것이라고 말해왔다. 이제 그 시장이 실질적으로 형성된 것이다. 비트파이넥스의 결정은 대체로 긍정적으로 받아들여졌다. 참고로 비트파이넥스는 과거 대규모 해킹을 당한 적이 있어서 완벽한 신뢰를 받진 못했으나, 이 선물 계약이 유지되는 9개월 동안 사용자들은 비트파이넥스에 자신의 비트코인을 맡겨야만 했다.

결론을 말하자면, BU의 가격은 비트코인 가격의 20%를 넘지 못했다. 상장 초기에는 15~20% 범위에서 거래되다가 2017년 5

---

1. 나심 탈레브의 저서 〈스킨 인 더 게임〉에서 다루어진 개념으로, 사람들이 결정이나 행동에 대해 직접적인 이해관계를 갖고 리스크를 감수할 때 나오는 책임감과 신뢰를 강조하는 표현이다. 이 문맥에서는 실제 금전적 리스크를 감수하고 결정에 참여하는 상황을 의미한다.

월 초에 3% 수준으로 급락했다. 이후 전쟁이 계속되는 동안 몇 차례 반등이 있긴 했지만, 2017년 말에 이르러 BU의 가격은 0에 수렴하며 선물 계약이 만료되었다. BU의 하드포크는 끝내 실현되지 않았다.

제14장

에이식부스트 스캔들
ASICBoost

2017년 4월 5일 수요일, 스몰 블로커 진영은 빅 블로커들에게 또 하나의 폭탄을 투하했다. 그레고리 맥스웰이 비트코인 개발자 메일링 리스트에 보낸 이메일 때문이었는데, 이 책에 모든 기술적 세부사항을 담지는 않을 것이다. 이메일을 통해 그레고리는 우지한과 비트메인이 세그윗에 반대하는 이유에는 겉으로 내세우는 것과는 다른, 숨겨진 진짜 이유가 있다고 주장했다. 그는 비트메인이 채굴을 더 효율적으로 할 수 있는 방법, 즉, 작업 증명 과정에서 이득을 볼 수 있는 방법, 일명 에이식부스트^{ASICBoost}를 비밀리에 사용해 왔다고 폭로했다. 이 기술은 블록에 세그윗 트랜잭션이 포함될 경우 제대로 작동하지 않으며, 비트메인이 세그윗에 반대하는 이유는 세그윗의 복잡성이나 하드포크 추진을 위한 것이라기보다, 이로 인해 수익성 하락을 방지하려는 금전적 동기가 크다고 주장했다. 만약 이 주장이 사실이라면, 우지한과 비트메인은 대단히 악의적으로 비트코인 네트워크의 공정성과 투명성을 해치는 행위를 해온 것이며, 이는 매우 심각한 윤리적 문제로 비칠 수 있었다.

다음은 이메일 내용의 일부이다.

"한 달 전, 저는 ASICBoost가 비트코인의 SHA-2 해시캐시 공격을 악용할 수 있는 방법과 이 문제가 발생할 경우 네트워크에서 이를 차단하기 위해 사용할 수 있는 다양한 방안에 대해 설명한 적이 있습니다. ASICBoost에 대한 논의는 주로 공개된 방식의 구현에 초점을 맞추고 있었지만, 이를 비밀리에 사용하는 방식도 존재합니다.

비밀리에 사용하는 ASICBoost를 차단하는 방법을 설명하면서, 문득 그 방법이 세그윗의 구조와도 유사하다는 점을 깨달았습니다.

세그윗 제안자들은 어떤 채굴 시스템과도 호환되도록 신중을 기했고, 특히 강제 출금 주소가 설정된 채굴 칩들과 호환되도록 설계를 수정하기까지 했습니다. 만약 ASICBoost 공격을 미리 인지했더라면, 아마도 트랜잭션 확장 기능을 활용하는 방법 등을 이용해 이를 차단하는 설계 방식이 채택되었을 겁니다.

그제야 왜 일부 채굴자들이 세그윗에 그토록 반대하는지 조금씩 이해되기 시작했습니다. 그래서 저는 이를 뒷받침할 증거를 찾기 시작했습니다. 그리고 몇몇 채굴 장비와 내장 칩들을 분석한 끝에 ASICBoost가 하드웨어 수준에서 구현되어 있음을 확인했습니다.

이에 따라, 저는 새로운 BIP 초안을 제안합니다. 이 제안은 ASICBoost 사용을 전면 차단하는 것이 아니며, 비트코인 프로토콜 개선을 가로막는 비밀리에 사용되는 ASICBoost 사용만 억제하는 것입니다. 저 역시 ASICBoost를 완전히 차단하는 방안을 선호하지만,

프로토콜 개선을 저해할 수 있는 은밀한 사용만이라도 방지할 수 있는 방안을 함께 논의해 주시길 바랍니다."

    여기서 ASICBoost란, 비트코인의 작업 증명 과정에서 채굴자가 수행하는 해시 작업량을 줄이는 방법이다. 일반적으로 사용되는 해시 알고리즘인 SHA256은 블록 헤더를 64바이트 조각으로 나누어 계산을 시작한다. 비트코인 블록 헤더는 총 80바이트이므로 두 개의 조각으로 나뉜다. 여기서 ASICBoost는 한 조각의 데이터 값을 일정하게 유지한 채 해시 작업을 진행함으로써 채굴자가 수행해야 할 작업량을 20% 가량 줄일 수 있다. ASICBoost는 2016년 3월, 티모 행크Timo Hanke가 발표한 논문에서 처음 언급되었다.

    그레고리의 이메일은 비트코인 커뮤니티를 발칵 뒤집어놓았다. 우지한과 비트메인이 세그윗을 반대하는 진짜 이유가 밝혀지면서, 많은 사람들은 우지한의 진정성을 의심하기 시작했다. 스몰 블로커들은 이 폭로를 통해 자신들의 입지를 강화하고 세그윗 찬성 여론을 형성했다.

    다른 채굴자들보다 작업량을 줄일 수 있는 방법은 두 가지다. 첫째는 비트코인 블록 헤더 중 버전 정보 부분을 바꿔서 엔트로피를 생성한 두 번째 조각을 재사용하는 (앞 단락에서 언급한) 공개적인 방법이다. 둘째는 비밀리에 사용하는 더 복잡한 방법이다. 이 방법은, 먼저 비트코인 트랜잭션을 조작하여 머클 루트의 마지막 4바이트에서 충돌을 찾는다. 머클 루트는 두 개의 조각으로 나뉘는데, 그 중 마지막 4바이트가 두 번째 조각에 해당한다. 이 두 번째 조각을 재사용하면 작업량을 몰래 줄일 수 있다. 하지만 세그윗 업그레이드는 채굴자로 하여금, 블록의 다른 부분 공간에 트랜잭션을 기록하도록 강제하기 때문에, 이 방법을 사용하는 것이 불가능해진다. 요약하자면, 세그윗은 (의도하지 않았지만) 두 번째 방법인 비밀리에 사용하는 ASICBoost를 방지하는 역할을 한다.

여기서 그레고리가 주장한 "특정 채굴 칩 분석을 통해 ASICBoost가 내장되어 있음을 확인했다."는 내용에 대해서는 여전히 많은 논란이 있다. 대부분의 스몰 블로커들은 이 주장을 믿었지만, 물증은 부족했다. 아마도 스몰 블로커들은 세그윗이 매우 합리적인 아이디어고, 비트메인이 이를 반대할 마땅한 이유가 없으니, 그 의도가 순수하지 않을 것이라고 결론 내렸을 것이다. 그리고 비트메인의 지금까지의 행동을 매우 적절히 설명해 주었기 때문에 스몰 블로커 진영에서는 이 주장을 쉽게 받아들였다. 하지만 또 다른 관점에서 보자면, 우지한은 그저 강성 빅블로커였고, 세그윗에 반대하는 이유는 비트코인의 비전이 무엇이냐와 같은 철학적인 문제 혹은 기술적 신념에서 비롯되었을 수도 있다.

그레고리의 주장이 제기된 지 이틀 후, 비트메인은 장황한 성명문을 발표했다.

"비트메인은 테스트넷에서 ASICBoost를 테스트해 본 적은 있지만, 그레고리가 주장한 것처럼 메인넷에서 사용한 적은 없습니다. 이런 근거 없는 주장은 비트코인 생태계에 해가 되기 때문에, 주장을 하려면 확실한 증거부터 제시해야 합니다.

...

비트메인은 ASICBoost에 대한 중국 특허를 보유하고 있으며, 우리는 중국 내 자사 채굴장에서 이를 합법적으로 사용할 수 있습니다. 이를 통해 수익을 올리고 사람들에게 클라우드 채굴 계약을 판매할 권리가 있습니다.

...

비트코인 채굴 장비는 빠르게 감가상각됩니다. 비트메인은 항상 더 효율적인 채굴 모델을 개발해 왔고, 따라서 ASICBoost 배포가 비트메인의 사업에 있어 20% 전력을 덜 쓰게 만들며 비트코인에 부정적인 영향을 미친다는 주장은 거짓입니다.

...

세그윗을 도입하지 않은 이유는 홍콩 협약에서 언급된 조건들이 아직 충족되지 않았기 때문입니다."

성명서에는 비트메인이 세그윗에 반대하는 이유가 금전적 동기가 아닌, 단순 기술적 합의와 관련된 것임을 강조하는 내용도 포함되어 있었다. 성명서는 계속해서 다음과 같이 이어졌다.

"그레고리의 BIP 제안은 ASICBoost를 더 어렵게 만들기 위해 2^{32} 충돌을 2^{64} 충돌로 변경하는 것인데, 이는 특허 소유자인 우리와 비트코인 프로토콜 모두에게 해가 됩니다. 특허를 보유한 우리는 더 이상 수익을 창출하지 못하고, 비트코인 프로토콜은 더 복잡해질 것입니다."

그리고 마지막에는 스몰 블로커 진영을 향한 비판도 덧붙였다.

"비트코인 커뮤니티는 개빈을 상대로 그레고리가 주도한 쿠데타로 인해, 비트코인 클래식의 실패라는 큰 불행을 겪었습니다. 이제 우리 커뮤니티는 비트코인의 주요 투자자(로저 버), 주요 거래소(코인베이스), 최대 채굴기 생산회사(비트메인)를 괴롭히는 데만 정신 팔린 그들을 뒤로하고, 새로운 핵심 개발자 그룹을 찾아야 할 때입니다."

물론 이 해명이 비트코인 커뮤니티 내 갈등 해결에 도움이 되진 못했다. 어쨌든 그레고리의 폭로는 스몰 블로커 측에 유리한 여론을 형성하는 데 중요한 역할을 했고, 비트메인은 계속 반박을 이어 나갔다. 이 사건은 양측의 표면적 갈등과 그 이면에 존재하는 이해관계가 얼마나 복잡하게 얽혀 있었는지를 잘 보여준다.

주목할 점은, 비트메인의 부인에도 불구하고 비트메인이 테스트넷에서 비밀리에 ASICBoost를 사용한 정황이 있었고, 따라서 이미 하드웨어를 구현했을 가능성이 높다는 것이었다. 사실 성명 발표 이전까지는 이 주장이 진실인지 확신할 수 없었으나, 아이러니하게도 비트메인의 강한 부인은 오히려 이 주장이 사실일 가능성을 더 높게 만들었다. 비트메인은 ASICBoost사용에 대해, 중국 내 특허 보유자로서 원한다면 얼마든지 합법적으로 사용할 수 있다고 주장하면서 ASICBoost는 합법적인 채굴 최적화법이라는 방어 논리를 펼쳤다. 하지만 차라리 간결하게 부인하는 편이 더 나았을 것이다. ASICBoost 사용에 대해 왈가왈부하는 바람에 오히려 스스로를 옭아매고 스몰 블로커들에게 비판의 여지를 준 꼴이 되었다. 설령 비트메인이 ASICBoost 비밀 사용을 하지 않았더라도, 사용할 의도가 있었다면 그레고리의 주장은 충분히 설득력 있었다.

어쩌면 비트메인은 단지 영어 의사소통 문제로 제대로 된 부인을 못한 것일 수도 있다. 블록사이즈 전쟁에서는 모든 논점을 전투적으로 다루는 문화가 있었다. 비트메인의 요점은 ASICBoost를 사용하지 않았다는 점을 강조하고, 설령 사용했다고 해서 그게 큰 문제는 아니라는 게 전부였을지도 모른다. 이 성명서를 통해, 홍콩 협약에서 언급된 조건들이 충족되기 전까지 세그윗을 도입하지 않겠다는 비트메인의 입장이 재확인되었다.

놀랍게도, 개빈은 비트메인이 ASICBoost를 몰래 사용했더라도 문제가 되지 않는다며 비트메인을 옹호했다. 그는 ASICBoost가 비트코인 소프트웨어를 이용한 합법적인 채굴을 최적화하는 방법이라고 주장했다.

"이더리움 더 다오 사태 당시 규칙을 함부로 변경해서는 안 된다고 주장하던 사람들이, 이제는 비트코인 최적화를 막고자 규칙을 마음대로 변경하려고 합니다. 정말 모순적입니다."

개빈의 주장은 논점에서 벗어난 것처럼 보였다. 논쟁의 핵심은 ASICBoost를 몰래 사용하는 것이 합법적인지가 아니었다. 전쟁의 주요 플레이어 중 하나가 정직하지 못한 행동을 하는 것, 즉 비트메인이 세그윗을 결사반대하는 이유가 정직하지 못하다는 것이었다. 만약 비트메인이 처음부터 솔직하게 세그윗에 반대하는 이유가 ASICBoost 관련 금전적 이유 때문이라고 설명했다면 상황은 많이 달라졌을 것이다.

ASICBoost 스캔들과 거의 같은 시점에, 빅 블로커들은 세그윗의 또 다른 대안으로 블록을 늘리는 방법을 제시했다. 이는 소프트포크를 통해 블록 크기 제한을 늘리는 방법인데, 앤드류 리 Andrew Lee라는 빅 블로커에 의해 제안되었다. 로저 버와 비트메인은 이 제안을 지지했다. 이 아이디어는 원래 세그윗의 공동 저자인 존슨 라우가 2013년에 제안했으나, 메인 체인으로 비트코인을 전송하는 과정이 매끄럽지 않다는 이유로 폐기된 아이디어였다. (반면 세그윗은 이 과정이 매끄러웠다.)

재밌는 점은 빅 블로커들이 그토록 세그윗을 반대한 이유가 "세그윗은 복잡하기 때문"이었는데, 새로운 제안도 비슷한 수준의 복잡성을 가지고 있다는 점이었다. 빅 블로커들의 속마음은 아마 '비트코인 코어 진영에서 개발한 것만 아니면 된다.'였을 것이다. 어떻게 하면 블록 크기 제한을 효과적으로 늘려서 안전하게 확장성을 개선할 수 있는지에 대한 논의는 희미해졌고, 자신들의 아이디어로 스몰 블로커들과 승부를 가리려는, 일종의 자존심 싸움이 되고 말았다.

또한 이 제안은 계속해서 ASICBoost를 몰래 사용할 수 있는 방법이기도 했다. 따라서 스몰 블로커들은 비트메인의 유죄에 대해 더 확신하게 되었고, 여기에 더해 비트메인의 자금을 지원받은 것도 비난하면서, 이것 역시 비트메인의 유죄를 입증하는 것이라고 주장했다. 빅 블로커들이 비트코인 코어 쪽에서 만든 것을 싫어했던 것처럼, 스몰 블로커들도 비슷한 입장이었다. 특히 이 제안이 비트메인의 홍보와 자금 지원을 받았다는 사실이 반대를 더 거세게 만들었다.

ASICBoost 특허도 비트코인에 상당한 위협으로 간주되었다. 특정 채굴업체가 이 특허를 취득하여 독점 사용하고, 채굴 산업의 주요 플레이어로 활동했기 때문이었다. 이 우려를 종식시키고자, 몇몇 비트코이너들이 상당히 비싼 가격에 특허를 취득한 후, 2018년 3월, 다른 특허로부터 방어하는 목적 이외에는 사용할 수 없도록 만들었다고 전해진다. 이로써 2018년 4월부터 다른 채굴자들도 공개적인 방식의 ASICBoost를 사용하기 시작했다. 이는 비밀리에 사용하는 것보다 훨씬 간단하고 효율적이며, 세그윗과의 호환성 충돌 문제도 피할 수 있다. 결국 2018년 11월, 비트메인은 자신들의 펌웨어에 공개 방식의 ASICBoost를 채택했으며, 현재 비트코인 블록의 70% 이상이 이 방법으로 채굴되고 있다. 특허와 관련해서는 누가 이 특허를 구매했고, 누가 방어적 특허로 전환했는지 명확하지 않았다. 그래서 당시 무슨 일이 일어났는지 아직도 불분명하다. 비트메인이 메인넷에서 비밀리에 ASICBoost를 사용했는지에 대해서는 아직도 확신할 수 없으며, 이는 전문가들 사이에서도 의견이 엇갈린다. 개인적으로는 그 가능성을 50:50 정도로 보고 있다.

  ASICBoost 스캔들에 대해 빅 블로커 커뮤니티는 전혀 신경 쓰지 않는 것 같았다. 이 사건에서 무엇이 문제였는지조차 이해를 못 하는 것 같았고, 스몰 블로커들의 주장을 그저 선동과 거짓말로 치부했다. 이 스캔들은 스몰 블로커 진영의 힘을 키우는 데도 큰 도움이 되지는 못했는데, 사건을 이해하는 것 자체가 어려웠기 때문이었다. 어쨌든 스몰 블로커들은 이 스캔들을 통해 상황을 매우 심각하게 인식하게 되었다. 지금까지 충분히 인내해 왔다고 생각한 그들은, 이제 결단을 내리고 본격적인 반격에 나서게 되었다.

제15장

용의 동굴
Dragon's Den

2017년 4월 6일, 라이트닝 네트워크 백서의 공동 저자인 조셉 푼Joseph Poon은 스몰 블로커들이 외부 선전 활동과 관련된 결정을 내리는 비밀 채널에 대해 언급했다.

"스몰 블로커들은 자신들의 내러티브를 만들고 (빅 블로커들을 괴롭히는) 트롤링 캠페인을 조직하는 비밀 채널을 가지고 있습니다. 그 채널에서 활동하는 5명 이상을 이미 알고 있으며, 그런 채널이 있다는 암시는 곳곳에 있습니다. 대외 홍보 활동과 관련된 많은 결정이 그곳에서 이루어지고 있죠.

언론에 나간 걸 구실 삼아 나를 공격하는 그들에게 정말 화가 치밉니다. 그들은 훨씬 더 비열한 전술을 구사하고 있고, 코어 개발자들도 그들이 어떤 짓을 하고 있는지 알고 있을 뿐 아니라, 그 과정에 적극적으로 참여하고 있기도 합니다.

물론 BU 커뮤니티에서도 비슷한 일을 하고 있을 거라 생각합니다. 하지만 정말 화가 나는 것은 스몰 블로커 측의 저명 인사들이 나를 '적'으로 규정하고 공격한다는 것입니다. 나를 마치 배신자 유다처럼 취급합니다. 특히 억울한 것은, 이 바닥에서 나만큼 비트코인으로 돈을 벌지 못한 사람도 드물다는 점입니다. 정말 모욕적입니다."

조셉 푼의 폭로가 있은 다음 날, 빅 블로커들은 2017년 1월 비트토렌트 창시자 브람 코헨Bram Cohen의 발표 영상에서 관련 단서를 찾아냈다. 영상 중 용의 동굴Dragon's Den이라는 슬랙 채널이 잠깐 등장했는데, 이는 비트코인 코어의 비공개 채널로 21명이 참여하고 있었다. 빅 블로커들은 그 채널에서 자신들을 지독히 괴롭히던 몇몇 스몰 블로커의 아이디와, 비트코인 서브레딧 관리자의 이름을 확인할 수 있었다. 빅 블로커들은 이를 중대한 스캔들로 규정하며, 이 채널이 스몰 블로커들이 뒤에서 모략을 꾸미는 증거라고 주장했다. 또한, 비트코인 서브레딧, 비트코인 코어, 그리고 선전 캠페인이 모두 연결되어 있다고 말했다. 빅 블로커들 역시 같은 목적의 채널을 비밀리에 운영하고 있었을 가능성도 크다. 블록사이즈 전쟁은 정치적인 성격을 띠고 있었기 때문에, 당연히 선전 활동을 위한 채널이 필요했을 것이다. 나는 이 스캔들을 듣자마자 용의 동굴 채널에 들어가야겠다고 결심했다. 몇 주간의 수소문 끝에 드디어 채널에 입장할 수 있었다.

채널은 매우 활발하게 운영되고 있었고, 블록사이즈 전쟁에 총력을 기울이고 있었다. 대부분의 대화는 소셜 미디어 전략, PR 활동, 그리고 빅 블로커들의 논리적 허점을 어떻게 공략할지에 대한 것이었다. 참여자들은 매우 헌신적이었고, 더 많은 사람들을 스몰 블로커 진영으로 끌어들이기 위한 방법, 빅 블로커 측으로 전향할 가능성이 있는 사람, 소셜 미디어에서 이슈 몰이에 효과적인 전략 등을 논의했다. 또한, 블록사이즈 전쟁은 **밈**meme **전쟁**이라고 불릴 정도로 수많은 밈이 탄생했으며, 이에 대한 논의도 활발했다. 밈 제작은 주로 드래곤즈Dragons 채널의 멤버들이 맡았다. 밈의 주요 목표는 빅 블로커들이 비트코인의 기술적 측면을 제대로 이해하지 못한다는 이미지를 만드는 것이었다. 주요 타겟은 로저 버, 크레이그 라이트, 그리고 우지한이었다. 그중 로저 버와 크레이그 라이트를 연관지어 공격하는 내용이 있었는데, 좀 과하다는 생각도 들었다.

놀라웠던 점은 이 채널의 참여자들이 엄청나게 열성적이었다는 것이다. 일주일 내내, 채널은 24시간 동안 활발히 운영되었고, 언제 접속해도 블록사이즈 전쟁과 관련된 이야기가 끊임없이 오갔다.

이들이 사용한 전술이 과연 정당했는가에 대해서는 논란이 있을 수 있다. 전쟁 내내 양측은 서로를 향해 비열하다, 악의적이다, 부정직하다, 조작질한다는 등 엄청난 비난을 퍼부었다. 하지만 두 진영은 거의 동일한 전술을 사용하고 있었다. 내 눈에는 그들의 전략이 전혀 다르지 않았다. 그 어떤 쪽도 도덕적으로 완벽하지 않았고, 어느 한쪽이 다른 쪽을 비난할 처지도 아니었다. 용의 동굴에서 가끔 짓궂은 대화가 오가기도 했지만, 그렇다고 음모적이거나 법을 어기는 행위는 없었다. 하나 꼽자면 디도스 공격이겠지만, 용의 동굴에서 꾸민 일은 아니라고 생각한다.

제16장

라이트코인
Litecoin

용의 동굴에서 논의된 전략 중 하나는 라이트코인에서 세그윗을 활성화하는 것이었다. (라이트코인은 찰리 리가 만든 코인으로, 비트코인 소스코드 대부분을 그대로 복제한 알트코인이다.) 이를 통해 채굴자들에게 세그윗이 문제없이 잘 작동하며, 빅 블로커들이 주장하는 보안상 결함은 없다는 것을 보여주고자 했다. 세그윗 소프트포크 클라이언트는 2017년 1월 12일, 라이트코인 버전 0.13.2.1에 처음 출시되었다. 채굴자 신호 활성화 임계치는 75%로 비트코인과 다르게, 활성화 기간은 2주로 비트코인과 동일하게 설정되었다. 클라이언트의 문서는 샤올린프라이^{Shaolinfry}라는 익명의 비트코인 개발자가 대부분 작성했고, 세그윗 코드는 다른 코어 개발자들이 작성했다. 샤올린프라이는 용의 동굴 채널의 멤버였던 것으로 추정되지만, 확실한 신원은 알려지지 않았다. 라이트코인 창시자 찰리는 스몰 블로커를 자처하고 있었고, 라이트코인 커뮤니티는 세그윗 활성화를 열렬히 지지했다. 그들은 이것을 비트코인보다 앞서 새로운 기술을 구현할 좋은 기회로 여겼다.

라이트코인 채굴자들 사이에서 세그윗에 대한 지지가 점점 증가했지만, 활성화 수준은 여전히 낮았기에 활성화가 성공적으로 이루어질지는 불확실했다. 2017년 4월 9일경, 라이트코인 커뮤니티에서는 세그윗 활성화를 촉진하기 위한 **사용자 활성화 소프트포크**$^{User\ Activate\ Soft-Fork,\ 이하\ UASF}$ 캠페인이 시작되었다. **UASF**란, 채굴자의 신호를 활성화 조건으로 설정하는 대신, 클라이언트를 운영하는 사용자들이 특정 시점블록에 새로운 소프트포크 규칙을 활성화하도록 강제하는 것이다. 한마디로 사용자들이 채굴자들의 저조한 참여를 독려하기 위해 내린 조치였다. 이 캠페인은 사용자들이 라이트코인 클라이언트에 'UASF-Segwit-BIP148'이라는 메시지를 추가하는 방식으로 이루어졌으며, 네트워크 상에 이 메시지가 나타났다. 소프트포크가 실제로 활성화된 것은 아니지만, 이를 통해 사용자들이 세그윗을 얼마나 원하는지를 볼 수 있었다.

UASF는 사토시가 활동하던 시절, 비트코인에 이미 사용했던 방법이다. 하지만 체인 분리 같은 문제를 줄이기 위해, 채굴자 신호 방식으로 바뀌었다. 나도 UASF가 위험할 수도 있다 생각했지만, 그래도 라이트코인에서는 비교적 쉽게 진행될 수 있을 것이라 예상했다. 대다수의 사용자가 세그윗 활성화를 지지하고 있었고, 찰리 또한 이를 지지하고 있었기 때문이었다. 캠페인이 시작된 후, 라이트코인 채굴자들의 세그윗 활성화 지지 신호가 늘어났다. UASF의 효과가 나타난 것이었다. 세그윗 활성화가 이제 눈앞에 다가온 듯했다.

그러다가 2017년 4월 17일경, 라이트코인의 해시레이트가 급격히 증가했는데, 이것은 세그윗 활성화를 방해하려는 빅 블로커 진영의 의도로 보였다. 채굴자들을 동원하여 본격적인 작전에 들어간 것이었다. 이 증가분의 해시레이트는 주로 LTC1BTC와 LTC.TOP 풀에서 나왔는데, 지앙 주어Jiang Zhuoer라는 인물이 이 채굴 풀을 운영하고 있었고, 그는 우지한의 측근으로 널리 알려진 인물이었다. 2017년 4월 19일, 지앙은 블로그에 자신의 입장을 설명하는 게시물을 올렸다.

"저는 세그윗에 대해 의구심을 갖고 있지만, 만약 이것이 가장 널리 수용되는 방향이라면 반대하지는 않을 것입니다. (참고로 저는 라이트코인 보유자입니다.) 하지만 세그윗 지지자들이 사용하는 전략, 특히 UASF와 디도스 공격을 통해 강제되는 세그윗 활성화에는 강력히 반대합니다. 만약 이러한 전략이 라이트코인에서 성공한다면, 비트코인과 라이트코인 모두 범죄적인 조작에 취약한 시스템이 될 것입니다.

이러한 이유로 제가 운영하는 채굴 풀에서 해시레이트를 추가로 투입하고 있으며, 이것의 목적은 다음과 같습니다.

- 디도스 공격으로 인한 세그윗 활성화 방지
- 찰리 리가 중국을 방문할 때까지 기다린 후, 라이트코인 커뮤니티와 함께 결정"

이로써 전쟁의 불길이 비트코인에서 라이트코인까지 번지게 되었다. 비트코인에서 벌어진 논쟁이 라이트코인에서 그대로 재현되었다. 나는 지앙과 직접 대화할 기회가 있었는데, 그는 라이트코인의 세그윗 활성화에 반대하며 하드포크를 통해 블록 크기를 늘려야 한다고 주장했다. 하지만 그의 논리는 설득력이 없었다. 왜냐하면 비트코인과 달리, 라이트코인은 블록 용량이 남아돌고 있었기 때문이었다. 이에 대한 그의 의견을 물었을 때, 그는 원칙상 그렇다고 대답했다. 즉, (지금은 아니지만) 트랜잭션 수가 늘어나서 블록 용량이 가득 차게 되면 하드포크로 블록 크기를 늘리는 것이 옳은 방법이라고 했다. 또한 라이트코인에서 세그윗을 활성화하는 것은 '스몰 블로커 진영의 전략'이라고 말하면서, 라이트코인에서의 성공사례가 비트코인에도 이어질 것이라고 우려했다. 특히 UASF와 같이 사용자가 채굴자들을 상대로 하는 강제집행 전략을 매우 경계하며, 'UASF는 채굴자의 이익을 저해하는 것이자, 채굴자에 대한 적대적 행위'로 규정했다. 그의 발언에서 채굴자들이 UASF에 대해 얼마나 큰 두려움을 느끼고 있는지 분명히 느껴졌다. 비트코인 프로토콜을 통제하는 것은 자신들이라는 생각을 산산조각 내는 위협으로 여겼을 것이다.

그의 말에도 일말의 진실은 있었다. 나는 용의 동굴에서 오고 간 이야기들을 통해, 스몰 블로커들이 라이트코인을 시험 삼아 세그윗을 활성화하고, 후에는 비트코인에도 동일하게 적용시키려는 의도가 있다는 걸 진작부터 알고 있었다. 이를 감지한 빅 블로커들이 어떻게든 라이트코인의 세그윗 활성화를 저지하려는 상황이 전개되었다. 하지만 라이트코인 커뮤니티는 세그윗 활성화를 강력히 지지하고 있었기 때문에, 그들에게는 빅 블로커들의 행동이 부적절하게 보였다.

2017년 4월 21일, 비트코인의 홍콩 협약을 모방한 듯한 '라이트코인 원탁회의'가 중국에서 열렸다. 대부분의 채굴자가 참석한 가운데 아래와 같은 합의문이 발표되었다.

"우리는, 라이트코인 프로토콜 업그레이드 결정이 사용자들의 요구에 기반하여, 본 회의의 투표 과정을 통해 이루어져야 하며, 활성화는 채굴자 투표에 의해 이루어져야 한다고 주장합니다.

...

우리는 사용자나 커뮤니티의 투표 과정을 거치지 않은 특정 시점의 UASF를 지지하지 않습니다. 커뮤니티의 합의 없이 강제된 업그레이드는 라이트코인을 분열의 위험에 빠뜨립니다.

...

회의에 참여한 회원들은 투표를 통해 다음과 같은 라이트코인 프로토콜 업그레이드 계획에 만장일치로 동의했습니다.

- 세그윗 소프트포크를 라이트코인에 구현한다.
- 라이트코인의 블록 용량 사용률이 50%를 초과할 경우, 하드포크 또는 소프트포크를 통해 1MB 블록 크기 제한을 증가시키는 솔루션을 준비한다.

마지막으로, 이 원탁 회의는 회의 참여자들의 합의만을 의미하는 것이며, 라이트코인 커뮤니티 전체를 대신하여 결정하는 일은 없을 것임을 강조합니다."

합의 내용은 세그윗을 활성화하는 데 동의하면서도, 블록 용량이 50%를 초과하면 또 다른 블록 크기 증가를 준비하리라는 것을 골자로 했다. 두 번째 조항 세그윗을 활성화하지만, 나중에는 하드포크를 할 수 있다는 모호한 약속은 채굴자들의 요구를 어느 정도 반영한 듯 보였다. 어쩌면 UASF가 채굴자들에게 매우 현실적인 위협이었기 때문에, 채굴자들은 세그윗 활성화를 강요받았을지도 모른다. 비트코인 채굴자들도 비슷한 압박을 받았고, 우지한이 계속해서 강조한 홍콩 협약 내용도 비슷한 맥락에서 나왔다. 그리고 당시 비트코인의 블록 용량이 이미 50%를 넘어서고 있었기 때문에, 이 합의 내용을 비트코인에 적용하면 하드포크를 당장 단행해야 한다는 논리가 성립됐다.

그러나 이 합의문에는 명백한 모순들이 포함되어 있었다. 프로토콜 결정이 원탁 회의를 거쳐 이루어져야 한다고 시작했지만, 끝부분에서는 커뮤니티가 결정을 내린다는 내용으로 바뀌었다. 이를 통해 짐작할 수 있는 것은, 당시 회의에 참석한 모든 이들이 거버넌스 구조에 대해 동일한 견해를 갖고 있지는 않았다는 점이다. 아마도 양측의 의견을 모두 반영하려다 보니, 상충하는 문구가 들어간 것으로 보인다. 또한 '프로토콜을 통제하는 것은 채굴자다.'라는 우지한과 일부 채굴자의 생각도 엿볼 수 있다. 나는 이들과 대화를 나누면서, 채굴자들이 생각하는 힘과 그들이 실제로 가진 힘 사이에 큰 괴리가 있다는 것을 느꼈다. 시간이 흐르면서 그들은 자신들에게 통제력이 거의 없다는 사실을 깨달았을 것이고, 이는 매우 좌절스러웠을 것이다. 그들의 과격한 행동은 자신들이 여전히 강력한 통제력을 가지고 있다는 인상을 주기 위한 필사적인 노력이었을지도 모른다.

2017년 5월, 세그윗이 라이트코인에서 활성화되었고, 많은 환호 속에서 라이트코인의 가격이 급등했다. 이는 세그윗에 대한 기대감과 일부 스몰 블로커들이 전략적으로 라이트코인을 매수한 것도 한몫했다. 그러나 라이트코인 가격 상승의 진짜 이유는 2017년 암호화폐 강세장과 함께 대규모 자금이 유입되었기 때문이었다. 용의 동굴 멤버들은 라이트코인의 가격 상승을 두고 빅 블로커들이 경고했던 '세그윗 재앙'은 거짓이었다고 강조하며, 세그윗에 대한 긍정적인 내러티브를 퍼뜨리기 시작했다.

2017년은 스몰 블로커들에게 매우 성공적인 해의 시작이었다. 거래소에서의 승리, ASICBoost 스캔들, 그리고 라이트코인의 세그윗 활성화까지, 연달아 세 번의 승리를 거둔 셈이었다. 2017년 여름 무렵, 전쟁의 스코어는 스몰 블로커 3점, 빅 블로커 0점으로, 스몰 블로커 진영이 압도적인 우위를 점하고 있었다. 어느 전쟁이든 모멘텀과 그 모멘텀에 대한 사용자들의 인식이 가장 중요하다. 다시 말해, 대중은 이기는 쪽을 지지하기 마련이다. 스몰 블로커들은 이렇게 연이은 승리로 상승 모멘텀을 타고 있었다.

제17장

UASF - 핵무기 작전
User-Activated Softfork

블록사이즈 전쟁을 종식하고 세그윗을 활성화하기 위한 **사용자 활성화 소프트포크**User Activation Soft-Fork, 이하 UASF라는 아이디어는 익명의 개발자 샤올린프라이Shaolinfry의 2017년 2월 25일 이메일에서 처음으로 암시되었다. 그는 다음과 같이 설명했다.

"해시파워 다수결로 찬성 신호를 보내는 방식에는 문제가 있습니다. 채굴자들이 불필요하게 주목받고 정치적 부담을 안게 되기 때문입니다. 심지어 이 방식은 '투표'로 오해받고 있고, 일부 채굴자들은 자신이 비트코인 커뮤니티 전체를 대표해 결정을 내려야 한다는 압박까지 받고 있습니다. 누가 찬성 신호를 보내고, 누가 보내지 않는지에 대한 관심이 집중되면, 채굴자들은 충분히 준비되지 않은 상태에서 압박을 받을 수 있습니다. 게다가 일부 채굴자는 세그윗 업그레이드를 원하지 않거나 이를 거부하고 싶을 수도 있습니다. 그러면 채굴자들이 커뮤니티를 대신해 거부권을 행사하는 위치에 놓이게 됩니다. 그러나 비트코인의 시스템은 자율성과 자유로운 참여를 기본으로 하고 있습니다. 따라서 소프트포크는 자율적인 선택이 되어야 합니다.

...

여기에 대한 대안은 **플래그 데이 활성화**입니다. 이는 미래의 특정 시점에 노드가 강제 집행을 시작하는 방식입니다. 이 방법은 해시파워

다수결 기반 활성화보다 더 긴 준비 기간이 필요할 수 있지만, 여러 장점을 제공하며 더 나은 균형을 맞출 수 있습니다."

그리고 2017년 3월 12일, 샤올린프라이는 이 아이디어를 공식화하며 BIP-148로 불리는 제안을 내놓았다. 이 제안은 사용자 풀 노드들이 채굴자들이 세그윗을 지지하도록 강제하는 합의 규칙을 통해 소프트포크를 활성화하는 것이었다. 일종의 세그윗 활성화를 위한 또 다른 사용자 활성화 소프트포크였다. BIP-148은 2017년 8월 1일에 시작할 예정이었으며 세그윗 예정일인 2017년 11월 15일까지 4개월 반 정도가 남아있었다. 활성화 기간이 만료되기 전 세그윗이 활성화될 수 있는 시간은 충분했다.

배경

세그윗은 블록 크기를 증가시키고, 트랜잭션 변조를 방지하며, 스크립트 업그레이드를 용이하게 만드는 등 여러 가지 장점을 가지고 있습니다. 이 BIP를 통해 채굴자들이 세그윗을 조기에 활성화하도록 유도하는 것이 목표입니다. 만약 채굴자들이 세그윗을 활성화하지 않을 경우, BIP-148은 2017년 11월 15일 이전에 세그윗 활성화를 강제하게 됩니다.

스펙

모든 시간은 과거 시간의 중앙값$^{\text{Median-Past-Time}}$을 기준으로 합니다.

2017년 8월 1일부터 2017년 11월 15일까지 세그윗이 활성화되지 않을 경우, 이 BIP가 활성화됩니다. 반대로 그 전에 세그윗이 활성화되면, 이 BIP는 비활성화됩니다.

BIP가 활성화되는 동안, 모든 블록은 기존의 세그윗 배포 방식에 따라 nVersion 헤더 상위 3비트를 001로 설정하고, 비트 필드도 함께 설정해야 합니다. 스펙에 맞지 않은 신호를 보내지 않는 블록은 거부될 것입니다.

이는 스몰 블로커 진영에서 보면 매우 논란이 되고 위험한 움직임이었다. 첫째, 그동안 스몰 블로커들의 핵심 내러티브는 인내심을 가지고, 합의 규칙을 신중하고 안전하게 변경해야 한다는 것이었다. 그러나 BIP-148은 그와 거리가 멀었다. 채굴자들이 세그윗을 지지하는 신호를 보내지 않으면 체인 분리가 발생할 수 있었다. 둘째, BIP-148이 실패한다면, 빅 블로커들에게 주도권이 넘어갈 수 있었다. 이 시점에 빅 블로커 진영은 여러 파벌로 나뉘어, 내분이 일어나고 있었다. 크레이그 라이트가 사토시라고 믿는 사람들과 그를 사기꾼이라고 생각하는 사람들 간의 갈등, BU를 지지하는 사람들과 그 결함을 지적하는 사람들, 그리고 알트코인 ICO를 통해 비트코인 커뮤니티를 떠나려는 사람들과 여전히 남아있으려는 사람들 간의 충돌이 있었다. 반면, 스몰 블로커들은 이 시점까지 잘 단결된 상태였다. 이 단결력이야말로 스몰 블로커들의 가장 강력한 무기였는데 힘을 합쳐 내는 일관된 목소리가 커뮤니티에서 큰 지지를 얻을 수 있게 하는 중요한 요소였다. 그러나 BIP-148은 내부 갈등을 일으킬 위험이 있었고, 이는 스몰 블로커에게 치명적일 수 있었다.

스몰 블로커 진영에서 가장 영향력 있는 인물 중 하나인 그레고리 맥스웰은 UASF에 반대했고, 2017년 4월 14일 이메일을 통해 자신의 입장을 명확히 밝혔다.

"저는 BIP-148을 지지하지 않습니다. 그 이유는 세그윗을 지지하는 이유와 동일합니다. 비트코인의 가치는 높은 수준의 보안성과 안정성에서 나옵니다. 세그윗은 먼 미래에 이르러서도 여전히 신뢰받을 수 있는 공학적 무결성을 달성하기 위해 매우 신중하게 설계되었습니다.

그러나 BIP-148의 접근 방식은 그런 기준에 부합하지 않습니다. 세그윗에 적용된 표준이나, 비트코인 커뮤니티가 표방하는 프로토콜 개발 모범 사례에 미치지 못합니다.

BIP-148의 가장 큰 문제점은 세그윗을 활성화하는 데 있어, 크든 작든 네트워크 혼란을 불러일으킨다는 점입니다. 세그윗은 그렇지 않습니다. 세그윗을 거부하는 채굴자들도 아무 지장 없이 지속적으로 네트워크에 참여할 수 있도록 아주 신중하게 설계되어 있죠.

세그윗 업그레이드를 하지 않고 구버전을 계속 돌리는 채굴자들이 세그윗 트랜잭션을 블록에 포함시키지 않더라도 충돌이 없습니다. 그러다가 원하는 시점이 오면 업그레이드를 자유롭게 진행할 수 있습니다. 세그윗 활성화 이후에도 업그레이드하지 않았을 때의 유일한 리스크는, 다른 채굴자가 생성한 무효 블록을 따라갔다가 삭제되는 정도입니다. 그러나 이는 이미 많은 채굴자가 스파이 마이닝$^{spy\text{-}mining}$과 함께 감수하고 있는 리스크입니다.

BIP-148 제안 자체가 형편없다는 뜻은 아닙니다. 다른 알트코인들이 하는 것보다 훨씬 더 잘 설계되었다고 생각합니다. 그러나 비트코인 커뮤니티의 기준에는 미치지 못합니다. 제안자들의 동기는 존중합니다. 그리고 지금이 시급한 상황인 것도 맞습니다. 하지만, 우리의 목표가 최대한 '빨리' 세그윗을 활성화하는 것이었다면 진작부터 세그윗을 지지하고 있는 80% 이상의 노드를 활용하는 것이 제일 빠르고 효과적인 방법이었을 것입니다. 그러나 '빨리'가 우리의 목표는 아닙니다.

우리는 비트코인이 안정적이고 신뢰할 수 있는 시스템으로 자리 잡게 하기 위해 가장 덜 파괴적인 메커니즘을 사용해야 합니다. BIP-148은 이를 충족하지 못합니다. 일부 레딧 사용자들은 BIP-148이 '나쁜 채굴자들'을 처벌해야 하므로 고아 블록을 생성하는 것이 좋다는 주장을 합니다. 저는 이러한 견해에 전혀 동의하지 않습니다.

UASF에 내포된 개념 자체를 반대하는 것은 아닙니다. 그러나 소프트포크가 채굴 생태계를 혼란에 빠뜨려서는 안 됩니다. 다만, UASF가 마치 새로운 방법인 것처럼 받아들여지는 것이 조금 의아할 따름입니다. 사실 UASF는 비록 단 한 번이긴 하지만, 사토시가 이미 사용했던 방법입니다. P2SH는 정해진 날짜를 기점으로 활성화되었고, 다른 소프트포크들은 시간 또는 블록 높이를 기준으로 진행되었습니다. 그리고 지금의 채굴자 신호 기반 활성화 방식은 네트워크 업그레이드를 더욱 안정적으로 만들기 위해 도입되었습니다. 모든 것이 조화롭게 돌아가는 생태계를 구축하기 위한 것이죠.

비트코인 사용자들이 생태계 내 어느 한 부분에 종속되지 않도록 하는 것이 중요합니다. 개발자, 거래소, 채팅 포럼, 또는 채굴 하드웨어

제조업체일지라도 말이죠. 비트코인의 규칙이 잘 작동하는 궁극적인 이유는 그 규칙에 따라 사용자들이 집단으로 행동하기 때문입니다. 그것이 비트코인을 비트코인답게 만드는 것이고, 사람들이 비트코인을 신뢰하는 이유입니다. 규칙을 쉽게 바꾸면 안 됩니다.

BIP-148과 같은 강제성과 혼란을 피할 수 있는 다른 방식의 UASF 제안도 있습니다. 업그레이드하지 않은 채굴자나 사용자도 계속 운영할 수 있도록 하는 방식이죠. 저는 이러한 방식이 훨씬 낫다고 생각합니다. 업그레이드를 위한 배포 속도는 느리겠지만, 느린 것은 비트코인의 결함이 아닙니다.

우리는 참을성을 가져야 합니다. 비트코인은 여러 세대에 걸쳐 인류 사회를 떠받칠 시스템입니다. 10년만 지나도 지금의 논쟁은 아무것도 아닌 일처럼 느껴질 것입니다. 우리가 진정으로 신경 써야 할 것은 단 하나입니다. 바로 안정성과 무결성을 바탕으로 하는 비트코인이 신뢰받는 화폐 시스템으로 자리 잡게 돕는 것이죠.

사람들 마음속에 비트코인은 '쉽게 변하지 않는 것'으로 인식되어야 합니다. 설령 그 변화가 명백히 좋은 것일지라도 말입니다. 비트코인은 변하지 않는다는 점에서 가치를 가집니다. 이것이야말로 비트코인이 다른 어떤 화폐 시스템과도 차별화되는 점이며, 비트코인을 보호하는 요소입니다.

그러니 인내심을 가지세요. 지름길을 택하지 마세요. 우리는 세그윗이 훌륭한 업그레이드라는 것을 알고 있습니다. 그렇기에 충분히 기다릴 가치가 있다는 것도 알고 있습니다. 최선의 방식으로 세그윗이 활성화될 수 있도록 해야 합니다."

UASF를 지지한 인물도 있었는데, 바로 비트코인 개발자이자 세그윗을 소프트포크로 구현한 루크 대시였다. 당시 그는 BIP-148에 대한 지지가 거의 없던 상황을 크게 신경 쓰지 않는 것처럼 보였다. 반면 세그윗 소프트포크의 많은 코드를 작성한 또 다른 개발자 피터 토드는 BIP-148에 반대했는데, 다음은 2017년 5월 그가 루크와 실시간 채팅[Internet Relay Chat, IRC]에서 나눈 대화이다.

"제 예상으로는, 채굴자들이 BIP-148을 받아들이지 않는다면, 몇 시간 안에 모든 풀 노드가 이 코드를 버릴 것입니다."

…

"루크, 그건 미친 소리 같네요."

피터는 "미쳤다."는 과격한 표현에 대해 곧바로 사과했지만, 그렇다고 해서 피터나 그레고리 같은 코어 개발자들이 BIP-148이 적용된 클라이언트를 출시할 것처럼 보이진 않았다. UASF가 성공하려면 스몰 블로커들이 BIP-148이 포함된 클라이언트를 구현해야 했는데, 이는 과거 빅 블로커들이 비트코인 XT, 비트코인 클래식, BU를 출시하려고 했던 상황과 매우 비슷하다는 점에서 참으로 아이러니한 상황이었다.

그리고 마침내 일이 벌어졌다. 루크가 비트코인 코어와는 별도로 사용자 에이전트 태그가 Satoshi:0.14.2/UASF-Segwit:0.3(BIP148)인 BIP-148이 구현된 클라이언트를 출시했다. 여기에 한술 더 떠서, 기존 클라이언트를 유지하더라도 사용자 에이전트 아이디만 변경하여 BIP-148에 대한 지지 의사를 표명하는 캠페인까지 벌어졌다. 이 방식은 당시 상당히 인기를 끌었는데, 어떤 이들은 BIP-148이 구현되지도 않은 클라이언트를 사용하면서, 사용하는 척만 하는 것은 위선이라고 비판했고, 한 측에서는 8월 1일 이전 업그레이드할 의사가 있음을 나타내는 것뿐이니 괜찮다고 했다. 그동안 스몰 블로커들이 빅 블로커들을 조롱하고 비판했던 행동이었기 때문에 비판을 피하기는 어려웠다.

2017년 5월 초, 나는 홍콩에서 UASF를 강력히 지지하는 한 개발자와 대화를 나누었다. 그는 UASF 클라이언트 코드를 작성했으며, 여러 UASF 캠페인 웹사이트들을 관리하고 있었다. 나는 그에게 UASF에는 리스크가 있으며, 비트코인의 합의 규칙에 대해서는 인내심을 가져야 한다고 설명했다. 이에 대해 그는 강한 어조로, "평상시라면 그 말이 맞겠지만, 지금은 전쟁 중"이라고 답했다. 그는 이어서 "비트코인은 현재 절체절명의 상황에 처해 있습니다. 비트메인은 ASICBoost를 통해 취약점을 악용하고 있으며, 세그윗은 이를 해결할 방법이기에 긴급히 도입되어야 합니다. 지금은 평소처럼 인내심을 가질 때가 아니라, 비상사태입니다."라고 주장했다. 또한 "전시에 타이밍을 재고 있을 여유가 없습니다."라고 말하면서, "UASF 활성화까지 몇 개월 남지 않은 지금, 우리가 우위를 점하고 있으나 이 상황이 얼마나 오래 지속될지 모릅니다."라고 덧붙였다. 그는 "우리 쪽으로 판세가 기운 지금이 바로 강력한 카드, 핵무기를 꺼내야 할 때"라며, "선택의 여지가 없습니다. 지금 행동에 나서지 않으면 패배할 것이며, 비트코인은 끝장날 것"이라고 강하게 주장했다. 이미 그는 모든 시나리오를 면밀히 고려한 듯 보였으며, BIP-148의 성공을 확신하고 있었다. BIP-148은 소프트포크이기 때문에 기존의 합의 규칙과 충돌하지 않는 상위 개념이라는 것이 중요한 이점이며, 이를 통해 채굴자들을 압박할 수 있다는 게 그의 생각이었다. 또한 BIP-148이 채굴자들에게는 엄청난 위협이기 때문에, 그들이 정면 승부를 택하기보다 한 발 물러서 세그윗을 선택할 것이라고 믿었다. 그리고 최종적으로 세그윗이 활성화되면 BIP-148은 자동 폐기되기 때문에 실제로 일어나지는 않지만, 핵무기급의 매우 효과적인 위협 도구로 쓰일 수 있다는 것이 그의 설명이었다.

앞서 언급했듯이, BIP-148은 스몰 블로커 진영 내에서도 논란이 되었지만 시간이 지나면서 점차 지지를 얻어갔다. 2017년 5월에 접어들자, 용의 동굴에서는 UASF를 대대적으로 홍보하는 캠페인을 시작했다. 샘슨 모우는 UASF라는 글자가 새겨진 국방색 모자를 만들어 판매했다. 스몰 블로커들은 비트코인 컨퍼런스나 각종 이벤트에서 UASF에 대한 지지의 의미로 이 모자를 착용했다. UASF에 대한 논의는 주로 스몰 블로커 커뮤니티 내에서 활발히 이루어졌고, 빅 블로커 진영이나 암호화폐 업계는 전반적으로 무관심했다. 그러다가 2017년 5월 말쯤부터 스몰 블로커 진영 밖에서도 관심을 끌기 시작했다.

전략적 관점에서 보면, 빅 블로커들은 UASF에 대해 너무 늦게 반응했고, 그 의도를 제대로 파악하는 것도 오랜 시간이 걸렸다. 사실 빅 블로커들은 UASF를 구실 삼아 스몰 블로커들을 분열시킬 기회를 잡아야 했다. 스몰 블로커들이 그동안 빅 블로커 진영의 내부 갈등을 잘 활용한 것처럼 말이다. 그러나 대부분의 빅 블로커들은 UASF를 무시했다. 나는 주요 빅 블로커 중 한 명과 만나 UASF에 대해 이야기를 나눴는데, 그는 그레고리가 겉으로는 UASF에 반대하는 것처럼 말하지만, 실제로는 다른 꿍꿍이가 있을 것이라고 하며, 이것도 그저 늘 해오던 '거짓말 게임'일 뿐이라고 주장했다. 양 진영의 서로에 대한 신뢰는 바닥이었고, 비트코인이 어떻게 작동해야 하며 어디로 나아가야 하는지 전혀 다른 이해를 가지고 있었다. 그래서 빅 블로커들은 스몰 블로커들이 실제로 무엇을 의도하고 있는지조차 전혀 감을 잡지 못했다. 빅 블로커들은 오랜 시간을 기다린 스몰 블로커들이 마침내 핵폭탄과 같은 수를 놓으려는 그때의 기회를 활용해야 했다. 하지만 그들은 무엇을 해야 하는지조차 모르고 있었다.

UASF에 대한 빅 블로커들의 우려는 조금씩 커져 갔다. 전쟁 초기만 해도 그들은 스몰 블로커들을 대수롭지 않게 여기며, 승리는 자신들의 것이라 생각했다. 스몰 블로커들은 보잘것없는 존재였다. 하지만 세 차례의 하드포크가 모두 실패하는 예상치 밖의 패배를 겪은 후, 스몰 블로커들의 힘을 오히려 과대평가하게 되었다. 자금력, 로비 능력, 유명 인사의 영향력 등이 전쟁에서 승리하기 위한 힘이라는 것이 그동안의 빅 블로커들 생각이었다. 그러나 스몰 블로커들이 가진 힘은 다른 종류의 것이었다. 그들이 연전연승할 수 있던 비결은 비트코인에 대한 깊은 이해도, 그리고 빅 블로커들의 전략적 실수라 할 수 있다. 그러나 무엇보다도 비트코인 자체에 규칙 변경에 대한 저항성이 내재되어 있다는 것이 가장 큰 이유였다. 이런 점을 충분히 인지하지 못한 빅 블로커들은 자신들의 패배 원인을 항상 상대편의 권모술수 때문으로

만 이해했다. 그 결과, UASF를 또 하나의 교활한 책략 내지 위협으로 여겼고, 그저 두려워했다. 이 상황을 역전의 기회로 활용할 수 있었지만, 기회를 알아볼 만한 안목이 없었다.

한편, 암호화폐 거래소들은 UASF를 지지하지 않았다. 당시 내가 대화를 나눴던 대부분의 거래소 CEO들은 UASF가 실패할 것이라 예상하거나, 그것이 정확히 무엇인지조차 모르고 있었다. 스몰 블로커 진영 이외에는 UASF 캠페인을 위한 자금 지원이나 후원이 이루어지지 않았다. 스몰 블로커들은 매우 위험한 길을 걷고 있었고, 자칫하면 소수 체인으로 분리될 위험도 커 보였다. 이때 빅 블로커들이 취할 수 있었던 최선의 전략은 카운터 소프트포크counter softfork, 제안된 소프트포크의 반대 전략를 출시하는 것이었다. BIP-148 플래그를 금지하는 방식으로 해시파워 다수와 사용자들을 결집할 수 있다면, 그들에게 기회가 될 수 있었다. 만약 이러한 대응이 이루어졌다면 비-UASF 체인이 소멸되는 것을 막을 수 있었을 것이다. 그러나 빅 블로커들은 이런 전략을 실행할 전문성이나 의지가 부족했다. 그들은 단지 블록 크기 증가를 위한 하드포크만 고집하고 있었고, 카운터 소프트포크 같은 대안은 염두에 두지 않았다.

당연히 우지한은 UASF 캠페인에 대해 극도로 분노했다. UASF는 '채굴자들이 프로토콜 규칙을 정한다.'는 그의 내러티브를 완전히 훼손시키는 것이었다. 2017년 5월 28일, 우지한은 UASF

태그, '#UASF'와 함께 존스타운 대학살의 희생자 사진을 트윗했다. 이것은 UASF에 대한 그의 강한 분노와 두려움을 상징적으로 드러낸 행동이었다.

6월 중순, 우지한과 긴밀한 연결고리가 있는 거래소인 바이아비티씨는 BIP-148 선물 상품을 상장했다. 몇 달 전 비트파이넥스가 BU 토큰을 상장했던 아이디어를 모방한 것이 분명했다. 당시 비트파이넥스의 BU 선물 계약이 BU를 약화시키는 효과를 보였던 것처럼, 이번에도 BIP-148을 약화시키려는 의도였다. 그러나 이 상품은 상당히 이상하고 불공정한 계약처럼 느껴졌다. 상품에 투자해서 수익을 얻으려면, BIP-148 체인과 기존 체인(비 BIP-148) 둘 중 하나라도 소멸되지 않고 모두 끝까지 남아있어야 했다. 이는 BIP-148 지지자들이 생각하는 시나리오가 아니었다. 기존 체인이 BIP-148 체인에 의해 소멸하는 것을 전제하고 있었기 때문이었다. 따라서 기존 체인이 계속 유지된다는 전제를 두고 개발된 한 상품은 사실상 의미가 없었다. 결과적으로 이 선물 계약은 매우 저조한 거래량을 기록했고 BIP-148 캠페인에 별다른 영향을 주지 못했다.

2017년 6월 14일, 비트메인은 UASF에 대응하는 비상 계획을 블로그에 게시했다.

"BIP-148은 거래소 및 암호화폐 업계 전체에 매우 심각한 위험 요소입니다. 현재까지 BIP-148을 금전적으로 후원하는 주체는 없습니다. 이 체인이 활성화되더라도, 그 지지는 대부분 스몰 블로커들의 투기적 행위에서 비롯될 것입니다. UASF 버전의 채굴은 언제든지 중단될 수 있으며, BIP-148에 투자한 사람들은 전 재산을 잃을 위험이 있습니다. BIP-148 토큰을 지원하려는 거래소는 이러한 위험을 신중히 고려해야 할 것입니다.

...

UASF 체인은 기존 체인을 파괴할 리스크를 내포하고 있습니다. 이에 대한 대응책이 없다면, 기존 체인에서 발생하는 모든 활동이 연쇄적으로 소멸할 위험에 처할 것입니다. 이는 비트코인 생태계에 재앙을 초래할 것입니다. 블록 크기의 증가 없이 세그윗을 당장 활성화하자는 의견에 반대하는 사용자와 기업이 많습니다. UASF는 이들의 권리를 침해하는 공격적인 행위이며, 2016년 2월 홍콩에서 전 세계 비트코인 커뮤니티가 합의한 중요한 사항^{홍콩 협약}을 무시하는 것입니다.

...

이에 대응하여 사용자 활성화 하드포크^{User Activated Hard Fork, 이하 UAHF}를 제안합니다.

...

만약 BIP-148 포크가 발생하면, 비트메인은 최소 72시간 동안 자체 해시파워를 사용해 비공개 채굴을 할 것입니다. 그리고 채굴된 블록은 네트워크에 전파되지 않을 것입니다. 즉, 비트메인은 체인을 비공개로 유지하며, 다음과 같은 조건이 충족될 경우에만 이를 공개할 것입니다.

1. BIP-148 체인 활성화 이후, 상당수 채굴자들의 지지를 얻는 경우, 즉 BIP-148의 체인 분리가 성공한 경우
2. 시장에서 큰 블록 하드포크 체인의 가치가 더 높게 평가되는 경우, 즉 큰 블록 체인의 토큰 가격이 더 높아지고, 채굴자들의 경제적 인센티브가 하드포크 체인으로 기울어지는 경우
3. 많은 채굴자들이 큰 블록의 체인을 채굴하는 상황에서, 비트메인이 UAHF 체인을 포기하고 비공개로 채굴된 체인을 포기하기로 결정하는 경우 (공개 UAHF 체인이 체인 재구성[chain re-org]의 리스크에 처하지 않도록 하기 위함)

...

비트메인은 UAHF 체인을 채굴하는 동안 단기적인 경제적 손실을

무릅쓸 것입니다. 우리는 블록 크기를 늘리는 것이 궁극적으로 비트코인 사용자들에게 더 나은 서비스를 제공하며, 장기적으로 더 높은 시장 가치를 창출할 것이라고 확신합니다."

한마디로 비트메인의 계획은 UASF가 활성화되기 직전에 자신들만의 하드포크를 통해 블록 크기를 증가시키는 것이었다. 이 계획에는 2017년 8월에 2MB로 시작해 2019년 8월까지 16.8MB로 점진적으로 블록 크기를 확장하는 일정이 포함되어 있었다. 이는 UASF 지지자들에게 보내는 일종의 경고이자 위협이었다. 비트메인은 스몰 블로커들이 필사적으로 막으려는 것이 '비트메인 하드포크의 생태계 장악'이라고 생각했다.

그러나 우지한은 한 가지 중요한 점을 간과하고 있었다. 그의 계획이 오히려 UASF 진영에게 유리한 상황을 만들어줄 수 있다는 사실이었다. 비트메인의 해시파워 일부가 또 다른 하드포크 체인인 UAHF 체인으로 이동하면, UASF 체인의 해시파워 점유율이 상대적으로 높아질 것이기 때문이다. 게다가 비트메인은 새로운 하드포크 체인을 처음 72시간 동안 비공개로 채굴하겠다고 발표했다. 이것이 최악의 수였던 이유는, 비공개 채굴로 인해 아무도 해당 체인을 확인할 수 없고, 클라이언트도 존재하지 않으며, 거래소에 상장되지 않는 토큰이 될 가능성이 컸기 때문이다. 이런 체인은 사실상 무의미한 것이었다. 우지한의 정확한 의도는 알 수 없지만, 나는 그가 분노에 휩싸여 섣부르게 대응했다는 인상을 받았다. 우지한이 취해야 했던 전략은 UASF에 대응하면서 기존 체인(비-UASF)을 유지하고, 동시에 카운터 소프트포크를 준비하는 것이었다. 하지만 이 방법도 그가 주장해 온 블록 크기 증가가 아닌 1MB 제한을 유지하는 것이었기 때문에, 그에게는 실질적인 선택지가 많지 않았다.

용의 동굴 내에서는 비트메인의 게시물에 크게 환호하는 반응이 나왔다. 많은 사람들이 비트메인이 이 계획을 실행한다면 승리가 확실하다고 믿었다. 하지만 신중한 입장을 취하는 이들도 있었다. "우지한이 어리석은 계획을 발표했다고 해서 실제로 그렇게 행동할 것이라고 단정하지 말자."는 목소리가 나왔다. 나 또한 비슷한 생각이었다. 시간이 조금 지나면 우지한은 이 계획의 실효성이 없음을 깨닫고 더 나은 전략을 세울 것이라 생각했다.

UASF의 기한이 다가오면서 빅 블로커들은 뾰족한 대책을 찾지 못한 채 점점 더 궁지에 몰리고 있었다. 빅 블로커들에게는 더 이상 사용할 카드가 없어 보였고, 최소한 굴욕적인 패배를 피하고 체면을 지킬 방법이 절실한 상황이었다.

제18장

뉴욕 협약
New York Agreement

2017년 5월 22일, 뉴욕에서 디지털 커런시 그룹Digital Currency Group, 이하 DCG의 배리 실버트Barry Silbert가 주최한 회의가 열렸다. 이 회의의 목적은 다른 회의들과 마찬가지로, 기나긴 비트코인 커뮤니티의 갈등을 해결하는 것이었다. 우지한 역시 이 회의에 참석했다. 회의 결과, 뉴욕 협약New York Agreement, 이하 NYA이라고 불리는 합의문이 발표되었다.

"우리는 다음 두 가지 업그레이드 방안을 지지하기로 합의했습니다. 해당 버전은 세그윗 2MB 제안에 기반하여 동시에 배포될 것입니다.

- 비트 4 로 지지 신호를 보내며, 80%의 지지를 얻는 것을 목표로 세그윗을 활성화한다.
- (세그윗 활성화 이후) 6개월 내에 2MB 하드포크를 활성화한다.

또한 업그레이드 관련 신호 시스템을 개선하기 위한 연구에 전념할 것이며, 비트코인의 용량을 증가시키기 위한 안전한 솔루션의 설계, 통합, 배포를 긴밀하게 조정할 소통의 장을 마련할 것입니다.

비트코인의 미래를 준비하는 모든 기업, 채굴자, 개발자, 사용자들을 환영합니다.

이 합의문에 서명한 기업들은 비트코인 생태계의 중심적인 역할을 하는 회사들입니다. 그 규모는 5월 25일 기준으로 다음과 같습니다.

- 22개국, 58개 기업
- 83.28%의 해시파워
- 매월 51억 달러의 온체인 거래량
- 2,050만 개의 비트코인 지갑

추가로, 다음 기업들은 업그레이드 버전의 테스트와 기술 지원을 약속했습니다.

Abra | BitClub Network | Bitcoin.com | BitFury | BitGo | Bitmain | BitPay | Blockchain | Bloq | BTCC | Circle | Ledger | RSK Labs | Xapo

이 리스트에 귀사의 이름을 추가하고 싶으시다면, 언제든 저희에게 알려주시기 바랍니다."

이 합의는 2017년 3월, 비트코인 개발자 세르지오 레르너$^{Sergio\ Lerner}$가 제안한, 세그윗 활성화와 하드포크를 통해 블록 크기를 2MB로 늘리는 방안을 기반으로 한 것이었다. 당시 나는 배리 실버트의 측근들로부터 이 합의가 일종의 타협안이라는 이야기를 들었다. 세그윗을 원하는 쪽과 하드포크를 원하는 쪽이 교착 상태에 빠진 가운데, 배리가 중재자로 나서 절충안을 제시한 것이었다. 이 합의문은 DCG 직원 멜템 데미러스$^{Meltem\ Demirors}$가 작성한 것으로 전해진다. 절충안을 통해 UASF의 위협을 완화하고, 우지한 같은 인물들에게도 체면을 세울 기회를 제공하고자 했던 것이다. 이는 한 달 전 라이트코인 커뮤니티에서 이루어진 합의 방식과 유사했다.

뉴욕 합의에 서명한 인물들의 면면은 막강했다. 총 58명이 서명했으며, 여기에는 개빈 안드레센, 로저 버의 비트코인닷컴, 우지한의 비트메인, 그리고 브라이언 암스트롱의 코인베이스가 포함되었다. 서명자 중 33명은 DCG의 투자 포트폴리오에 속한 회사들이었고, 주요 거래소와 채굴 풀들도 대거 참여했다. 많은 이들은 이 합의문 덕분에 블록사이즈 논쟁이 마침내 해결되고, 비트코인이 나아갈 길이 명확해졌다고 결론지었다. 연이은 패배로 몰락 직전까지 갔던 빅 블로커 진영은 큰 승리감에 도취되어 있었다.

그러나 빅 블로커 진영에서도 이 합의에 100% 만족하지 않는 이들이 있었다. 그들이 그토록 반대하던 세그윗이 포함되어 있었기 때문이었다. 그럼에도 불구하고 그들이 진정 원했던 것, '비트코인 코어 개발진을 몰아내는 것'은 성취한 듯 보였다. 특히 로저 버는 "나는 이 합의문이 썩 마음에 들지 않지만, 적어도 비트코인 코어 진영을 제거할 수 있기 때문에 서명한 것이다."고 말했다. 또한 합의문에 대한 의구심을 넘어 강하게 반대하는 목소리도 있었다. 특히, 세그윗을 먼저 활성화한 후 6개월 이내에 하드포크를 시행한다는 부분 때문이었다. 이는 사실 문서의 첫 줄에 나온 '동시에 배포될 것'이라는 말과 모순되었다. 게다가 1단계인 세그윗이 먼저 활성화된 이후, 2단계인 하드포크의 실행을 어떻게 보장할 수 있을지에 대한 우려도 컸다.

한편, 스몰 블로커들도 강하게 반발했다. NYA에 그들의 목소리가 전혀 반영되지 않았다는 것이 가장 큰 불만이었다. 합의문에 모순된 내용이 담겼는지보다 더 중요한 게 있었다. 문서에는 빅 블로커 진영의 입장만이 반영되어 있었다. 사용자가 프로토콜을 통제한다는 점, 규칙을 변경하기 위해서는 사용자들의 지지가 필요하다는 점은 전혀 반영되지 않았다. 비트코인의 중요한 결정은 사용자들에 의해 이뤄져야 하는데, 이번 합의는 몇몇 대기업들이 밀실 회의를 한 후 사용자들에게 규칙을 강요하는 형식이었다. 그렇게 작동되는 비트코인이라면 초국적 중립 화폐로서의 핵심 가치가 없는 것이다. 이 합의문은 사용자들에 대한 일종의 협박이나 최후통첩처럼 보였다. 합의에 서명한 자들은 비트코인 사용자들을 설득하고 지지를 얻는 데에는 전혀 관심이 없었다.

비트코이너라면 스스로 네트워크를 운영할 수 있다는 것에 큰 가치를 부여하며, 하향식의 의사 결정을 매우 싫어한다. 애초에 그런 성향 때문에 비트코인 같은 탈중앙화 신뢰 시스템을 좋아하게 된 것이다. 이런 점에서 볼 때, NYA는 비트코인의 핵심 가치를 훼손했을 뿐만 아니라 전략적으로도 잘못된 선택이었다. 빅 블로커들이 과거 비트코인 XT, 비트코인 클래식, BU에서 저질렀던 실수를 반복하는 것처럼 보였다. 차이가 있다면, 이번에는 더 많은 기업의 지원을 받고 있었다는 점이었다. 하지만 NYA에 서명하지 않은 기업도 꽤 있었다. 당시 가장 큰 P2P 거래소였던 비트파이넥스와 로컬 비트코인을 비롯해 폴로닉스, 비트멕스, 그리고 슬러시 채굴 풀 등이 대표적이었다.

또한 합의문에는 기술적으로 아예 잘못된 부분도 있었는데 "비트 4 신호로 80%의 지지를 얻어 세그윗을 활성화한다."는 문구였다. 세그윗은 비트 4가 아닌 비트 1을 사용하여 활성화된다. 채굴자들이 비트 4 지지 신호를 보낼 수 있긴 하지만, 세그윗을 활성화하는 것과는 무관했다. 이 오류는 스몰 블로커들의 집중 공격을 받았는데, 나중에 들은 얘기로는 우지한의 고집으로 해당 문구가 들어갔다고 했다. 비트 1을 사용해 세그윗을 지원하라는 스몰 블로커들의 압력을 몇 달이나 받아온 그가, 끝까지 굴복하지 않은 것이었다. 하지만 원칙적으로 비트 4를 사용해 세그윗을 활성화하는 것은 기술적으로 불가능한 일이었다.

2017년 5월 22일, NYA 발표 직후, 비트코인 및 채굴 소프트웨어 개발자인 제임스 힐러드James Hillard는 이 비트 4 문제를 해결하기 위한 BIP-91를 내놓았다.

"배리 실버트의 NYA 제안의 첫 번째와 두 번째 부분을 독립적으로 구현할 것을 제안합니다.

'비트 4를 사용하여 80%의 지지 신호를 얻는 것을 목표로 세그윗을 활성화한다.'

이 제안의 목표는 이전 버전과의 호환성을 극대화하는 동시에 비트 4를 사용하여 80% 임곗값에서 세그윗을 신속하게 활성화하여 체인 분할 위험과 네트워크 중단 가능성을 최소화하는 것입니다. 하드포크와 별도로 세그윗을 활성화함으로써 세그윗과 하드포크 결합에서 발생할 수 있는 문제를 피할 수 있습니다."

이렇게 제임스는 세그윗을 두 단계의 소프트포크로 활성화할 것을 제안했다. 1단계는 NYA대로 채굴자 신호 임곗값 80%를 사용하여 세그윗을 활성화하고, 비트 1을 사용한 세그윗 지지 신호를 의무화하는 것, 2단계는 최종 소프트포크인 세그윗을 활성화하는 것이었다. 제임스가 제시한 방안은 비트 1을 사용해 세그윗 지지 신호를 의무화하기 때문에 BIP-148과도 호환되었다. (BIP-

91은 제임스 힐러드와 샤올린프라이가 공동 작성했다.) 이 제안에 따라 세그시그널^{Segsignal}이라는 비트코인 코어 패치가 출시되었다. BIP-91은 336개의 블록 중 80%인 269개 블록에 지지 신호가 포함되면 활성화되는 빠른 업그레이드 방식이었다.

한편 NYA를 구현할 새로운 클라이언트의 이름은 BTC1이고 주요 개발 작업은 제프 가직이 맡을 것이라는 소식이 곧 알려졌다. 제프는 BTC1 클라이언트가 BIP-91과 호환성을 유지하는 동시에, 비트 1을 사용한 세그윗 활성화를 포함하도록 하는 요청을 받았다. 비트 4를 통한 활성화는 기술적으로 불가능하기 때문이었다. 하지만 제프는 다소 불분명한 이유를 들며 이를 거부했다.

그러다가 5월 29일, 비트고^{BitGo}의 CEO인 마이크 벨시$^{Mike\ Belshe}$의 이메일이 유출되면서 NYA의 계획과 일정이 사람들에게 알려지게 되었다. 한 가지 주목할 점은 비트고가 NYA에 기술 지원을 제공할 회사 목록에는 등록되어 있었지만, NYA 합의문의 서명자는 아니라는 점이었다. 심지어 합의문 하단에 "비트고가 명단에 포함된 오류는, 이후 수정됨"이라는 문구가 있었다. 비트고 직원들을 통해 들은 바로는 그들이 중립적인 입장을 취하면서 분열된 양측 모두를 지원하고자 했기 때문에 목록에서 제외해 달라 요청했다고 했다. 아무튼 유출된 이메일에는 소프트웨어의 알파 버전 출시, 테스트넷 출시, 그리고 7월 21일부터 지지 신호를 시작하겠다는 일정까지 포함되어 있었다.

비트코인 커뮤니티는 NYA 클라이언트의 개발이 공개 메일링 리스트가 아닌 비밀리에 진행되었다는 사실에 크게 분노했다. 개방형 시스템인 비트코인은 모든 개발 과정이 공개적으로 검토받아야 한다. 따라서 네트워크 합의 규칙을 비밀리에 변경하려는 시도는 비트코인 철학과 전면으로 충돌하는 것이었다. 물론 클라이언트 개발이 비밀리 진행된 이유는 명백했다. 공개적으로 진행했다면, 스몰 블로커들이 즉시 문제점들을 지적하며 NYA의 약점이 드러났을 것이었다. 그러나 세그윗에 대한 이해가 부족한 상태에서 비공개로 개발을 강행한 것은 빅 블로커들의 실수였고, 충분한 검토 없이 추진된 결과 수많은 오류가 발생했다.

이제 용의 동굴의 스몰 블로커들은 제프를 설득하는 데 총력을 기울였다. 특히 BTC1 클라이언트의 주요 결함인 비트 4 지지 신호 활성화 부분을 집중적으로 공략했다. 만약 제프가 이 문제를 인정하고 BIP-91을 채택한다면, 마침내 세그윗 활성화에 성공하고 NYA의 두 번째 조항인 하드포크를 막을 수 있을 것이라고 기대했다. 당시 소셜 미디어에는 제프가 얼마나 BIP-91에 비협조적이고 채택을 거부하고 있으며, 이런 그의 행동이 비트코인에 얼마나 큰 해악을 끼치는지에 대한 글들이 넘쳐났다. 아마 그의 메일함은 온갖 곳에서 날아온 비난과 요구로 가득했을 것이고, 그가 받은 압박은 실로 엄청났을 것이다.

2017년 6월 5일, 제프는 압박을 견디지 못하고 BIP-91을

BTC1 클라이언트에 포함시켰다. 스몰 블로커들은 목표를 달성했고, BTC1 클라이언트는 이제 UASF를 구현하게 되었다. 용의 동굴은 환호와 축하로 가득했다.

하드포크 활성화 방법에도 변화가 생겼다. 원래 NYA에서는 세그윗 활성화 후 6개월 이내에 하드포크를 진행하기로 했고, BTC1 초기 버전은 그에 맞게 개발되었다. 하지만 이후에 출시된 BTC1 클라이언트는 하드포크 시점을 세그윗 활성화 후 3개월로 단축했다. 내부 개발진에 따르면, 세그윗과 하드포크 사이의 시간을 줄이면 하드포크 성공 가능성이 더 높아질 것이라는 판단 때문이었다고 했다. 하지만 이것이 반대로 하드포크를 더 어렵게 만들 것이라 보는 사람도 있었다. 사용자들을 설득하고 지지를 얻을 시간이 줄어들기 때문이었다.

BTC1 클라이언트는 BIP-91을 구현했지만, 여전히 많은 버그가 포함되어 있었다. 제프가 세그윗을 완전히 이해하지 못한 상태였고, 코드상 몇 가지 실수로 인해 여러 차례 수정이 필요했다. 누군가 6월 14일 자로 보낸 이메일에서 BTC1 클라이언트가 하드포크 시 일어나야 할 블록 크기 증가조차 제대로 구현하지 못했다는 지적이 나왔다. 클라이언트는 여전히 4백만 유닛의 가중치 제한을 유지하고 있었는데, 이렇게 되면 블록 크기는 증가하지 않으며 하드포크도 일어나지 않게 되는 것이었다. 정황상 제프가 세그윗을 이해하지 못한 것으로 보였는데, 그는 세그윗에 두 가지 다른 제한 사항이 있다고 생각했던 것 같다. (제5장 세그윗 중 '두 개의 그릇' 부분 참조) 결국, BTC1클라이언트의 첫 버전은 정식 출시 후 곧바로 문제를 일으켰고, NYA 참석자들이 충분한 이해 없이 일을 추진했음이 다시 한번 증명되었다.

제프가 받은 또 다른 압박은 BTC1 클라이언트에 리플레이 공격 보호를 추가하라는 요구였다. 그러나 그는 이에 반대했다. 제프는 BTC1이 새로운 코인을 생성할 의도가 전혀 없었던 데다가, 클라이언트 출시 후에는 기존 체인이 압도적인 열세로 사라질 것이라고 예상했기 때문이었다. 즉, 그는 하드포크 이후 오직 하나의 코인만 남을 것이라 확신했다. 빅 블로커들은 2016년에 있었던 이더리움 더 다오 사태를 이미 기억에서 지운 듯 했다. 클라이언트의 주요 개발자가 이런 입장이다보니, NYA 지지자들 사이에서도 리플레이 공격 보호가 불필요하다는 인식이 퍼졌다. 하지만 빅 블로커들 중 일부는 2016년의 사례를 기억하며 하드포크 이후에도 기존 체인이 살아남을 가능성이 있으므로 리플레이 공격 보호가 필수라고 주장했다. NYA의 핵심 인물 중 하나인 세르지오 레르너가 그중 한 명이었다. 당시 제프는 내부와 외부에서 큰 압박을 받고 있었다.

"비트코인에는 서로 다른 비전을 가진 사람들이 있습니다. 그 중 어느 것도 틀렸거나 잘못되었다고는 할 수 없습니다. 스몰 블로커들은 탈중앙성, 정부 개입 배제, 검열 저항성, 익명성 등을 중요하게 여깁니다. 이는 비트코인이 20~30년 이상 지속될 강력한 화폐 시스템으로 자리 잡기 위한 핵심 가치입니다. 반면, 빅 블로커들은 5년 안에 10억 명의 사용자를 확보하고, 금융 소외 계층을 돕는 것을 더 중요한 목표로 삼습니다. 두 비전 모두 타당하지만, 양립할 수는 없습니다. 따라서 리플레이 공격 보호는 필수적입니다. 그래야만 다른 비전을 가진 비트코이너들이 각자의 비전을 현실에서 실현하고 시험할 수 있습니다."

2017년 6월 16일, 채굴자들은 또 한 번의 회의를 열었다. 이 회의에는 주요 채굴 풀 대부분이 참석했으며, 이 자리에서 채굴자들은 만장일치로 NYA를 지지했다.

그러나 BTC1 클라이언트의 첫 배포 버전에는 완전 삭제 방지 wipe out protection가 포함되어 있지 않았다. 앞 장에서 설명한 바와 같이, 논란의 여지가 있는 하드포크를 완전 삭제 방지 없이 강행하는 것은 손을 뒤로 묶고 전쟁터에 나가는 것과 같다. 참고로 우지한은 블록사이즈 전쟁에 뛰어든 지 2년 만인 2017년 5월에 이르러서야, 완전 삭제 방지의 필요성을 인식했다. 그는 BTC1 출시 전 다음과 같이 얘기했다.

"4년 동안 논쟁해 온 매우 중대한 합의 규칙 변경입니다. 따라서 하드포크 시점, 오직 그 시점에만 적용되는 합의 규칙이 추가되어야 합니다. 그 시점에만 블록 크기 1MB 이상을 강제하면 됩니다. 그러면 체인이 재구성$^{\text{re-org}}$되는 것을 쉽게 방지할 수 있습니다."

NYA 하드포크가 원래 예상보다 더 큰 논란을 일으키고, 완전 삭제 방지에 대한 압력이 거세지자 제프는 결국 이를 BTC1에 포함시키는 데에 동의했다. 우지한까지 나서서 이 기능을 추가하도록 독려했다. 이로써 BTC1 클라이언트에는 하드포크 후 첫 번째 블록이 반드시 1MB 이상이어야 한다는 기본적인 형태의 완전 삭제 방지 기능이 포함되었다.

"비트메인과 BU로부터 완전 삭제 방지 기능을 구현하라는 요청을 받았고, 저희 팀은 더 나은 네트워크 업그레이드를 위한 차원에서 이를 수락했습니다.

...

전통적인 하드포크는 다음과 같은 절차를 따릅니다.

> 첫째, 하드포크 규칙 변경이 이루어지고, 그 시점에 네트워크의 체인이 분리됩니다.

둘째, 채굴자는 1MB 이상의 첫 번째 블록을 생성합니다.

BTC1 클라이언트는 이를 한층 더 강화하여 포크가 발생하는 해당 시점에 반드시 1MB를 초과하는 블록이 생성되도록 보장^{완전 삭제 방지}했습니다. 이를 통해 하드포크가 특정 블록 번호에서 발생하도록 보장하고, 업그레이드의 예측 가능성을 높이게 됩니다."

그러나 이 기능은 제대로 작동하지 않았다. 2017년 7월 11일, BTC1의 테스트넷에서 체인이 둘로 분리되었다. 누군가 예정보다 50배나 빠르게 블록을 채굴하는 바람에 하드포크가 조기에 활성화되었고, 그 후 1MB 초과 규칙을 적용하는 과정에서 버그가 발생했다. 이 버그로 인해 첫 번째 블록이 1MB를 초과하지 않았고, BTC1은 기존 클라이언트와 다른 체인으로 분리되었다. BTC1의 취약점과 문제점이 또 한 번 드러나며 스몰 블로커들의 공격 대상이 되었다. BTC1 개발팀은 이것이 테스트넷의 목적이라 해명했지만, 이번에도 충분한 검토 없이 합의 규칙을 변경하려 했다는 인상을 남기고 말았다. 빅 블로커들은 많은 클라이언트를 출시하면서 수많은 버그를 겪었고, 항상 마지막 순간까지 무언가 변경되는 등 심각한 취약점들을 노출했다.

7월 초 기준으로 해시 파워의 약 80~95%를 차지하는 채굴자들이 자신이 채굴한 블록에 'NYA'라는 문구를 삽입하며 NYA 지지 의사를 표명하고 있었다. 그러나 실제로 BTC1이나 NYA의 첫 번째 단계인 세그넷Segnet 클라이언트를 실행하는 사용자들은 거의 없었고, 채택률은 사실상 0에 가까웠다. 심지어 주요 거래소들 또한 BTC1, 세그넷, 또는 BIP-148 클라이언트를 실행하지 않고 그저 비트코인 코어만 실행하고 있었다. 따라서 겉으로 보이는 NYA에 대한 채굴자들의 지지에도 불구하고 네트워크에 실제로 변화가 생길지는 매우 불확실해 보였다.

나는 2017년 7월 중순쯤, 뉴욕 회의와 6월 채굴자 회의에 참석한 관계자들에게서 놀라운 얘기를 들었다. 그들이 현재 NYA 찬성 신호를 보내고는 있지만, 사실 BTC1 클라이언트를 사용하고 있진 않는다는 것이었다. 원칙적으로 BTC1을 실행 중인 채굴자라면 이 시점에서 기본적으로 비트 4와 비트 1을 모두 표시해야 했고, 첫 번째 소프트포크가 활성화되면 비트 1을 필수로 플래그하여 세그윗을 활성화해야 했다. 그러나 채굴자들은 아직 BTC1 클라이언트를 신뢰하지 않아 비트코인 코어나 세그넷을 실행하고 있으며, BTC1을 사용하지 않는 대신 수동으로 NYA 플래그를 포함하여 비트 4와/또는 비트 1을 표시하고 있다면서, 이 얘기를 극비에 부쳐달라고 당부했다.

2017년 7월 20일, 우지한은 비트메인이 BTC1 클라이언트를 실행하고 있다고 트윗했다. 동시에 소프트웨어를 수정해 비트 1 신호를 제거했다고 언급했다.

"비트메인은 BTC1 클라이언트를 실행 중이지만, 이 단계에서는 비트 4에만 투표하도록 프로그램을 수정했습니다."

이는 세그윗 활성화를 최대한 늦추려는 시도로 보였다. 세그윗 지지 신호가 의무화되기 전까지 최대한 시간을 끌며, 세그윗 도입을 막으려는 의도였던 것 같다.

채굴자들이 보내는 신호는 혼란 그 자체였다. 여기저기서 채굴자들의 신호가 왔지만 그들이 실제 어떤 클라이언트를 사용 중인지 분명치 않았고, 이는 사용자들에게 큰 혼란을 주었다. 앞서 언급했듯이, 많은 채굴 풀들이 BTC1을 사용하지 않으면서도 NYA 지지 신호를 보내고 있었다. 특히 비트메인의 거짓 신호는 큰 논란이 되었다. 앤트풀은 BTC1 클라이언트가 출시되기도 전에 비트 4 신호를 보내고 있었고, 심지어 2017년 7월에는 NYA와 아무 상관 없는 BU에 대한 지지 신호를 보내는 등 혼란을 가중시켰다. 한마디로, 채굴자들이 네트워크에 보내는 신호는 완전히 엉망이었다.

비트메인은 2017년 7월 말이 되어서야 마침내 비트 1 신호를 보내기 시작했다. 데드라인이 불과 며칠 남지 않은 시점이었다. 스몰 블로커들은 크게 환호했다. 세그윗 출시 10개월 만에, 마침내 가장 거대한 채굴자가 무릎을 꿇고 세그윗을 받아들인 순간이었다. 대다수의 스몰 블로커들이 절대 일어나지 않을 것이라 생각했던 일이 실제로 일어났고, 세그윗 활성화가 코 앞으로 다가왔다.

  2017년 7월 21일, BIP-91이 80%의 지지 신호 목표를 달성하면서 드디어 세그윗이 활성화될 준비가 끝났다. BIP-91에 따르면 채굴자들은 2017년 7월 26일부터 세그윗 지지 신호를 보내야 했다. 날짜가 다가오면서 어떤 이들은 우려를 표했다. 혹시라도 이를 따르지 않는 채굴자들이 있다면, 네트워크가 분리될 수도 있기 때문이었다. 그러나 7월 26일이 되자, 모든 채굴자들이 비트 1 신호를 보내며 이 규칙을 준수했다. 체인은 분리되지 않았고, **세그윗이 마침내 비트코인 네트워크에서 활성화되었다.** 이 거대한 사건과 그에 따른 수많은 에피소드가 다양한 채널을 통해 중계되었고, 모든 사건과 상황을 일일이 추적하기는 어려울 정도였다. 이 책을 여기까지 읽었다면, 내가 블록사이즈 전쟁과 관련된 모든 사건에 얼마나 집착했는지 알 수 있을 것이다. 하지만 이 시점에 이르러서는 이런 나조차도 벌어지는 모든 일을 따라잡을 수 없었다.

  날짜로 보면 BIP-91의 활성화 시점은 7월 26일이다. 이는 UASF의 예정일인 8월 1일에서 불과 5일 전이었다. UASF가 채굴자들에게 얼마나 큰 위협이었는지 알 수 있는 대목이다. UASF의 성공은 정말이지 기적과 같은 성과였다. **현대판 다윗과 골리앗의 싸움에서 다윗이 승리한 것이었다.** BIP-91이 활성화됨에 따라 UASF는 비트코인 코어의 공식 버전에 포함되지는 않았지만(일부 코어 개발자들은 공개적으로 이를 반대하기도 했다), 그 효과는 분명했다. **UASF는 단순 기술적 제안을 넘어 사용자 중심이라는 비트코인의 근본정신에 뿌리를 둔 운동이었다.**

UASF는 몇몇 힘 있는 소수의 밀실 회의를 통해 탄생한 것이 아니다. 비트코인 본연의 정신, 그리고 익명의 창시자 사토시의 철학에 입각하여 탄생한 것이다. 익명의 개발자인 샤올린프라이가 처음으로 아이디어를 공개 제안하고 커뮤니티 전체가 힘을 모아 이루어낸 성과였다. 단 한 명의 익명 개발자, 소수의 열정적인 지지자들, 그리고 샘손 모우가 배포한 캠페인 모자가 수십억 달러 규모의 대기업인 비트메인을 비롯한 여러 기업을 상대로 싸워 승리한 것이었다. 이런 일은 비트코인에서만 가능하다고 생각한다. 비트코인 네트워크는 사용자가 중심이 되는 독특한 구조를 가지고 있기 때문이다.

물론 스몰 블로커들 관점에서 BIP-91은 완벽하지 않았다. 그동안 고수해 온 '인내심 전략'에 비해 너무 성급하게 추진되었고, 336블록^{대략 2.3일}에 불과한 짧은 투표 기간에도 문제가 있었다. 채굴자들이 BIP-91을 실행하면서 세그윗 지지 신호를 보낸다는 조건이 붙어있었기 때문에, 채굴자와 풀 노드 간의 네트워크 분리 가능성도 있었다. 하지만 많은 혼란과 위험한 과정에도 불구하고, 스몰 블로커들은 원하는 것을 얻었다. UASF는 우지한을 효과적으로 압박했고, 세그윗은 활성화되었다. 이제 남은 과제는 단 하나, NYA의 두 번째 단계인 하드포크를 막는 일이었다.

빅 블로커들은 크게 분노했다. 어떤 빅 블로커는 "되지도 않는 UASF 모자 캠페인이 먹혀들었다."며 채굴자들이 스몰 블로커들의 모략에 넘어간 탓에 세그윗이 활성화되었다고 비난했다. 특히 이 일이 8월 1일 전에 일어난 것이 더 분통 터지는 점이었다. 만약 8월 1일 이후에 세그윗이 활성화되었더라면, 그것은 단지 NYA의 결과였을 뿐 UASF가 무서워서가 아니라고 주장할 수 있었을 것이기 때문이었다. 스몰 블로커들이 주도권을 쥔 상황에서 세그윗이 활성화되는 모양새는 빅 블로커들에게 실질적 패배이자 정신적 패배였다. 점차 빅 블로커들은 비트코인에 대한 환멸마저 느끼기 시작했으며, NYA의 두 번째 조항인 하드포크에도 관심을 두지 않게 되었다.

나는 우지한이 전략적으로 큰 실수를 했다고 생각한다. 조금만 더 버텼다면, 세그윗을 8월 1일 이후에 활성화할 수 있었을 것이다. 분명 일부 스몰 블로커는 UASF에 반대했을 것이고, 그랬다면 우지한은 적어도 UASF를 물리쳤다고 주장할 수 있었을 것이다. 그러나 체인 분리에 대한 두려움과 적들의 힘에 대한 과대평가로, 끝내 버티지 못하고 굴복한 것이었다.

세그윗이 활성화되면서 스몰 블로커들은 자유롭게 전진할 수 있었다. 하지만 해결해야 할 문제가 아직 하나 남아있었다. 미국에 기반을 둔 벤처 캐피털의 지원을 받는 암호화폐 관련 기업들은 NYA의 두 번째 조항, 하드포크를 통한 블록사이즈 증가에 서명했다. 즉, 그들은 하드포크를 통해 만들어진 새로운 코인이 알트코인이 되길 원하지 않았다. 진짜 비트코인이 되기를 기대하고 있었다. 우지한의 비트메인 역시 같은 생각이었다. 때는 하드포크 예정일까지 불과 3개월밖에 남지 않은 시점이었고, 기업들의 장벽은 높아 보였다. 전쟁 분위기는 여전히 뜨거웠다.

제19장

비트코인 캐시
Bitcoin Cash

2017년 6월 30일, 네덜란드 아른헴에서 비트코인의 미래The Future of Bitcoin Conference 2017라는 빅 블로커들의 행사가 열렸다. 우지한, BU의 앤드류 스톤Andrew Stone, 크레이그 라이트, 그리고 개발자인 아모리 세셰Amaury Sechet가 연사로 참석했다. 이 자리에서 아모리는 '기본으로 돌아가기'라는 제목으로 자신이 작업 중인 '내가 작업 중인 작은 프로젝트'를 소개했다. 그가 새롭게 준비 중인 하드포크 클라이언트는 블록 크기를 늘리면서도 이를 원하지 않는 사람들은 기존 체인에 남아있을 수 있도록 하는 '선택적 리플레이 공격 보호'를 적용한다고 설명했다. 그리고 이 클라이언트의 이름을 비트코인 ABC라고 소개하며, 우지한이 제안한 사용자 활성화 하드포크User Activation Hard-Fork, 이하 UAHF를 구현한 것이라고 밝혔다.

UASF의 마감일인 2017년 8월 1일을 앞둔 7월 12일, 비트코인 ABC 클라이언트가 출시되었다. 비트코인 XT, 비트코인 클래식, BU, BTC1 등 과거의 하드포크 버전들과는 달리, 비트코인 ABC에는 8월 1일로 고정된 플래그 데이 활성화가 포함되어 있어 채굴자 신호가 필요하지 않았다. 이는 UASF 마감일과 일치하도록 의도적으로 설계된 것이었다. 또한 체인이 분리될 경우, 양쪽 네트워크를 완전히 단절시키는 리플레이 공격 보호도 추가되었다. 빅 블로커들이 혐오하던 세그윗은 제외된 것처럼 보였지만, 코드 곳곳에 세그윗이 적용되어 있었다. 예를 들어, 새로운 트랜잭션 수신 알고리즘을 포함해, 세그윗과 동일한 방식으로 트랜잭션 관련 버그를 수정했다. 그러나 여전히 ASICBoost는 비밀리에 사용할 수 있도록 허용되고 있었다.

빅 블로커들은 마침내 원하던 것을 얻게 되었다. 융통성 없이 신중함만을 추구해 온 비트코인 코어 진영의 손아귀에서 벗어난 빅 블로커만의 클라이언트가 탄생한 것이었다. 7월 17일, 바이아비티씨는 새로 출시된 비트코인 ABC를 위한 채굴 풀을 개시한다고 발표했다. (우지한의 영향력 아래에 있는 바이아비티씨는 공식적으로 그가 새로운 정책을 발표하기 전 시장 반응을 미리 시험해보는 역할을 해왔다.) 이 새로운 코인에는 비트코인 캐시 Bitcoin Cash라는 이름이 붙었고, 거래소 티커는 BCC로 정해졌는데 후에 BCH로 변경되었다.

"UAHF가 활성화되면 체인 분리가 발생할 수 있으며, 그럴 경우 우리는 이 새로운 코인을 비트코인 캐시, BCC로 명명할 것입니다."

많은 빅 블로커들은 비트코인 캐시를 지지했지만, 동시에 이 코인을 NYA의 두 번째 단계가 실패할 경우의 대비책으로 여겼다. 2017년 7월 25일, 로저 버는 이렇게 말했다.

"Segwit2x의 2x 부분NYA 2단계 하드포크이 활성화되지 않는다면, 비트코인닷컴의 모든 자원을 비트코인 캐시 지원에 집중할 것입니다."

 2017년 7월 23일, 비트코인 캐시 출시까지 단 일주일 남짓 남은 시점에 비트멕스의 공동 창립자인 벤 델로Ben Delo가 비트코인 ABC에 문제를 제기했다. 그는 리플레이 공격 보호를 선택이 아닌 필수로 변경할 것을 요구했다. 거래소는 고객의 자산을 안전하게 보호할 책임이 있기 때문에, 리플레이 공격에 대한 대비가 반드시 필요했다. 벤은 이를 강화하기 위해 상당한 자원을 써야 할지 불확실한 상황에 대해서도 우려를 표했다. 이런 요구가 나오자, 빅 블로커들 사이에서는 이것이 우지한의 원래 계획과 맞지 않다는 의문이 제기되었다. 특히, 리플레이 공격 보호를 필수화하는 것은 스몰 블로커들의 주장과 일치했기에, 내부에서 논란이 일었다. 하지만 거래소들의 지지를 얻어야 했던 아모리는 결국 벤의 요구를 수용하기로 결정했다. 비트코인 캐시 출시까지 단 6일을 남겨두고, 비트코인 ABC는 리플레이 보호 기능을 필수사항으로 추가했다. 이로써 비트코인 코어와 비트코인 캐시는 깔끔한 체인 분리를 맞이했고, 양 진영은 평화롭게 갈라서게 되었다.

 출시 초기에는 비트코인 캐시의 해시 파워가 아주 미약할 것으로 예상되었기 때문에, 블록 생성 속도가 매우 느리거나 아예 멈출 가능성도 제기되었다. 이를 해결하기 위해 아모리는 비트코인 캐시의 난이도 조정 주기를 단축하도록 난이도 조정 알고리즘을 수정했다. 이로 인해 두 체인은 더욱 깔끔하게 분리되었다. 이는 비트코인 캐시의 블록 헤더가 기존 비트코인 체인과 호환되지 않게 되면서, 경량 클라이언트와 모바일 지갑 등도 완전히 분리되었기 때문이었다. (이것 역시 스몰 블로커들이 오랜 기간 주장해 온 또 다른 안전장치였다.) 하지만 얼마 지나지 않아 아모리가 수정한 알고리즘에 심각한 결함이 있음이 드러났다. 난이도 조정 주기가 과하게 단축되면서 채굴 수익성도 급격하게 변했다. 채굴자들은 급변하는 수익성에 비트코인 캐시로 몰려들었다 떠나는 과정을 반복했다. 이로 인해 네트워크 처리 용량도 급등과 급락을 반복하면서, 결제 네트워크로서의 신뢰성에 큰 타격을 입었다. 게다가 블록 생성 속도가 너무 빨라지면서 비트코인 캐시는 비트코인보다 10,000블록이나 앞서 나갔고, 그 결과 블록 보상 코인이 일찍 고갈되고 말았다. 아모리가 난이도 조정 주기를 단축하는 대신, 일시적으로 난이도를 하향 조정했다면 이런 사태는 발생하지 않았을 것이었다. 이 결함은 차츰 개선되긴 했지만, 이 글을 쓰고 있는 지금 시점에서도 여전히 해결되지 않고 있다.

  2017년 8월 1일 화요일이 다가오면서, 양측의 긴장은 최고조에 달했다. 이날은 블록체인 역사에서 매우 중요한 순간으로 기록될 것이 확실했다. 비트코인과 비트코인 캐시의 마지막 공통 블록은 UTC^{Universal Time Coordinated, 협정 세계시, 국제 표준 시간의 기준} 기준 2017

년 8월 1일 오후 1시 16분, 비티씨닷컴BTC.com 채굴 풀이 채굴한 478,559번째 블록이었다. 그 다음 블록인 478,560번째 비트코인 블록은 7분 후 바이아비티씨에 의해 채굴되었고, 비트코인 캐시의 478,560번째 블록은 약 5시간 후 같은 풀에서 채굴되었다. 해당 블록에는 'Welcome to the world, Shuya Yang!'이라는 메시지가 담겨 있었으며, 블록 크기는 1.9MB였다.

이로써 두 코인은 완전히 분리되었고, 양측은 각자의 비전을 추구할 수 있게 되었다. 두 번째 비트코인 캐시 블록도 바이아비티씨에 의해 채굴되었는데, 재미있는 것은 세 번째 블록이었다. 홍콩 시간으로 늦은 밤, 정체를 알 수 없는 채굴자에 의해 채굴된 세 번째 비트코인 캐시 블록에는 'Genesis Block 269-273 Hennessy Road Wan Chai Hong Kong'이라는 주소가 포함되어 있었다.

나는 다음 날 아침 출근 후에도, 비트코인 캐시 블록들이 채굴되는 과정을 지켜보고 있었는데, 많은 블록 안에 동일한 주소가 포함되어 있는 것을 발견했다. 호기심에 지도로 이 주소를 검색해 보니 내가 있던 위치와 매우 가까운 곳이었다. 블록사이즈 전쟁의 진정한 열성팬답게, 나는 즉시 책상을 박차고 일어나 그곳으로 향했다. 15분 거리인 곳이라 금방 도착했으나, 특별한 것을 발견하진 못했다. 한 5분쯤 주변을 서성였을까. 근처를 배회하고 있는 벤 델로를 발견했다. 그와 이야기를 나누어보니, 그 역시 나랑 똑같은 호기심에 이 곳을 찾아왔다고 했다. 그러다가 어떤 계단으로 이어지는 문을 발견했다. "안녕하세요!" 외치며 여러 번 문을 두드렸지만, 대답이 없었다. 우리는 뭔가 보물찾기 같은 게임일 것이라 확신하고 계단을 올라가 봤다. 공사 현장처럼 보이는 장소에서 한 사람을 발견할 수 있었다. 그리고 그를 통해 이게 무슨 상황인지 알 수 있었다. 그가 말하길, 이 건물은 홍콩의 새로운 비트코인 모임 공간이 될 장소로, 주로 스타트업이나 커뮤니티 모임을 위한 곳으로 쓰일 것이라고 했다. 비트코인 캐시 블록에 그런 메시지를 포함한 것은 건물 소유주인 피터 응(Peter Ng)이라는 사람의 마케팅 아이디어였으며, 자신의 채굴장 해시 파워 일부를 비트코인 캐시에 보내면서 새로운 모임 공간을 홍보했다는 것이었다. 나와 벤은 너무 일찍 찾아온 손님이었던 것이다. 뭔가 대단한 보물을 찾길 기대했던 우리는 약간의 실망과 함께 다시 사무실로 돌아갔다.

빅 블로커 커뮤니티는 환호로 가득했다. 오랜 시간 동안 스몰 블로커들에게 발목 잡혀 고생했던 그들은 드디어 자유를 되찾았다고 느꼈다. 이제 그들은 높은 수수료에 얽매이지 않고, 자신들만의 새로운 코인인 비트코인 캐시를 마음껏 홍보할 수 있게 되었다. 비트코인 캐시는 그들의 것이었고, 그들은 이 코인을 원하는 대로 통제할 수 있었다. 아마 그들은 처음 비트코인을 접했을 때 느꼈던 자유와 비슷한 감정을 느꼈을 것이고, 동시에 스몰 블로커들에게 복수할 기회로 여겼을 것이다. 그들은 스몰 블로커들이 틀렸다는 것을 증명하고자 했고, 이를 통해 자신들의 승리를 만끽할 준비가 되어 있었다.

한편, 스몰 블로커들은 새로운 코인을 조롱하는 전략을 취했다. 그들은 비트코인 캐시를 '비캐시^{Bcash}'라고 부르기 시작했는데, 이는 의도적으로 '비트코인'이라는 단어를 빼버림으로써 비트코인과의 연관성을 끊어내려는 의도였다. 이 별명은 로저 버와 같은 빅 블로커 인플루언서들의 신경을 건드리면서 더욱 바이럴되었고, 결국 널리 쓰이는 이름이 되어버렸다.

체인 분리는 투자 관점에도 중요한 영향을 미쳤다. 비트코인을 보유하고 있던 사람들은 이제 동일한 양의 비트코인과 비트코인 캐시를 갖게 되었다. 이에 따라 사람들은 자신이 선호하는 코인을 더 많이 보유하고, 선호하지 않는 코인을 매도할 기회를 얻게 되었다. 스몰 블로커들은 비트코인 캐시의 구조적 결함 때문에 비트코인 캐시의 수요가 매우 적을 것이라 예측했다. 비트코인 캐시의 가격이 비트코인 가격의 2% 수준으로 떨어질 것이라 예상하면서, 빅 블로커들이 비트코인에 대한 잘못된 비전을 갖고 있다고 확신했다. 일부 스몰 블로커들은 자신이 보유한 비트코인 캐시를 대량 매도하여, 실제로 그 가격을 2% 수준으로 떨어뜨릴 것이라 공언하기도 했다.

하지만 스몰 블로커들의 진짜 전략은 겉으로 드러난 것과 달랐다. 특히 스몰 블로커 진영의 고래들은 훨씬 더 신중하게 상황을 바라보고 있었다. 나와 대화를 나눈 한 스몰 블로커는 상당한 양의 비트코인과 비트코인 캐시를 보유하고 있었지만, 비트코인 캐시를 당장 팔아치우지 않을 것이라고 말했다. 그는 "비트코인 캐시가 성공한 것처럼 보이는 게 중요하다."고 하며, 비트코인 캐시의 가격이 급락해 빅 블로커들이 낙담하는 일이 벌어져서는 안 된다고 했다. 왜냐하면 빅 블로커들이 비트코인 캐시에 절망해 다시 비트코인으로 돌아와 블록 크기 증가나 세그윗 반대 같은 문제를 일으키는 걸 원치 않았기 때문이었다. 빅 블로커들이 비트코인 캐시에 성공적으로 안착한 것으로 보이게 함으로써, 그들이 비트코인을 영원히 떠나게 하려는 전략이었다. 반면, 빅 블로커들은 스몰 블로커들이 비트코인 캐시로 떠나버린 자신들을 설득해서 다시 비트코인으로 끌어들일 것이라고 생각했으니, 완전 동상이몽이었다. 내가 대화했던 거의 모든 스몰 블로커들은 빅 블로커들과의 결별을 진심으로 기뻐하고 있었다.

비트코인 캐시는 아이디어가 나온 지 불과 한 달 만에 출시되었기 때문에, 비트파이넥스 같은 대형 거래소조차 선물 시장을 준비할 시간이 없었다. 크라켄 등 몇몇 거래소에서 비트코인 가격의 약 10~12% 수준에서 현물 거래를 바로 지원하긴 했지만 사용자들이 자신의 비트코인 캐시를 입금할 수는 없었다. 이는 채굴 네트워크가 충분히 안전한지 아직 확실치 않아 거래소가 트랜잭션을 받을 수 있는 상황이 아니었기 때문이었다. 즉, 체인 분리 이전에 거래소에 보유하고 있던 비트코인에 대해서만 비트코인 캐시로 거래할 수 있었다. 예를 들어, 분리 전에 1비트코인을 거래소에 보유하고 있었다면 분리 후 1비트코인과 1비트코인 캐시를 할당받았다. 갑작스러운 비트코인 캐시 출시는 여러 거래소에 혼란을 초래했는데, 폭증하는 수요를 제대로 감당하지 못해 사이트가 자주 다운되거나 주문 실행이 지연되는 문제가 발생했다. 일부 크라켄 사용자들은 주문 제출 후 며칠이 지나서야 처리되어 불만을 토로하기도 했다.

당시에는 현물 거래소뿐만 아니라 마진 거래와 레버리지 상품을 지원하는 거래소들이 많았기 때문에, 상황은 더욱 복잡해졌다. 체인 분리는 거래소들에게 매우 까다로운 문제였고, 거래소들은 저마다의 정책을 시행했다. 예를 들어, 비트멕스는 비트코인 캐시를 완전히 무시하고, 비트코인 선물 가격만을 따랐다. 반면, 크라켄은 비트코인 캐시 거래를 지원하여, 비트코인 롱 마진 포지션을 보유한 사용자들이 비트코인 캐시를 받을 수 있게 했다. 즉, 사용자가 1비트코인의 3배 레버리지로 롱 포지션을 취했다면, 체인 분리 후 총 4개의 비트코인 캐시를 받을 수 있었다. 반대로, 비트코인 숏 포지션을 취하고 있었다면, 체인 분리 후 자동으로 비트코인 캐시에도 숏 포지션이 걸리게 되어 있었다. 이런 거래소들 간의 정책 차이는 차익 거래 기회를 제공했다. 예를 들어, 비트멕스에서 비트코인 숏 포지션을, 크라켄에서 비트코인 롱 포지션을 취하면 비트코인 캐시를 공짜로 얻을 수 있었다.

비트파이넥스 같은 대형 거래소도 혼란에 휩싸였다. 비트파이넥스는 체인 분리 전에 비트코인을 대여한 사용자들에게는 비트코인 캐시도 돌려주겠다고 했지만, 반대로 비트코인을 빌린 사용자들에게는 비트코인 캐시를 갚을 필요가 없다는 모순적인 정책을 발표했다. 이로 인해 비트코인 캐시가 일부 사용자들에게 부족하게 지급되는 상황이 벌어졌다. 예를 들어, 체인 분리 전에 비트파이넥스에 1비트코인을 보유하고 있었다면, 분리 후에 0.85개의 비트코인 캐시만 할당되는 식이었다. 이런 정책적 혼란과 모순을 악용해서 큰 이익을 본 사람들도 있었다. 지금 돌이켜보면 이해가 가지 않는 정책들이지만, 당시에는 모든 것이 새로웠고 이런 복잡한 상황에서 올바른 결정을 내리기란 매우 어려웠다. (비트파이넥스의 정책은 비트코인 캐시의 유동성이 낮을 경우, 사용자들이 시장에서 비트코인 캐시를 구매해야 하는 부담을 덜어주기 위한 것이었다.)

비트코인 캐시의 큰 변동성은 출시 후 약 일주일 간 이어졌다. 2017년 8월 6일이 되어서야 거래소들은 비트코인 캐시의 입금을 받기 시작했는데 가장 먼저 시행한 거래소는 비트렉스^{Bittrex}였다. 그 전까지 스몰 블로커들은 비트코인 캐시를 팔 방법이 없었다. 자신의 비트코인을 거래소에 둔 경우가 아니라면 말이다. 당시 많은 이들은 거래소에 비트코인을 두는 걸 선호하지 않았다. 제삼자 리스크 없이 자신의 개인키를 직접 관리하는 것을 선호했다. (Not your keys, Not your Bitcoin!) 이제 스몰 블로커들의 비트코인 캐시가 거래소로 흘러 들어갈 수 있게 되었다. 그들은 비트코인 캐시가 과대평가 되었다고 생각했기 때문에 입금되는 즉시 매도할 계획이었고, 이러한 러시가 계속되면 가격은 더 하락할 것이라고 예상했다. 하지만 비트코인 캐시를 비트렉스로 송금하기 위해서는 정말 오랜 시간을 기다려야 했다. 이는 앞서 언급한 비트코인 캐시의 변형된 난이도 조정 때문이었다. 해시레이트의 큰 변동성으로 거래소들은 상당한 횟수의 블록 컨펌을 요구했고 입금이 완료되기까지 몇 시간이나 걸렸다. 비트코인 캐시를 팔고자 하는 사람들은 긴 줄을 서고 충분한 컨펌 횟수를 기다려야 했다.

마침내 입금 완료를 알리는 블록들이 채굴되기 시작했고 그 즉시 비트코인 캐시의 가격은 20%가량 급락했다. 사용자들은 비트코인 캐시의 입금이 완료되는 족족 빠르게 매도 주문을 넣었다. 비트코인 캐시 블록이 채굴될 때마다 비트코인 캐시의 가격이 급락하는 패턴은 몇 시간 동안 계속되었는데, 스몰 블로커 진영은 이 상황을 놓치지 않고 소셜 미디어를 통해 실시간으로 중계했다. 당시 어떤 트레이딩 펀드들은 이 패턴을 포착하고 수익의 기회로 이용했다. 스몰 블로커들은 이념으로 무장된 무지성 매도자들이였으니, 이 매도 물량을 받아내는 새 블록이 생성되기 직전에 비트코인 캐시를 되팔면서 수익을 챙겼다. 체인 분리가 가져온 시장의 혼란은 가히 역대급이었다.

시간이 지나면서 시장은 조금씩 안정을 찾아갔고, 비트코인 캐시의 가격 변동성도 줄어들기 시작하여, 비트코인 캐시의 가격은 비트코인의 7%에서 15% 사이로 안정되었다. 용의 동굴의 스몰 블로커들은 매우 정교한 전략을 갖고 신중하게 행동에 나섰다. 그들 사이에 비트코인 캐시 가격이 비트코인 가격의 7% 이하로 떨어지지 않도록 하라는 메시지가 돌았다. 그들의 논리는 이랬다. 만약 빅 블로커들이 분할 전 보유한 비트코인이 21만 개라면, 이론적으로 2,100만 개의 비트코인 캐시를 모두 매입할 수 있게 된다. 단 1%의 비트코인만 가지고도 비트코인 캐시 시장을 장악하고 가격 측면에서 비트코인의 경쟁자로 떠오르게 되는 것이다. 반면 비트코인 캐시 가격이 비트코인의 10%라면, 비트코인 캐시 독점에 필요한 비트코인은 210만 개나 된다. 스몰 블로커들은 이를 잘 인지하고 있었기 때문에, 7% 이하로는 팔지 말라고 권장한 것이었다. 이와 관련해 "Make them pay^{대가를 치르게 하라}"는 밈도 생겨났다.

나는 상황이 아주 재미있게 돌아간다고 생각했다. 블록사이즈 전쟁 초기는 한마디로 냉전이었다. 비트코인의 본질이 무엇인지를 둘러싼 이데올로기 싸움이 주를 이뤘다. 하지만 이제는 자본 투자시장 내의 거래와 손익까지 둘러싼, 이른바 금융 전쟁으로 발전해 있었다.

2017년 9월 초, 나는 몇몇 빅 블로커들을 만났다. 그들은 비트코인 캐시가 스몰 블로커들에게 현실적인 위협이며, NYA 2단계 채택을 효과적으로 압박할 수 있는 수단으로 여겼다. 또한 비트코인 캐시 덕분에 스몰 블로커들이 더 이상 자신들을 만만하게 보지 않을 것이라고도 말했다. 나는 그들이 이번에도 상황을 완전히 오판하고 있음을 직감했다. 비트코인 캐시는 체인 분리로 탄생했다. 그리고 채굴자와 거래소는 NYA 2단계가 또 다른 체인 분리를 의미한다는 것을 알고 있었다. 비트코인 캐시 하드포크는 거래소에 큰 부담을 주었는데, 마진 상품과 대출 상품을 어떻게 처리해야 할지 등 많은 복잡성을 초래했다. 2016년의 이더리움 사태의 악몽이 상기된 셈이었다. 이런 상황을 또 겪고 싶은 거래소는 없었다.

한편 스몰 블로커들은 빅 블로커들이 새로운 하드포크 코인을 지지하는 그 자체가 협약 위반이라고 비판하면서 NYA는 무효라고 주장했다. 하나의 체인을 준수할 것이라고 협약에 서명해 놓고, 다른 체인(비트코인 캐시)을 지원한다면 협약은 아무 의미 없는 것이라는 입장이었다. 이처럼 빅 블로커들은 또 한 번 자충수를 두었고, 이는 패배에 쐐기를 박는 실수가 되었다.

제20장

세그윗2x
SegWit2x

NYA 1단계가 성공적으로 완료되기 전까지만 해도 스몰 블로커들은 2단계, 하드포크$^{\text{SegWit2X}}$에 대해 말을 아꼈다. 그러다가 2017년 8월, 세그윗이 안정적으로 자리 잡자, 본격적인 캠페인에 돌입했다. 전쟁 초반부와는 달리, 이제 스몰 블로커들에 대한 커뮤니티의 지지는 강력했다. 그들의 합리적이고 설득력 있는 주장, 그리고 실제 성취한 성과 덕분에 사용자들부터 투자자, 트레이더에 이르기까지 많은 이들이 그들의 편에 섰다. 대중은 대체로 이념적 대립에는 큰 관심이 없다. 보통 승리할 것 같은 쪽을 지지한다.

전쟁이 진행되면서 큰 블록 진영의 주인공들도 계속 바뀌었다. 스몰 블로커들은 첫 번째 전투에서 개빈 안드레센과 마이크 헌을, 그리고 두 번째 전투에서는 우지한과 로저 버를 물리쳤다. 이제 마지막 세 번째 전투에서는 제프 가직과 마이크 벨시가 그들의 상대였다. 제프는 SegWit2x 클라이언트의 메인 개발자였고, 마이크는 비트고^{BitGo}의 CEO로, 빅 블로커 팀의 마지막 바통을 이어받았다. 한편, 우지한과 로저 버는 이미 전선에서 퇴장하여 비트코인 캐시 홍보에 주력하고 있었다.

2017년 8월 3일 비트코인 코어 깃허브에는 BTC1 클라이언트가 비트코인 코어와 연결되지 못하게 하는 새로운 코드가 도입되었다. 체인 분리가 일어날 것이 확실했기 때문에 두 코인 모두에게 필요한 조치였다. (동일한 네트워크에 있는 노드들끼리만 연결되는 것이 더 안전한 방법이다.) 기술적인 이점 외에, 이 조치는 "비트코인 코어는 SegWit2x를 따르지 않을 것이며, 기존 비트코인 체인을 유지할 것"이라는 정치적 메시지도 담고 있었다.

제프는 이에 불만을 표시하며 이렇게 말했다.

"이 변경은 비트코인 코어와 SegWit2x 노드가 100% 동일한 규칙으로 블록을 검증하고 있음에도 불구하고 강제로 체인을 분리합니다. 이는 미래에 있을 규칙의 차이를 미리 반영하는 조치입니다. 결과적으로 일부 노드들이 섬처럼 고립될 것입니다. SegWit2x 클라이언트 배포 전부터 이런 조치를 취하는 것은, 적대적이며 네트워크 안전성을 떨어뜨리는 위험한 변경입니다."

스몰 블로커들은 BTC1 클라이언트를 막고자 제프의 과거 발언을 다시 끄집어내 그의 주장이 모순되고 위선적이라고 공격했다. 2012년, 제프는 블록 크기와 관련해 스몰 블로커들의 주장과 비슷한 논리를 펴면서, 작은 블록 크기의 필요성을 설명한 적이 있었다.

"악의적인 채굴자가 블록을 만들더라도, 네트워크의 노드들이 거부하면 해시 파워의 51%, 심지어 90%를 가져도 소용이 없습니다."

또한 2013년에는 하드포크와 리플레이 공격 보호가 없을 때 생길 수 있는 문제에 대해 언급하기도 했다. (이것이 내가 처음으로 해당 이슈에 대해 관심을 갖게 된 계기였다.) 하지만 지금의 제프는 자신이 반대했던 방식을 고스란히 따라 클라이언트를 개발하고 있었다. 물론, 시간이 지나면서 생각이 바뀌는 것은 자연스러운 일이다. 이것만 가지고 제프를 악의적이라든가 위선적이라고 비판할 수는 없다. 그러나 스몰 블로커들은 "제프가 양복쟁이들에게 영혼을 팔았다."며 비난했다. 2013년에 제프가 쓴 글은 이랬다.

"블록사이즈 변경에 따른 경제적 분석보다 선행되어야 할 것은, 상위 개념인 하드포크와 그에 따른 경제적 영향을 이해하는 것입니다. 하드포크는 네트워크의 합법적인 사용자들을 배제할 수 있으며, 자신의 코인을 사용할 수 없게 만들 수도 있습니다. 또한 주변 노드의 업데이트 여부에 따라, 그리고 상호작용 여부에 따라, 같은 코인을 두 번 사용할 수 있게 만들기도 합니다. 극단적으로 표현하면, 이것은 멸종 이벤트Extinction Level Event입니다. 잘못된 하드포크는 비트코인 경제의 신뢰를 무너뜨릴 수 있습니다.

하드포크는 '헌법 제정 회의'에 비유할 수 있습니다. 블록 크기, 2,100만 개의 총 공급량 제한, SHA256 해시 함수, 그 외의 작동 원리들, 다시 말해 비트코인의 기본 규칙을 새롭게 정의할 수 있다는 뜻입니다. 만약 어떤 비상사태가 발생하여 하드포크를 불가피하게 실행한다면, 평상시에 바꾸기 어려웠던 다른 기능들도 함께 묶어서 바꾸는 것이 공학적으로 더 합리적이고, 그렇게 될 가능성이 훨씬 높습니다.

이러한 이유로 하드포크에 따른 결과를 정확하게 예측하는 것은 매우 어려운 일이며 의도치 않은 방향으로 변경될 위험을 항상 수반하게 됩니다. 하드포크는 비상사태와 같이 피치 못할 사정이 있는 경우에만 고려해야 하는, 마치 핵무기와 같은 옵션입니다."

스몰 블로커들의 또 다른 전략은 NYA에 서명한 SegWit2x 지지자들의 명단을 철저히 분석하고, 이 회사들과 직접 소통하며 NYA의 문제점을 알리는 것이었다. 특히, 비트코인 캐시와는 달리 SegWit2x는 리플레이 공격 보호가 없는 체인 분리라는 점에서 어떤 위험성을 내포하고 있는지 적극적으로 알렸다. 명단에 있는 기업 중 일부는 이런 결함을 충분히 인지하지 못한 상태에서 서명했을 가능성이 있었기 때문이었다. 서명한 기업 중 일부가 문제점을 인식하고 지지를 철회한다면, 이는 빅 블로커 진영에 큰 타격을 줄 것이었다. 그리고 이 전략은 효과를 보기 시작했다. NYA는 비트코인 커뮤니티 전체의 합의를 얻지 못했을 뿐만 아니라, 서명자들조차 충분한 이해 없이 졸속으로 동의했음이 드러나기 시작했다.

첫 번째 이탈은 2017년 8월 22일, 비트왈라Bitwala에서 일어났다. 그들이 더 이상 NYA를 지지하지 않겠다고 선언했다.

"우리는 비트왈라의 NYA 지지 여부에 대해 지속적으로 문의를 받고 있습니다.

...

이 협정은 세그윗 소프트포크의 빠른 활성화에 기여했으며, 그 과정은 순조로웠습니다. 하지만 일부 채굴자들은 비트코인의 하드포크 버전을 만들어 비트코인 캐시(BCH)라고 명명했습니다. 이 버전에서는 세그윗이 제거되었고, 블록 크기는 최대 8MB로 늘어났습니다.

...

비트왈라는 비트코인 개발자를 직원으로 두거나 후원하고 있지 않기 때문에 비트코인 코어 개발팀과는 독립적인 의사 결정을 내리고 있습니다. 우리는 우리가 서명한 협약NYA을 존중하고 싶습니다. 하지만 기본적으로 비트왈라는 우리의 고객들을 위해 서비스를 제공하는 회사입니다.

...

우리는 현재 비트코인 코어 개발팀이 지원하는 버전을 '비트코인'으로 보고 있으며, 이와는 다른 하드포크를 시도하지 않을 것입니다."

비트왈라의 첫 번째 전선 이탈은 NYA 2단계 전투의 중요한 순간이었다. 하지만 완전한 이탈이라고 보기는 어려웠다. 비트왈라가 '기존의 규칙 체인'이라는 표현 대신 '코어 개발팀이 지원하는 버전'이라고 언급함으로써, 이 싸움이 개발자와 채굴자 간의 갈등이라는 오해를 불러일으켰고, 비트왈라가 개발자 편을 드는 것처럼 보였다. 실제로 '개발자 대 채굴자'라는 프레임은 빅 블로커들이 만들어온 것이었다. 그럼에도 스몰 블로커들은 이를 자신들의 승리로 받아들이고 기뻐했다.

비트왈라의 이탈에도 불구하고, 마이크 벨시는 SegWit2x 프로젝트를 계속 추진하고자 했고, 2017년 8월 23일, SegWit2x 메일링 리스트에 다음과 같은 메시지를 남겼다.

"세그윗 활성화 이후 프로젝트에 대한 후속 업데이트를 공유합니다. 최근 SegWit2x 팀이 조용하다는 것을 눈치채셨을 것입니다. 이는 SegWit2x 코드가 문제없이 잘 작동하고 있다는 좋은 신호입니다. SegWit2x의 목표는 다소 지루할 수 있지만, 간단하고 안정적인 코드를 만드는 것입니다. 만약 앞으로도 SegWit2x 개발에 대해 별다른 소식이 없다면, 좋은 징조로 받아들이시면 됩니다."

하지만 2017년 8월 31일, 또 다른 이탈이 발생했다. 이번에는 NYA에 서명한 채굴 풀 중 하나인 에프투풀이 SegWit2x를 더 이상 지지하지 않겠다고 선언한 것이었다. 비록 에프투풀은 여전히 블록에 'NYA' 메시지를 넣고 있었지만, 채굴 풀 운영자인 왕춘은 서버 재시작 시 이를 제거할 계획이라고 밝혔다. 메이저 채굴 풀이 오리지널 비트코인에 해시 파워를 보내겠다고 선언했고, 투자자들 또한 기존 체인을 선호하고 있었다. 이로써 지금까지 눈치만 보던 다른 채굴자들도 NYA를 무시하고 기존 비트코인을 채굴할 가능성이 높아졌다.

9월 1일, 또 다른 이탈이 발생했다. NYA에 서명한 또 다른 회사의 CEO 웨이닐로언스^{Wayniloans}는 트위터를 통해 NYA의 모든 조항에 동의한 적이 없으며, 서명 이후 협약 내용이 변경되었다고 주장했다. 몇 주 후 이 내용은 공식 이메일로 확인되었고, 이에 배리 실버트는 실망감을 표하며 이렇게 답장했다.

"SegWit2x 지지를 철회하는 것은 귀사의 자유입니다만, 진술이 정확하지는 않습니다. 저는 5월 21일 오후 8시 40분, 귀사로부터 최종 성명서에 지지한다는 이메일을 받았습니다. 또한, 제가 웨이닐로언스를 협약에 추가해달라고 요청한 것이 아니라, 귀사 측에서 먼저 요청하셨습니다. 중간에 무슨 일이 있었는지 저는 알 수 없습니다."

이 시점부터는 이탈이 눈에 띄게 늘어나기 시작했다. 9월 26일에는 볼토로Vaultoro가 협약을 철회하겠다고 선언했다.

"우리가 서명한 것은 비트코인 캐시 하드포크 이전의 일이었습니다. 이는 당시 양 진영 간 교착 상태를 해결하려는 시도였고 어느 정도 효과를 봤습니다. 이제 세그윗이 성공적으로 활성화되었고, 리플레이 공격 보호가 없는 상태에서는 더 이상, 이 협약을 지지할 수 없습니다."

이어서 남미 기반의 거래소 서비티씨surBTC도 NYA에 대한 지지를 철회했다.

"우리는 비트코인의 확장성 문제를 전문적으로 다룰 수 있는 위치에 있지 않습니다. 그러나 비트코인 코어 개발자들이 SegWit2x가 위험하다고 느낀다면, 이를 강제로 진행하는 것에 동의할 수 없습니다. 현재 비트코인 프로젝트를 추진하는 코어 팀의 기술적 역량은 그 어느 때보다도 뛰어나며, 전문가 그룹으로서 목소리를 낼 자격이 있다고 생각합니다. 앞으로 증가할 비트코인 수요를 충족시키기 위해 블록 크기를 조금 더 늘리는 것이 좋겠지만, 이를 안전하고 책임감 있게 수행하려면 비트코인 코어 개발자들의 지지가 필수라고 생각합니다. SegWit2x에는 이러한 지지가 보이지 않고 코드 저장소에서 벌이는 크고 작은 분쟁들이 썩 마음에 들지 않습니다."

이와 더불어 영국 기반 거래소 크립토 퍼실리티즈Crypto Facilities도 협정을 철회했으며, 나중에 이 회사를 인수한 크라켄의 CEO는 리플레이 보호 기능이 없다는 점이 SegWit2x에 반대하는 이유였다고 설명했다. 비트퓨리도 NYA 2단계에 참여할 의사가 없음을 나타냈고, 이탈이 가속화되면서 협약에서 발을 빼는 기업을 모두 추적하기 어려울 정도로 상황은 혼란스러워졌다. NYA의 붕괴가 임박한 상황이었다.

심지어 NYA 지지 진영 내에서도 이탈이 발생했다. 유어스Yours는 비트코인 캐시로 완전히 전환하겠다고 발표했고, 비트메인의 채굴 풀 앤트풀도 비트코인 캐시 채굴을 시작했다. 물론, 비트코인 캐시를 채굴하거나 지원하는 것이 협약 위반은 아니었다. 여러 코인을 채굴하며 수익을 극대화하는 것은 일반적인 사업 행위였기 때문이다. 하지만, 분할 이후에도 양쪽 코인을 계속 지원하고 자유롭게 채굴한다면, 두 체인이 공존하며 NYA는 사실상 무

의미하게 된다. 스몰 블로커들이 바로 이 점을 경고하며 리플레이 공격 보호의 필요성을 주장했던 것이었다. 그들은 SegWit2x가 리플레이 보호 없이 출시되는 것은 기존 네트워크에 대한 공격이나 다름없으며, 책임 있는 기업이라면 이를 지원해서는 안 된다고 강력히 주장했다.

SegWit2x의 미래가 불투명해지고, 리플레이 공격 보호에 대한 요구가 점점 더 커지는 가운데, 마이크 벨시는 여전히 프로젝트를 밀어붙이고 있었다. 2017년 10월 8일, 그는 이렇게 말했다.

"당신들이 말하는 '리플레이 공격 보호'는 체인을 분리시킵니다. 체인이 분리되면 1,000만 개 이상의 클라이언트들이 갑자기 작동을 멈추게 됩니다. 이를 피하는 것이 SegWit2x의 목표입니다. 여전히 수많은 채굴자가 SegWit2x를 지지하고 있으며, 우리는 SegWit2x 출시를 준비하고 있습니다. 99.94%의 네트워크 노드들과 SPV 클라이언트는 자동으로 가장 긴 체인인 SegWit2x을 따를 것입니다. 물론 모든 사람이 이에 동의하지 않을 수도 있지만, 비트코인 업그레이드는 원래 이렇게 이루어져 왔습니다."

일부 SegWit2x 지지자들 중에는 오히려 기존 비트코인 체인에 강제 리플레이 공격 보호가 필요하다고 주장하기도 했다. SegWit2x가 출시되면 기존 체인이 해시 파워 부족으로 소수 체인이 될 것이고, 따라서 보호 장치가 필요하다는 것이었다. 하지만 이는 불가능한 일이었다. 강제 리플레이 공격 보호는 기존 체인과 호환되지 않기 때문에, 또 다른 제3의 체인 분할을 초래하게 된다. 즉, 기존 비트코인, 기존 체인의 새로운 하드포크, 그리고 SegWit2x라는 세 개의 코인으로 분리되는 것이다. 이에 대해 스몰 블로커들은 "기존 체인과 호환되지 않는 것은 SegWit2x 쪽이며, 따라서 리플레이 보호를 구현할 책임은 그들에게 있다."고 반박했다.

2017년 10월 6일, 비트파이넥스 는 SegWit2x가 체인 분할을 일으킬 가능성이 있음을 예상하고, 이를 위한 새로운 토큰, B2X를 상장했다. B2X 토큰은 비트코인 대비 4%에서 20% 수준으로 거래되었는데, BU 때와 마찬가지로, 투자자들이 SegWit2x보다 원래의 비트코인을 선호하고 있음을 보여주었다. 또한 체인 분할에 대한 입장을 명확히 했다. 그들은 기존 체인을 **현역 비트코인**incumbent implementation이라 부르며 진짜 비트코인으로 간주했고, SegWit2x 체인을 B2X라는 별도의 알트코인으로 분류했다. 게다가 B2X 체인에 더 많은 해시 파워가 몰린다고 해도 이 입장을 고수할 것이라 밝혔다. 다만 시장 상황에 따라 새로운 이름을 수용할 여지는 남겨두면서, NYA를 지지할 수도 있다는 뉘앙스를 남겼다. '진짜' 비트코인이 무엇인지는 궁극적으로 시장의 판단에 맡기겠다는 뜻이었다.

"곧 SegWit2x 포크가 일어날 가능성이 높아짐에 따라, 우리는 SegWit2x 체인을 B2X라는 티커로 상장시킬 것입니다. B2X 체인에 더 많은 해시 파워가 몰리더라도 현역 비트코인은 계속 BTC로 거래될 것입니다. 이는 실무적인 결정이지 정치적인 결정이 아닙니다. 다만 시장이 원한다면, 티커에 붙은 설명이 바뀔 수도 있습니다. 일단 지금은 비트코인을 BTC 로, SegWit2x를 B2X로 라벨을 붙였습니다. 시장이 다른 체계를 원할 때까지, 지금의 라벨은 유지될 것입니다."

일주일 후, 2017년 10월 13일 비트멕스는 비트파이넥스보다 더 강력한 성명을 발표했다. 비트멕스는 B2X가 더 많은 해시 파워를 가질지라도 이를 비트코인이 아닌 알트코인으로 간주하겠다는 입장이었다.

"SegWit2x 제안은 블록 크기를 늘리는 것을 목표로 합니다. 이 변경은 2017년 11월에 시행될 예정이며, 기존 비트코인과 호환되지 않기 때문에 새로운 코인이 탄생하게 될 것입니다. 이 코인의 지지자들은 새로운 코인을 '비트코인'이라고 부르겠지만, 그건 그들이 결정할 문제가 아닙니다. 어떤 코인이 가장 높은 가치를 가지는지는 투자자와 같은 시장 참여자들이 결정하는 것입니다. 즉, 시장이 결정하는 것이죠. 시장의 가격 발견 과정을 원활하게 지원하기 위해서는 반드시 강력한 리플레이 공격 보호가 필요합니다. 그러나 SegWit2x에는 그런 보호 메커니즘이 포함되어 있지 않습니다. 따라서 비트멕스는 B2X 체인을 지원하지 않을 것입니다. B2X 입금 및 거래 서비스는 없을 것이며, 비트멕스로 전송된 B2X 토큰에 책임지지 않을 것입니다. SegWit2x체인의 해시 파워가 더 많더라도 이 방침은 변하지 않을 것입니다."

심지어 비트멕스의 CEO인 아서 헤이즈$^{Arthur\ Hayes}$는 2017년 10월 23일, 'ShitCoin2x 거래하기'라는 제목의 블로그 게시물을 올렸다. (ShitCoin이란 알트코인을 비하하는 용어다.) 'ShitCoin2x' 밈은 스몰 블로커들 사이에서 크게 환영받았고, NYA의 얼마 남지 않은 지지자들에게는 암울한 상황을 안겨주었다. 새로운 코인이 기술적으로 견고하게 출시된다고 하더라도, 비트코인 가격의 10% 이하 수준으로 거래되는, 그저 또 하나의 알트코인이 될 가능성이 커 보였다.

그리고 다음 날 갑자기 제프는 메트로놈^{Metronome}이라는 새로운 알트코인을 출시할 것이라고 발표했다. 스몰 블로커들은 이를 또 기회 삼아 SegWit2x 프로젝트를 비판했다. 메인 개발자가 집중력을 잃고 다른 프로젝트에 손을 대고 있다고 주장한 것이다. 블룸버그는 이에 대해 다음과 같이 보도했다.

"비트코인 개발의 핵심 인물인 제프 가직이 비트코인의 한계를 경험하고 있습니다. 그래서 그는 다른 디지털 화폐인 메트로놈을 만들기로 결정했고, 이 코인의 특징은 여러 블록체인을 타고 이동할 수 있는 것이라고 말했습니다. 이러한 이동성 덕분에, 개발자들 간의 분쟁이나 사용자 수요 감소로 인해 어느 한 체인이 소멸하더라도 메트로놈 코인의 소유자들은 자산을 다른 곳으로 옮길 수 있다는 것이 그의 설명입니다. 가직은 이 특징이 코인의 가치를 유지하고 그 지속성을 보장할 것이라고 말했습니다."

2017년 10월 23일, 코인베이스도 SegWit2x에 대한 정책을 발표했다. 코인베이스는 NYA에 서명한 기업 중 하나였고, 그때까지 지지를 철회하지 않은 상태였다. 그동안 빅 블로커들의 모든 하드포크를 지원해 왔었던 코인베이스가 이번에도 같은 정책을 펼칠지 관심이 주목되었다. 그러나 코인베이스도 역시 비트파이넥스나 비트멕스처럼 NYA를 파기하고 SegWit2x 코인을 알트코인으로 간주하겠다는 입장을 발표했다.

"비트코인 SegWit2x 포크가 11월 16일에 일어날 것으로 예상되며, 그 결과 일시적으로 두 개의 체인이 생성될 것입니다. 코인베이스는 기존 비트코인 블록체인을 비트코인(BTC)으로, 하드포크된 블록체인을 비트코인2x(B2X)로 부를 것입니다."

스몰 블로커들은 환호했다. 항상 빅 블로커들을 지원해 온 코인베이스가 드디어 입장을 바꾸었다. 이는 SegWit2x에 치명타였다. 스몰 블로커들은 코인베이스 CEO 브라이언에게 많은 이메일과 메시지를 보내면서, 이 결정을 축하했다. 코인베이스로서도 고객 자산을 안전하게 보호하는 것이 최우선이었다. 체인 분리 후 두 개의 코인이 생성될 것이 자명한 상황에서, 수탁자인 자신이 어느 하나의 자산만 지원하는 것은 적절치 못한 행동임을 깨달았던 것 같다.

그러나 이틀 후, 코인베이스는 갑작스럽게 상반된 입장을 내놓았다. 가장 높은 해시레이트를 보유한 체인을 비트코인으로 간주하겠다고 입장을 뒤집은 것이었다.

"이전 발표에서는 하드포크가 발생하면 기존 체인을 비트코인(BTC)으로, SegWit2x 체인을 비트코인2x(B2X)로 부르겠다고 했습니다. 하지만 일부 고객들이 이에 대해 더 명확한 설명을 요구했기 때문에, 우리의 입장을 다시 분명히 하겠습니다. 코인베이스는 가장 높은 해시레이트를 가진 체인을 비트코인으로 간주할 것입니다."

물론 수정된 성명도 결국 NYA를 파기한 것이나 다름없었다. NYA의 목표는 새로운 하드포크 코인을 비트코인으로 간주하는 것이었지, 중립적인 입장을 취하는 것이 아니었기 때문이었다.

코인베이스의 새로운 정책이 시장에 혼란을 끼치는 한편, 제미니 Gemini 등 다른 미국 기반의 거래소들도 동일한 입장을 밝혔다.

코인베이스의 새로운 정책에는 몇 가지 모순점이 있었다. 먼저, 활발한 거래가 이루어지고 있는 코인의 오더북을 고려했을 때, 기존 비트코인을 계승할 코인을 미리 정해놓는 것이 더 타당해 보였다. 그렇지 않고 해시레이트의 상황을 지켜본 뒤에 결정을 내린다면, 그동안 거래소 운영을 일시 중단해야 했다. 분명 매매가 급증할 시기에 거래소를 중단하는 것은 사업적으로 매우 나쁜 결정으로 보였다. 게다가 '가장 높은 해시레이트'가 기준이라면, 판단 기준은 언제가 되는 것인가? 하드포크 직후 한 시간 후인가, 하루 후인가, 아니면 한 달 후인가? 코인베이스는 이에 대한 명확한 기준을 제시하지 않았다. 두 체인의 해시레이트 우위는 서로 앞서거니 뒤서거니 할 가능성이 더 컸다. 그리고 채굴자들은 더 높은 시장 가치를 지닌 코인을 따라 채굴 대상을 변경할 것이었다. 그렇다면 거래소가 문을 닫은 상태에서 채굴자들은 어떻게 결정을 내릴 수 있을까? 거래소와 채굴자들은 서로를 쳐다보고만 있는 교착 상태에 빠지게 되는 것이다. 그렇다면 코인베이스는 안 그래도 불확실한 시기에, 질서 있는 시장과 원활한 가격 발견을 보장할 책임을 저버리는 것이 아닐까? 코인베이스의 입장은 시장의 가격 발견 메커니즘을 보장하고 그 결과가 채굴자들에게 전달되는 과정을 방해하는 셈이었다. 코인베이스의 혼란스럽고 명확하지 않은 정책에 비해, 비트파이넥스와 비트멕스가 채택한 정책이 훨씬 더 책임감 있고 명확해 보였다.

10월 말이 다가오면서, 전 세계 비트코인 커뮤니티의 SegWit2x 반대 여론은 멈출 수 없을 정도로 강해졌다. 전세계의 로컬 밋업 그룹들이 SegWit2x 반대 성명을 발표하면서, 기존 체인을 비트코인으로 지지할 것임을 선언했다. 한국, 홍콩, 이탈리아, 독일, 이스라엘, 브라질, 아르헨티나 등 여러 나라의 커뮤니티에서 성명을 발표했는데, 그 중 이스라엘 커뮤니티의 성명은 다음과 같았다.

"비트코인이라는 통화 프로토콜을 변경하는 것은, 특히 그것이 하드포크라면, 압도적인 커뮤니티의 합의가 필수입니다. SegWit2x는 그러한 합의를 전혀 얻지 못했으므로, 우리는 이를 '비트코인'이라 부를 수 없습니다."

홍콩 커뮤니티는 더욱 강경했다.

"SegWit2x는 충분한 리플레이 공격 보호를 포함하지 않고 있으며, 커뮤니티 전반의 광범위한 합의도 없습니다. 합의가 결여된 SegWit2x는 무모한 시도입니다. 이는 비트코인 생태계에 혼란과 피해를 초래할 것입니다. 따라서 우리는 SegWit2x에 강력히 반대합니다. SegWit2x가 해시레이트에서 우위를 점하거나 더 높은 가격을 형성하더라도, 우리의 입장은 변하지 않을 것입니다."

블록사이즈 중 진행된 마지막 확장성 컨퍼런스 Scaling IV는 2017년 11월 4일과 5일 주말 동안 미국 스탠포드 대학교에서 열렸다. 제1차 확장성 컨퍼런스가 열린 몬트리올 때처럼 나는 회사에서 연차를 거의 다 써가고 있었기 때문에, 주말을 낀 짧은 휴가를 내고 비행기에 올라탔다. 조용하고 차분한 분위기에서 치러진 Scaling IV에서 전쟁이 끝나가고 있음이 명백히 느껴졌다. 회의에 참석한 사람 중 SegWit2x를 지지하는 사람은 거의 없었는데, BTCC의 바비 리는 예외였다. 바비는 SegWit2x의 열성 지지자였고, SegWit2x가 양측을 결속시킬 타협책이라고 믿고 있었다. 당시 바비가 창업한 거래소 BTCC는 이미 SegWit2x 토큰의 거래를 지원하고 있었고 가격이 비트코인의 10%에 불과했지만 SegWit2x가 잠재적으로 성공할 수 있다고 믿으며 NYA를 끝까지 포기하지 않았다. 재미있던 건, 컨퍼런스 첫날 후반부에 '중국에서의 비트코인'이라는 바비의 발표가 있었는데 발표가 끝난 후 질의응답이 진행되려는 찰나, 그가 이렇게 선을 그어버렸다.

"SegWit2x와 NYA에 대한 질문은 받지 않겠습니다. 중국 시장 혹은 다른 주제에만 집중하겠습니다."

그도 SegWit2x가 환영받지 못하는 주제이고, 온갖 부정적 질문과 비판에 시달릴 것임을 알고 있었다. 그리고 이에 대해 맞서 논쟁할 용기도 없어 보였다. SegWit2x를 제안한 이들마저 전선에서 물러나고 있었고, 커뮤니티를 상대로 설득하고 지지를 구하는 것은 모멘텀을 잃어갔다.

NYA 2단계, 즉 SegWit2x의 마감일인 2017년 11월 15일이 다가오고 있었다. (블록 높이 494,784에서 활성화 예정이었다.) 빅 블로커들 사이에서는 우지한이 하드포크 직후 손해를 감수하더라도 이틀 동안은 SegWit2x를 채굴할 것이고, 수익성이 잘 나오지 않으면 다시 비트코인과 비트코인 캐시로 전환할 것이라는 소문이 돌았다. 하지만 비트메인은 이미 비트코인 캐시를 채굴하며 큰 손해를 본 상태였고, 더 이상의 손실을 감수하기는 어려워 보였다.

빅 블로커들의 관심은 이미 비트코인 캐시로 기울어져 있었고, SegWit2x는 그들에게 더 이상 의미가 없었다. 사용자들도 마찬가지였다. SegWit2x 클라이언트를 돌리는 사람은 거의 없었고 대부분이 비트코인 코어를 사용하고 있었다. 거래소들은 SegWit2x에 중립적인 입장을 취하거나 심지어 거부하기까지 했다. SegWit2x를 지지하는 유일한 집단이었던 채굴자들마저 이탈하는 순간이었다. 이제 남은 것은 SegWit2x의 공식적인 종말을 기다리는 일뿐이었다. 스몰 블로커들의 승리는 시간문제였다.

제21장

승리
Victory

2017년 11월 8일 수요일 오후 4시 58분, SegWit2x 출시를 단 일주일을 남겨둔 시점, SegWit2x 메일링 리스트 수신자들에게 이메일 하나가 발송되었다. 마이크 벨시가 보낸 메일로, 다른 SegWit2x 지지자들의 서명도 함께 포함되어 있었다. 메일의 내용은 사실상 무조건적인 항복이었다. NYA의 두 번째 조항이 공식적으로 폐기된 것이었다! 이들에게 항복 말고는 다른 선택지가 없었다. 계속 밀어붙였다간 비트코인 캐시보다도 가치가 떨어질 새로운 알트코인을 만들어내는 꼴이 될 뿐이었다. 이로써 분열된 비트코인 커뮤니티가 서로에게 가하던 적대 행위는 공식적으로 종결되었다. 블록사이즈 전쟁이 끝난 것이었다. 전쟁 시작 816일 만이었다.

"SegWit2x는 2017년 5월, 간단한 목표로 시작되었습니다. 그것은 블록 크기를 늘리고 비트코인의 확장성을 개선하는 것이었습니다. 이미 당시에도 3년 동안의 논쟁이 격렬히 이어지고 있었고, 세그윗은 겨우 30%의 채굴자들의 지지를 얻고 있었습니다. 비트코인은 위기에 처해있었습니다. 하지만 뉴욕 협약을 통해 세그윗 활성화라는 첫 번째 목표가 달성되었고, 교착 상태가 해소되었습니다. 이후 우리는 2MB 블록 크기 증가라는 두 번째 목표에 집중해 왔습니다.

우리의 목표는 언제나 비트코인에 대한 원활한 업그레이드를 이루는 것이었습니다. 블록 크기가 더 커야 한다는 생각은 지금도 변함없지만, 그보다 더 중요한 것이 있습니다. 바로 커뮤니티를 하나로 유지하는 것입니다. 아쉽지만 하드포크로 깔끔하게 블록 크기를 증가시키기 위해 커뮤니티의 충분한 합의를 이끌어내지 못했음이 명백해졌습니다. 이 길을 계속 고집한다면 커뮤니티는 분열되고, 이는 비트코인의 성장에 커다란 장애물이 될 것입니다. SegWit2x의 목표는 결코 이런 것이 아닙니다.

언젠가 네트워크 수수료가 증가하면 블록 크기 증가의 필요성이 다시 대두될 것입니다. 그때가 되면 비트코인 커뮤니티가 함께 해결책을 모색할 수 있기를 바랍니다. 그때까지 2MB 블록 크기 증가 계획은 보류하기로 하겠습니다.

SegWit2x에 건설적으로 참여해 주신 모든 분께 감사를 표합니다. 찬성했든 반대했든, 여러분의 노력이 비트코인을 더 멋지고 위대하게 만들어가고 있습니다. 비트코인은 인류 역사상 가장 뛰어난 돈이며, 우리는 비트코인의 성장을 촉진하고 보호하는 데 헌신할 것입니다.

마이크 벨시, 웬세스 카사레스[Wences Casares], 우지한, 제프 가직, 피터 스미스[Peter Smith], 에릭 부르히스[Erik Voorhees]"

이렇게 비트코인 XT, 비트코인 클래식, BU의 실패에 이어 BTC1 프로젝트마저 공식적으로 막을 내리면서, 전쟁이 마침내 종결되었다. 빅 블로커들은 모든 기력을 소진했다. 그들이 밀어 붙였던 방식은 통하지 않았고, 새로운 논란을 일으키며 또 다른 하드포크를 시작하려는 사람도 더 이상 없었다. 2년 넘게 이어진 격렬한 전쟁 끝에, 스몰 블로커들이 결국 승리의 깃발을 꽂았다. 그들은 단순히 블록사이즈 논쟁에서만 승리한 것이 아니라, **비트코인의 규칙을 변경하는 방식 자체에 대한 중요한 원칙을 확립했다.** 장막 뒤에 모인 몇몇 기업들이 자본을 동원하고 몇 차례 회의를 거친다고 해서, 비트코인이 변하는 것이 아니라는 사실이 증명되었다. 채굴자들 역시 비트코인의 규칙을 마음대로 바꿀 수는 없었다. 비트코인의 규칙을 변경하고 싶다면, 뛰어난 기술보다 사용자를 먼저 설득하고 이들의 지지를 얻는 것, 즉 심리적 노력부터 기울여야 한다는 점을 모두가 깨닫게 되었다. **최종 결정권을 가진 것은 비트코인 사용자들이며, 이 점이 비트코인을 독특하고 매력적인 금융 주권 도구로 만드는 핵심 요소이다.** 스몰 블로커들이 주장했던 "비트코인의 규칙은 사용자들이 결정한다."는 내러티브는 마침내 승리로 귀결되었다. 실로 놀라운 승리였다.

모두가 여기에 동의하진 않았다. 특히 일부 빅 블로커들은 이 전쟁의 본질을 비트코인 코어 개발자들과 채굴자들 간의 싸움이라고 해석했다. 이들은 비트코인 코어 진영이 채굴자들을 상대로 승리했으므로 "비트코인은 개발자들이 통제한다."고 주장했다. 이는 비트코인 코어가 UASF를 시행하지도 않았음에도 나온 반응이었다. 사실, **사용자가 통제하는 시스템**이라는 개념은 많은 사람들에게 어렵게 느껴진다. 그런 시스템은 흔치 않기 때문이다. 사람들은 항상 시스템을 이끄는 특정한 주체, 기업, 혹은 단체를 찾기 마련이다. 비트코인처럼 리더 없이 전 지구적 합의가 구현되는 시스템, 일명 '지배자없는 규칙$^{\text{Rule without Ruler}}$'을 제대로 이해하기란 어렵다. 이러한 사람들에게는 과거의 개빈 안드레센이나 우지한이 그랬던 것처럼, 이제 비트코인 코어 개발자들이 또 다른 리더로 보였을 것이다. 앞으로도 비트코인이 지금처럼 리더 없는 시스템으로 남을 것인지에 대해서는 여전히 논란이 있을 수 있다. 그럼에도 불구하고 블록사이즈 전쟁이라는 큰 혼란의 드라마를 겪은 후, 한 가지 분명해진 것이 있다. 비트코인은 리더 없이도 살아남을 수 있다는 희망이다.

설상가상으로 11월 15일, SegWit2x가 활성화되기로 한 시점에 치명적인 버그가 발견되었다. 하드포크가 예정되어 있던 494,784번째 블록 전 494,782번째 블록에서 알 수 없는 오류로 체인이 멈춰버렸다. 이로 인해 BTC1 클라이언트는 예정된 블록보다 두 블록 빨리 하드포크를 실행하게 되었다. 494,784번째 블록에서 사용자 잔액을 기록하려던 거래소들은 황급히 기록 시점을 조정해야 했다. 거래소들의 신속한 대응이 없었다면 대재앙으로 이어질 뻔한 상황이 펼쳐졌다. BTC1 클라이언트에서는 SegWit2x를 채굴하지 못하는 버그도 발생했다. 제프는 처음엔 이 문제를 부인했지만, 며칠 후 이를 인정하고 부랴부랴 해결하기도 했다. 연달아 버그가 발생하면서 SegWit2x 체인은 블록을 전혀 생성하지 못했고, 결국 사장되며 존재하지 않는 체인으로 남게 되었다. 중요한 것은 이러한 기술적 실패가 SegWit2x 실패 원인 중 일부에 불과하다는 점이었다. 핵심은 사용자들을 설득하는 정치적 측면과 투자자들을 끌어들이는 경제적 측면 모두에서 실패했다는 것이다. 요약하자면, SegWit2x는 총체적으로 실패했다.

SegWit2x 중단 소식이 전해지자 비트코인 캐시의 가격은 폭등했다. 비트코인 캐시는 빅 블로커들에게 남은 마지막 희망이었다. 특히 2017년 11월 12일 일요일, 암호화폐 버블이 절정에 달했을 때, 비트코인 캐시는 엄청난 랠리를 펼쳤다. 비트코인 가격의 8% 수준이었던 비트코인 캐시는 마이크의 이메일이 발송 이후 48%까지 급등했다가 며칠 뒤 급락하는 모습을 보였다. 비트코인 캐시가 최고가에 도달했을 때도 스몰 블로커들은 큰 신경을 쓰지 않는 듯 보였고, 승리의 기쁨을 만끽하고 있었다. 그러나 시가총액 1위 자리를 빼앗길 가능성에 대해 정말로 아무런 두려움이 없었을까? 그건 알 수 없다. 비트코인 캐시의 상승세는 한국의 개인 투자자들이 주도한 것으로 알려졌는데, 당시 한국은 암호화폐 투자 열기로 뜨거웠다. 하지만 이 상승세는 오래가지 못하고 금세 꺼져버렸다.

비트코인 캐시가 폭등하는 동안, 빅 블로커들은 갑작스럽게 찾아온 막대한 수익에 크게 흥분했다. 버블의 정점에서 어떤 이들은 비트코인 캐시가 비트코인을 곧 추월할 것이라 확신하며 더 많은 자금을 투입했다. 그들은 '체인 데스Chain Death'라는 텔레그램 그룹까지 만들어 비트코인 체인이 곧 사라지고 비트코인 캐시가 대장 코인이 될 것이라고 믿었다. 그 방에 직접 들어가 보진 않았지만, 지인을 통해 채팅 내용을 보게 되었고, 유명 빅 블로커들의 이름도 볼 수 있었다. 11월 랠리 동안 그룹 활동은 매우 활발했고, 그들의 분위기는 흥분과 환희로 가득했다.

빅 블로커들은 비트코인 캐시 가격 급등을 '교환의 매개체'로서 우수하다는 증거로 해석했다. 그리고 가격 상승이 이어지면 비트코인 캐시의 채굴 수익성이 증가하고, 채굴자들이 기존 비트코인을 버리고 비트코인 캐시로 몰려들 것이라고 기대했다. 그렇게만 된다면 비트코인 캐시가 새로운 대장 코인이 될 것이었다. 물론 비트코인의 2주 난이도 조정 메커니즘을 조금만 생각해 봐도 이러한 시나리오는 현실성이 매우 떨어진다는 것을 알 수 있다. 스몰 블로커들은 이 같은 주장을 희망 회로라고 생각했다. 이들은 전쟁이 시작될 때부터 '인내심 전략'을 고수해 왔다. 시간이 얼마나 걸리든 오래 기다리기만 하면 난이도는 조정될 것이고, 스몰 블로커들은 언제나 기다릴 준비가 되어있었다. 역으로 비트코인 캐시의 새로운 난이도 조정에는 큰 결함이 있었는데, 그건 난이도 조정 주기가 비트코인의 2주보다 훨씬 더 짧았다는 점이었다. 빅 블로커들의 계획대로 채굴자들이 비트코인 캐시로 몰려들면 난이도가 급격히 올라가 수익성도 크게 줄어든다. 그러면 결국 채굴자들은 비트코인 캐시를 떠나 다시 비트코인으로 돌아올 수밖에 없다. 즉, 비트코인의 채굴이 난이도의 벽에 부딪혀 멈출 일은 결코 없었던 것이다. 빅 블로커들은 전쟁이 다 끝난 이후에도 난이도 조정에 대해 제대로 이해하지 못한 듯했다.

비트코인 캐시와 관련된 또 다른 에피소드가 있다. 2017년 12월 20일, 코인베이스에 상장된 비트코인 캐시가 최고점인 8,500달러를 기록하면서 서버가 다운되고 사용자들은 큰 불편을 겪었다. (참고로 달러 기준 사상 최고치였지만, 비트코인 기준으로는 11월 최고치에 미치지 못했다.) 상장과 함께 벌어진 이 사태는 사용자들에게 큰 실망을 안겨주었다. 특히, 그동안 코인베이스가 비트코인 XT, 비트코인 클래식, BU 등 빅 블로커들의 하드포크를 줄곧 지지해 왔다는 사실에 불만을 품고 있던 스몰 블로커들은 이 상황을 매우 심각하게 받아들였다. 그들은 코인베이스가 비트코인 캐시 상장 정보를 빅 블로커들에게 미리 유출하여 내부자 거래를 저질렀다고 비난했다.

한편, 줄곧 큰 블록과 하드포크를 옹호해 온 로저 버는 이제 전격적인 비트코인 캐시의 홍보대사가 되었다. 그는 비트메인과 협력하여 수많은 회의와 행사, 파티를 개최하고, 전 세계 상점에서 비트코인 캐시 결제를 장려하며, 다양한 굿즈와 코인을 무료로 나눠주는 등 수년 동안 비트코인 캐시를 홍보하며 수백만 달러의 막대한 자금을 쏟아부었다.

그러나 그 모든 노력에도 불구하고 비트코인 캐시는 비트코인에 비해 큰 성과를 거두지 못했다. 가격 면에서 비트코인을 따라잡지 못했을 뿐 아니라, 네트워크 거래량에서도 비트코인에 뒤처졌다. 그동안 주요 장점으로 내세운 '더 큰 블록', '더 많은 온체인 용량' 등이 모두 무색해졌다. 2018년 3월에 이르러서는 비트코인 캐시의 거래량이 비트코인의 세그윗 거래량보다도 낮아졌다. 이로써 큰 블록이 더 좋다는 내러티브는 완전히 무너졌다. 그럼에도 불구하고 빅 블로커들은 블록에 늘 여유 용량이 남아있어야 한다고 주장하며, 블록 공간을 항상 희소하게 유지해야 한다는 스몰 블로커들의 주장을 끝내 인정하지 않았다.

블록사이즈 전쟁이 끝난 지 한참 후인 2018년 8월, 비트메인은 홍콩에서 기업공개[IPO]를 시도했다. 상장 서류에 따르면 비트메인은 2017년 암호화폐 불장에서 얻은 8억 8,800만 달러 이상의 수익을 대부분 비트코인 캐시로 보유하고 있었다. 그리고 비트코인 캐시의 가격 부진은 회사 재무제표에 큰 손실을 안겨주었다. 2년 넘도록 블록사이즈 전쟁의 주요 인물로 활동하면서 빅 블록을 지지한 우지한의 판단이 비트메인에 막대한 손실을 입힌 것이었다.

또한, 비트코인 캐시 커뮤니티는 이전 경험을 바탕으로 새로운 방식의 하드포크를 도입했다. 매년 5월과 11월에 정기적으로 하드포크를 진행하기로 결정한 것이다. 그리고 2018년 11월, 비트코인 캐시는 또 한 번의 중대한 분열을 맞이했다. 이번에는 빅 블로커 진영의 일원이었던 크레이그 라이트, 일명 '가짜 사토시'가 블록 크기를 더 급진적으로 늘려야 한다고 주장했다. 결국 예정된 하드포크 날짜인 11월 15일, 비트코인 캐시는 두 개의 코인, 비트코인 ABC와 비트코인 사토시 비전Bitcoin Satoshi's Vision, 이하 BSV으로 나뉘었다. 또 한 번의 분열은 불확실성을 키웠고, 비트코인 캐시의 가치는 비트코인 대비 더욱 하락했다. 스몰 블로커들이 누누이 해온 주장, '기존 규칙이라는 중심으로 쏠림'에 대해 빅 블로커들도 서서히 깨닫기 시작한 순간이었다. 논쟁이 조금 발생했다고 해서 규칙을 한 번이라도 바꾸기 시작하면, 두 번, 세 번 바꾸는 것은 매우 쉬워지고, 커뮤니티는 점점 더 다양한 파벌로 쪼개지면서 커뮤니티가 약화되는 과정, 빅 블로커들은 이 과정을 매우 고통스럽게 직접 체험해 나갔다.

2018년 11월 8일, 비트코인 ABC와 BSV 간의 갈등이 절정에 달했을 때, 로저 버는 블로그를 통해 다음과 같은 글을 썼다.

"비트코인 코어 진영은 하드포크에 대해 매우 두려워했고 엄청나게 반대했습니다. 그들로부터 내가 배운 것이 있다면, 그들의 두려움과 반대에 어느 정도 일리가 있었다는 것입니다. 지금 우리는 하드포크가 초래할 수 있는 피해를 몸소 겪고 있습니다."

이 책을 쓰는 2021년 초 현재, 비트코인 캐시는 비트코인 가격의 약 1% 수준^{2024년 기준, 0.5% 수준}에서 거래되고 있다. 2017년 여름 빅 블로커들이 선택한 길은 비트코인의 확장성을 해결하는 데에 결코 좋은 방법이 아니었다는 것을 모두가 학습했다. 하지만 스몰 블로커들이 압도적으로 승리했다고 해서, 그들이 완벽히 옳았다고 할 수는 없다. 지금의 비트코인은 엄청난 성공을 거둔 것처럼 보인다. 지난 십여 년간 엄청난 가치 상승을 경험했고, '디지털 금'이라는 내러티브는 더욱 강력해졌다. 스몰 블로커들이 주장한 '인내심 전략'이 옳았던 것으로 보인다. 그러나 가보지 않은 길에 대한 궁금증이 여전히 남는다. 만약 온건한 수준으로 블록 크기를 조금씩 늘리면서 거래 용량을 확보했더라면 어땠을까? 비트코인은 더 큰 성공을 거두었을 수도 있고, 더 많은 상점이 비트코인을 결제 수단으로 채택했을지도 모른다. 물론 알 수 없는 일이지만 말이다.

블록 크기라는 지엽적인 문제에 아직 확실한 답은 없다. 그러나 비트코인의 규칙이 유연해야 하는지, 변경한다면 어떻게 변경해야 하는지와 같은 더 근본적인 문제에 대해서는 이제 답이 확실해졌다.

전쟁의 결과를 보면 역사의 올바른 편에 서 있던 건 스몰 블로커들이었다. 비트코인을 통제하는 건 언제나 사용자였고, 빅 블로커들은 애초에 이길 수 없는 전쟁에 나선 것이라고 이들은 말할 것이다. 독자에 따라 이 책을 읽으며 다른 결론에 도달할 수도 있다.

"빅 블로커들에게도 승산이 있었고, 실제로 이길 뻔한 순간도 있었습니다. 전쟁 초반 빅 블로커들은 강력한 지지를 받으면서 시작했으니까요. 하지만 예기치 못한 사건들과 전략적 실수로 인해 스몰 블로커들이 전세를 뒤집을 수 있었습니다. 결국 커뮤니티의 마음을 바꾼 건 스몰 블로커였고, 이들이 승리한 것입니다."

내가 생각하는 승리의 본질은 스몰 블로커들이 빅 블로커들보다 **더 설득력 있고 매력적인 내러티브**를 만들어냈다는 데 있다. **"사용자들이 규칙을 정하는 새로운 형태의 화폐 시스템"**이라는 것과 **"많은 결제를 저렴하게 처리할 수 있는 시스템"** 둘 중 어느 쪽 이야기가 더 매력적으로 들리는가? 궁극적으로 돈이란 집단 참여하는 신뢰 게임이다. 스몰 블로커들은 이 게임에 능숙하게 임했고, 승리로 보상받았다.

2년 동안 이어진 전쟁에서, 스몰 블로커와 사용자들의 연합은 채굴자와 거대 기업들을 상대로 놀랍고도 압도적인 승리를 거두었다. 빅 블로커들이 유명 인사들의 영향력, 그리고 막대한 자본을 투입했음에도 불구하고 말이다. 비트코인은 사용자들이 통제하는 돈임을, 그리고 앞으로도 그럴 수 있음을 증명해 보였다. 비트코인은 원래부터 그렇게 설계된 화폐이다.

'사용자가 통제하는 돈'이라는 특징이 영원불멸할 것이라는 보장은 없다. 어쩌면 블록사이즈 전쟁이 비트코인의 시간을 몇 년 더 벌어주었을 뿐일지도 모른다. 이 전쟁은 다가올 진짜 전쟁에 대한 예비 시험이었을 수도 있다. **때가 되면 중앙 집중화된 화폐 시스템의 수혜자들이 '사용자가 통제하는 돈'의 잠재력을 깨닫고 이에 반발할 가능성이 크다. 아마 다음 전쟁은 확장성이나 블록 크기가 아니라 검열 저항을 둘러싼 문제가 될 수 있다.** 그렇다면 그 상대는 금융 및 정치 기득권이 될 것이다. 그들은 막대한 자원을 투입할 준비가 되어있고, 비트코인에 가해지는 압력은 상상을 초월할 것이다. 역사는 반복될 수 있다. 빅 블로커들이 그랬듯이, 기득권층은 인센티브의 미묘한 차이를 제대로 이해하지 못한 채 전략적 실수를 저지르고, 비트코인 사용자들은 이를 잘 이용할 수도 있다. 물론 실제로 어떻게 될지는 아무도 알 수 없다.

하지만 적어도 지금 이 순간, **평범한 사람들이 자신의 돈을 통제할 수 있고 온전한 금융 주권을 가진다는 꿈**은 여전히 살아 숨 쉬고 있다.

The Blocksize War
The Battle For Control Over Bitcoin's Protocol Rules

© 2021. Jonathan Bier All rights reserved.

This translation published under licensed with the original publisher Jonathan Bier through Nonce Lab. Inc., Korea.

Korean Edition © 2024. Nonce Lab. All rights reserved.

이 책의 한국어판 저작권은 저자와의 독점 계약으로 논스랩에 있습니다.
저작권법에 의해 한국 내에서 보호를 받는 저작물이므로 무단 전재와 복제를 금합니다.

비트코인 블록사이즈 전쟁
누가 비트코인 프로토콜을 통제하는가?

2024년 11월 17일 초판 1쇄 발행
2024년 12월 12일 개정판 1쇄 발행
ISBN 979-11-985103-7-2

조나단 비어 지음
네딸바 옮김